上海国际金融中心简史

A Brief History
of
the Shanghai International Financial Center

卫容之 ｜ 主编

人民日报出版社
北 京

图书在版编目（CIP）数据

上海国际金融中心简史 / 卫容之主编 . -- 北京：
人民日报出版社, 2024. 10. -- ISBN 978-7-5115-8407
-6

Ⅰ. F832.75

中国国家版本馆 CIP 数据核字第 2024AV9304 号

书　　名：**上海国际金融中心简史**
SHANGHAI GUOJI JINRONG ZHONGXIN JIANSHI
主　　编：卫容之

出 版 人：刘华新
责任编辑：蒋菊平　南芷葳
版式设计：九章文化

出版发行：人民日报出版社
社　　址：北京金台西路2号
邮政编码：100733
发行热线：（010）65369509　65369527　65369846　65369512
邮购热线：（010）65369530　65363527
编辑热线：（010）65369528
网　　址：www.peopledailypress.com
经　　销：新华书店
印　　刷：大厂回族自治县彩虹印刷有限公司
法律顾问：北京科宇律师事务所　　（010）83622312

开　　本：710mm×1000mm　1/16
字　　数：301千字
印　　张：22.5
版次印次：2024年12月第1版　　2024年12月第1次印刷

书　　号：ISBN 978-7-5115-8407-6
定　　价：58.00元

如有印装质量问题，请与本社调换，电话：（010）65369463

上海国际金融中心建设任重道远

屠光绍

　　《上海国际金融中心简史》即将出版，请我做个序，经过认真考虑后我答应了下来。为什么认真考虑？因为该书的编撰不易，上海国际金融中心建设既是一项长期工作，又是一个系统工程，做好有价值、有水平的历史梳理和介绍颇具挑战。为什么答应？因为该书的编撰有益，总结历史是为放眼未来，30多年来上海国际金融中心建设成就斐然，但依然任重道远，回顾和总结历史进程对加快建设步伐具有重要意义。该书的编撰团队见证了上海国际金融中心建设进程，用他们的话说，这本书是对上海国际金融中心建设持续观察的概括与总结。

　　从30多年前开始，我的工作经历与上海国际金融中心建设进程一直密切相关。随着我从中国人民银行总行到中国证监会，再到上海证券交易所工作，这种相关性不断增加。2007年12月我从证监会调到上海市委市政府，做好上海国际金融中心建设的具体工作是我履职的重要内容。直到现在，我依然关注上海国际金融中心的建设进程，也在做一些与之相关的课题研究和人才培训。因此，作为上海国际金融中心建设的一名参与者和见证人，我理解编撰此书的动机，也为作者团队编撰此书所做的努力点赞！

从上海国际金融中心建设的历史来看，自20世纪90年代初开始，上海国际金融中心已走过30多年的建设历程。根据我个人的理解和认识，30多年的建设进程可以分为几个阶段。从1992年党的十四大报告提出建设上海国际金融中心的战略任务，可以称之为上海国际金融中心建设的1.0版，主要任务是打基础、建框架，从国家战略高度启动建设进程。2009年3月，国务院出台19号文件，对加快上海国际金融中心建设作出新的战略部署，提出到2020年将上海基本建成与中国经济实力和人民币国际地位相适应的国际金融中心，这可以说是上海国际金融中心建设的2.0版，重点是提升能级，完善功能。因为工作关系，我直接参与了上海国际金融中心2.0版建设的具体工作。2008年开始的国际金融危机的影响，当时我国经济、产业结构转型升级的要求以及上海作为改革开放和创新发展的排头兵、先行者的任务，使上海国际金融中心建设的战略意义进一步凸显。这年6月，上海发布了《上海市推进国际金融中心建设条例》，从地方层面明确了服务国家战略的具体任务。经过各方共同努力，到2020年底"19号文件"所确立的上海国际金融中心建设的阶段性目标已基本完成。

随着我国进入新发展阶段，上海国际金融中心建设已迈向新的历史进程，我称其为3.0版。新发展阶段、新发展理念、新发展格局对上海国际金融中心建设提出了新任务新要求。党的二十大和二十届三中全会明确了加快上海国际金融中心建设的战略任务。服务高质量发展，服务金融强国战略任务，服务实体经济需要，是3.0版的核心任务。我们既需要补上过去1.0版和2.0版建设中还存在的短板，也要聚焦高质量发展，抓住新的机遇，这两方面的任务大方向是一致的，也是相互促进的，补短板是为新优势提供坚实基础，新优势又为补短板创造新动能。具体而言，高质量的"五化"建设，即市场化、法治化、国际化、绿色化、数字化是上海国际金融中心3.0版建设的主要任务。金融强国需要强大的国际金融中心，高质量发展需要高质量的金融服务，上海国际金融中心建设面临新的重要发展机遇。

　　站在上海国际金融中心建设新的历史起点上，《上海国际金融中心简史》内容翔实全面，叙事生动，可读性强，既对上海国际金融中心建设进程做了概括和总结，也对未来趋势和发展做了展望，温故而知新，值得大家一读。

　　（屠光绍　上海市原常务副市长，上海交通大学上海高级金融学院创院理事长）

上海，历史机遇的承载者

黄益平

纵观全球，三百年来仅有阿姆斯特丹、伦敦和纽约三个金融中心相继站在了国际金融体系之巅。这些城市的崛起与其所在国家的经济实力密切相关。

一流的国际经济中心强劲支撑着顶级国际金融中心的发展，这是经济内在发展要求所决定的。金融是经济的血脉，经济是金融的肌体，只要对全球各种经济要素拥有顶级的运营、整合与配置能力，这种能力一定会突出体现在金融行为与功能上，从而催生出与之相匹配的顶级国际金融中心。

在全球化时代，一个国家要想在国际经济舞台上占有一席之地，那么它就必须拥有金融中心，这是一个必不可少的基本条件。建设金融中心，是国家的地区发展计划，也是一项全球战略。

根据国际金融中心的区位理论，每个板块都需要一个全球性的国际金融中心以支撑该板块的经济发展并连接其他经济板块。

欧、美已分别有伦敦和纽约，而亚洲的经济规模和水平正在超越欧美。工业革命以来，19世纪属于欧洲，20世纪属于美国，21世纪则属于亚洲。

中国和亚洲的经济崛起需要一个以自己区域内的全球金融中心为核心的金融市场的支撑。上海，正是这个历史机遇的承载者。

上海，自古以来便是商贾云集之地，金融血脉在这里流淌已有百年。从昔日的远东金融中心，到今日的国际大都市，上海的金融之路，见证了历史的沧桑巨变，也承载了未来的无限憧憬。

建设上海国际金融中心，不仅是一项宏大的国家战略，更是对这座城市金融底蕴的深刻挖掘，是对其未来潜力的无限展望，是这座城市与世界对话、与时代共鸣的壮丽诗篇。

建设上海国际金融中心，是深入参与全球竞争的必然选择。国际金融中心作为蕴含强大经济能量的资本循环枢纽，能够对所在国家及全球经济金融活动产生强大渗透力和影响力，是当今大国博弈的必争之地。建设面向国际的金融资产交易平台和扩大金融基础设施互联互通，有助于提升中国在国际金融市场中的影响力和话语权，不断增强对金融产品服务定价、全球金融交易规则和金融国际标准制定的主导权。

建设上海国际金融中心，是维护金融安全、国家安全的必要之举。全球经济金融紧密关联，个别国家将金融武器化，滥施所谓"金融制裁""长臂管辖"。"备豫不虞，为国常道"，一个强大的国际金融中心，有利于确保极端情况下我国内外循环通畅稳固，增强应对信心和底气。

建设上海国际金融中心，是服务国家高质量发展的内在要求。上海在党和国家事业中具有十分重要的地位。金融中心充分集成要素市场、优质机构、优秀人才和优势资源，便于提供系统、高效、适配的金融服务解决方案，有助于更好发挥上海在中国式现代化中的龙头带动和示范引领作用，推动加快构建新发展格局。

建设上海国际金融中心，是展现中国特色金融发展成果的重要窗口。30多年的建设历程中，上海国际金融中心既吸收现代金融发展经验，又在价值取向、治理机制、核心任务、服务对象、风险防控等方面具有适合中国国情的鲜明特色。如今上海在全球金融中心指数排名中已稳居前列，充分体现了中国式现代化道路的优越性。

建设上海国际金融中心，是弘扬中国特色金融文化的强大引擎。上海金融业文化长期引领风气之先。中国人自己开办的第一家银行、第一家保险公司都诞生在上海。在中国共产党的领导下，上海于解放之初打赢"银元之战""米棉之战"；社会主义建设时期为支援全国财政作出重要贡献；改革开放后形成的"海纳百川、追求卓越、开明睿智、大气谦和"的城市精神和"开放、创新、包容"的城市品格，持续为金融中心建设注入新的文化内涵。

读懂上海国际金融中心建设的历史，才能汲取更多创造未来的动力；了解成就上海国际金融中心辉煌过去的因素，才能更好理解和履行国家赋予上海的职责和使命。人民日报出版社出版的《上海国际金融中心简史》，无疑是触达这一切的一把钥匙。

将上海建设成为与伦敦、纽约三足鼎立的全球金融中心是上海和中国的历史机遇和使命，是中国走向经济和金融强国的重大战略举措。

站在新时代，面对新机遇，迎接新挑战，创造新辉煌。上海要以过往的辉煌为基础，以未来的憧憬为动力，不断书写新的篇章，为全球金融市场的繁荣发展贡献自己的力量。

（黄益平　北京大学国家发展研究院院长，央行货币政策委员会委员）

从历史探寻金融中心未来

田　轩

翻了几页书稿，不由想起远方那座城市。这里曾是远东的金融中心，如今又是共和国当之无愧的国际金融中心。历史的深沉与现代的璀璨在浦江畔交相辉映，每一步都仿若踏着时代的激昂乐章，让人能清晰感受到这座城市独有的魅力与韵律。诉说荣耀与梦想的，除了如璀璨明珠镶嵌在广袤天际线上的东方明珠与摩天大楼群，还应该有别的，就比如这几百页的文字。

书中文字极精炼地分门别类描述了上海国际金融中心建设史，简约却不潦草。这是我对这部书稿的印象，也是对上海这座金融城市发展的印象——大道至简，道理并不复杂。国际金融中心不仅是一座城市经济实力的象征，更是一个国家国际竞争力的重要体现。上海不断迎难而上，尽力书写建设金融强国的波澜历史。希望阅读这本书的读者，能够找到一把神奇的钥匙，正确地打开这幅中国金融改革探索最前沿的生动画卷。

上海的每一步都走得不容易。从最初的探索到如今的国际认可，上海国际金融中心建设之路，事实上是一条充满挑战与机遇的漫漫长路，每一步都凝聚着城市治理的璀璨智慧与改革求变的不懈汗水。这本书以专题为主线，从历史角度审视了上海国际金融中心的建设历程，不仅生动展现了上海金融业的快速发展，更深刻揭示了其背后的制度创新、政策支持以及市场活力。书中翔实的数据、鲜活的案例和深入的分析，为我们勾勒出一个立体、全面的清晰形象。

这背后的不容易，足以让我们清晰认知到规则与常识的弥足珍贵。

上海是观察中国的窗口，人们不仅要观察有形的高楼大厦，更要观察事物的运作机制。譬如营商环境，今年政府工作报告就"加大吸引外资力度"作出多项具体部署，包括继续缩减外资准入负面清单等，原因是我国外资营商环境还存在制度与政策协同性不足、法律法规不完善、市场化程度不足等堵点。要判断我国的营商环境处在什么水平，法治化和市场化程度就是很好的观察维度。更进一步说，我们有没有做到健全市场机制，发挥有效市场与有为政府协同效应；我们有没有做到在具有重点示范效应的领域树立"标杆"，明确支持外资与民企的态度；我们有没有做到加强涉外法律服务体系建设，打造稳定、公平、透明、可预期的法治营商环境；我们有没有做到畅通国内外循环，以更高水平开放吸引外商投资。

譬如资本市场，上海国际金融中心的建设对提升金融市场信心，活跃资本市场，更好支持扩大内需、稳外贸稳外资，进一步化解风险等都具有非常重要的意义。纵观世界历史发展经验，大国的崛起与世界金融中心之间存在密切关系。金融作为一种高效的资源整合方式，常常能够以较小的成本撬动大量的资源，正在逐渐成为一种非常重要的国家能力。因此，我们需要关注上海金融市场和资本市场的发展，是否能够很好地展现我们国家的这种能力，是否能够既更有利于实现"走中国特色金融发展之路"的战略目标，又能引导金融真正走上支持新兴产业发展与科技创新，驱动经济高质量发展的强国之路。关于经济社会发展特别是金融高质量发展，我们有没有做到在遵循市场公平性原则的前提下维护稳定金融市场，保障投融资两端动态平衡，我们有没有继续加大政策并加强政策合力进一步优化外资营商环境。

这些不仅是上海要研究并进一步推动落实的，也是我们国家经济和金融高质量发展所需要推进落实的。我注意到，《上海国际金融中心简史》试图就这些具有常识性的规则与概念做更深入的阐述。这本书不仅忠实完整地还原了上海国际金融中心的发展演进历程，更通过金融市场、要素、产品、环境等分类专题，多维度、全方位、深层次地探讨了背后的逻辑成因。市场、机构、环境，这些看似抽象的元素，在上海国际金融中心的建设过程中，扮演着不可或缺的角色。通过对这些要素的深度挖掘，这本书充分展现了上海国际金融中心建设的深层次动力，也让我们深刻领悟到，从一座城到一个成功的国际金融中心，完成这个过程，不仅需要坚实稳固的经济基础作为有力支撑，更需要深厚的文化底蕴、良好健全的创新机制以及高端卓越的人才队伍作为坚实保障。

书稿还敏锐独到地捕捉、探究到上海国际金融中心建设的未来趋势。在全球化背景下，上海正面临着前所未有的机遇与挑战。书中提出，上海国际金融中心的未来发展，将更加注重开放与合作，以更加开放包容的心态拥抱世界，不断加强与国际金融市场的紧密互联互通；将更加注重金融创新与风险管理，持续探索金融创新的边界，有效防范和化解各类金融风险；将更加注重服务实体经济，紧密围绕实体经济的实际需求，提供更加优质、高效、精准的金融服务。这些判断，勾画了上海国际金融中心的蓝图，我对这些观点也是赞同的。

作为长期关注中国金融改革与发展的研究者，我有幸提前阅读了这本书。本书主编卫容之女士曾是我在清华大学五道口金融学院的学生，近年颇多交流。她请我为这部佳作撰写推荐序，我欣然同意也深感荣幸。本书不仅为金融领域研究提供了宝贵的资料，更为我们理解上海乃至中国金融发展的脉络提供了重要参考。我相信，这本书将成为了解上海国际金融中心建设历程，探索未来发展方向的必备读物，能够为上海乃至全国的金融创新和开放发展贡献智慧的力量。

感谢创作团队，以扎实深厚的新闻功底和敏锐独到的洞察力，为我们呈现了一部打开上海国际金融中心之门的佳作。它不仅是关于历史的记录，更是一部关于时代、关于改革的启示录，为我们理解国际金融中心建设的复杂性与多元性提供了全新的视角和独特的思路。无论是金融领域的专业人士，还是对上海发展感兴趣的读者，都能从书中汲取丰富的知识和深刻的启示。

上海，这座历史与未来交织的国际大都市，正以独特的姿态和坚定的步伐，书写着崭新的历史篇章，同时，也以更开放的姿态迎接着新时代的机遇和挑战。这本书以独特的视角，让我们能够以细腻的颗粒度感受上海国际金融中心的魅力并理解其价值。希望作为读者的你，能够通过阅读此书，再一次与上海的历史、文化和未来深度对话。

（田轩　第十四届全国人大代表，清华大学国家金融研究院院长，清华大学五道口金融学院副院长）

目/录

迈向全球金融"第三时区"

"伦敦和纽约是公认的国际金融中心。这两个地区处于不同时区。我们需要有第三个不同的金融时区,位于东亚,这样整个世界才可以实现24小时全天候交易。上海有多大机会成为第三个世界金融中心?"

2008年,上海金融管理层在首届陆家嘴论坛上向嘉宾们发问。

是发问,也是上海剑指全球金融"第三时区"的雄心。

"这是一个时间问题,上海肯定会成为这一区域的金融中心。"美国银行董事长兼首席执行官肯尼斯·刘易斯(Kenneth Lewis)回答。几个月后,接连吃下全美最大按揭贷款公司全国金融公司和全美第三大投行美林证券的他,成为新华尔街之王。

一年之后,2009年,国务院颁布国发〔2009〕19号文件,提出上海到2020年要"基本建成与我国经济实力以及人民币国际地位相适应的国际金融中心"。

10余年筚路蓝缕,2020年,上海圆满交卷:上海国际金融中心建设阶段性战略任务已经基本完成。

上海国际金融中心建设下一个交卷时刻即将到来。

《上海国际金融中心建设"十四五"规划》中提出的总体目标为:到2025年,上海国际金融中心能级显著提升,服务全国经济高质量发展作用进一步凸显,人民币金融资产配置和风险管理中心地位更加巩固,全球资源配置功能明显增强,为到2035年建成具有全球重要影响力的国际金融中心奠定坚实基础。

"上海国际金融中心建设是国家战略，如何理解？我认为应该不是上海要建一个国际金融中心，而是中国要建一个国际金融中心，放在上海建。"对于上海国际金融中心建设，中国金融监管层的有关领导者如此破题。

为什么是上海？上海又能将中国要建的国际金融中心带向何种高度？

对未来最好的预见是回顾过去。

明白上海是如何一步步在国际金融中心的版图上崛起的，将对其未来在全球金融中心版图中的位置更加明晰。

今天的上海，走过了一条金融要素市场与基础设施的集结之路。

1984年，上海出台了新中国历史上最早的有关证券市场管理的法规，新中国证券市场从此迈出波澜壮阔的第一步。到如今，上海证券交易所IPO募资总额多年位居全球第一，已经成为全球第三大证券交易所和全球最活跃的证券交易所之一。

1994年，中国外汇交易中心在上海成立，上海成为人民币汇率的发源地。今天，中国外汇交易中心银行间市场平均1秒交易量超1亿元，中国外汇交易中心人民币汇率指数成为人民币汇率水平的主要参考指标。

1996年，立足上海、辐射全国的无形资金市场"全国银行间同业拆借交易系统"正式建立。1997年，全国银行间同业拆借中心开办国债现券业务，银行间债券市场正式建立。正是在这个基础上，诞生了上海银行间同业拆借利率，成为中国货币市场最重要的基准利率之一。现在，中国已成为全球第二大债券市场，国债上海关键收益率（SKY）成为债券市场重要定价基准。

1998年，为进一步整顿和规范期货市场，国务院推动上海三家交易所实行合并，组建上海期货交易所。目前，上海期货交易所多个品种交易量位居同类品种全球第一位，上海原油期货作为全球第三大原油期货市场，辐射亚太地区的价格基准已初步形成。

2002年，黄金交易所在上海成立，中国黄金产业的发展从此完全走上了市场化的道路。如今，上海黄金交易所场内现货黄金交易量持续多年位居全球第一。

2006年，中国金融期货交易所在上海成立。

2008年，中国人民银行征信中心在上海揭牌，进一步推动中国特色征信体系建设。

2009年，上海清算所落户外滩。2010年，信用风险缓释凭证登记托管业务顺利上线，成为上海清算所的第一项业务，从而搭建了创新金融产品登记托管、清算结算平台。如今，该业务已经成为上海清算所的业务支柱之一。2011年，上海清算所正式推出债券现券中央对手清算业务，成为中国银行间市场基础设施建设和市场机制创新的重要里程碑。

2012年，上海股权托管交易中心（以下简称"上海股交中心"）正式宣布启动，上海多层次的资本市场已经架构——场外市场开始建立；在上海国际金融中心建设的框架之下，一个新的市场板块诞生。时至今日，上海股交中心正通过两大抓手——认股权和专精特新专板成为服务科创、中小微企业的主力军。

2015年10月，人民币跨境支付系统（CIPS）一期成功上线运行，CIPS是专门服务人民币跨境支付清算业务的重要金融市场基础设施，也是中国目前最重要的金融基础设施之一。运行两年之后，CIPS总部落户上海浦东，这一举措背后的目的是依托"陆家嘴在岸金融中心+临港新片区离岸金融中心"两大驱动，将上海打造成为全球人民币离岸金融中心。截至2024年9月末，CIPS系统共有直接参与者153家，间接参与者1413家，业务可通过4700多家法人银行机构覆盖全球185个国家和地区。

2016年，三个国家级金融要素市场落户上海：6月，上海保险交易所揭牌；12月，上海票据交易所、中国信托登记公司相继开业，成为我国金融要素市场的新起点和里程碑事件。

集结最完备的要素市场，上海也问鼎全球金融市场。2023年，上海金融市场交易总额再创新高，达到人民币3373.6万亿元，排名全球第一。

今天的上海，走过了一条中外资金融机构与国际组织的汇聚之路。

总部型、功能性金融机构集聚取得重要突破。

中国银行上海人民币交易业务总部、中国建设银行（上海）中心、中国农业银行上海管理总部相继成立。中国保险投资基金、银联国际有限公司、中国民生投资股份有限公司等重要金融机构落户上海。新型金融机构加快发展，小额贷款公司、融资性担保公司、股权投资企业、创业投资企业数量不断增加。

"首家""首批"示范效应明显，高能级金融机构体系不断完善。

全国首家外资保险控股公司安联（中国）保险控股、全国首批新设外资控股合资券商摩根大通证券（中国）、全国首家外商独资人身险公司友邦人寿保险、全国首家外资控股合资理财公司汇华理财、全国首家外资再保险法人公司信利再保险、全国首家外商独资公募基金管理公司贝莱德基金管理公司等相继在上海开业……

目前国有五大行参与设立的外资控股合资理财公司、6家新设外资独资公募基金全部落户上海，上海外资证券基金期货经营机构数量约占全国一半，上海作为全国金融改革开放排头兵的地位不断巩固提升。

互联网金融等新兴业态日益丰富。

2013年11月，首张互联网保险牌照花落上海，由阿里巴巴、中国平安、腾讯共同牵头出资设立的众安在线财产保险公司正式开业，这是中国首家持牌的互联网保险公司，标志着上海在互联网金融领域的战略地位。2015年，上海市互联网金融行业协会、上海市支付清算协会成立，阿里、百度、万达、交通银行等先后将其互联网金融相关业务板块落户上海，进一步增强了上海互联网金融集聚力、辐射力和影响力。

截至2023年末，上海持牌金融机构总数达1771家，其中外资金融机构占比超三成。外商独资私募基金管理人数量全国占比超八成，产品数量、管理规模均占全国95%以上。

除了金融机构，国际组织也在持续向上海集聚。

2015年7月，金砖国家新开发银行在上海正式开业。这是首个总部落在上海的国际金融机构。

2015年10月，上海在与世界主要金融城市的激烈竞争中脱颖而出，终于争取到全球中央对手方协会（CCP12）落户。中国再添一个国际金融组织。两年后，CCP12正式推出了协会成立以来发布的第一个清算行业国际标准——CCP12量化披露实务标准。因CCP12落户于外滩地区，业内又称它为"外滩标准"。自此，在国际规则制定的舞台上，开始出现来自中国的声音。

2024年6月，国际货币基金组织（IMF）和中国人民银行共同宣布，在中国上海成立一个新的IMF区域中心。透过IMF上海区域中心这个"枢纽"的落户，折射出的是上海这座国际金融中心的吸引力、竞争力和影响力正在持续增强，并向全面提升能级的阶段迈进。

今天的上海，走过了一条金融产品和业务体系不断丰富的创新之路。

2013年9月，国债期货重新上市。国债期货成为债券市场重要的风险管理工具。中国大步迈向"金融期货时代"。

2019年12月，中国第一只股指期权产品——沪深300股指期权破茧诞生。至此，中国资本市场集齐了股票现货、股票期货、股指期权，形成了中国资本市场立体的产品结构，资本市场更具有稳定性。

2023年4月，30年期国债期货在中国金融期货交易所挂牌上市，形成了覆盖短、中、长和超长关键期限的产品体系，有利于促进超长期债券发行和交易，健全实体经济中长期资金供给制度安排。

2023年7月，全球首个合成橡胶期货及期权在上海期货交易所正式挂牌交易，进一步完善了能源化工产业价格形成机制，为产业链上下游实体企业提供更加丰富的风险管理工具，助力我国由橡胶大国向橡胶强国迈进。

2023年8月，面向国际投资者开放的境内特定品种——出口集装箱结算运价指数（欧洲航线）期货挂牌交易，这是全球第一个依托我国指数开发的航运期货产品，也是我国期货市场第一个在商品期货交易所上市的服务类指数期货品种，对推动上海国际金融中心和上海国际航运中心联动发展具有重要意义。

今天的上海，走过了一条市场定价功能不断提升的登攀之路。

定价影响力，是国际金融中心影响力的重要体现。2014年9月，上海黄金交易所国际板启动。黄金交易所国际板设于上海自贸试验区，以人民币计价，全球投资者都可以参与，是自贸区落地的首个"国际板"。两年之后，上海黄金交易所正式推出人民币定价的黄金。自此，"上海金"价格形成机制在贵金属市场上不断发挥作用，"上海金"逐步成为与"伦敦金""纽约金"比肩的全球黄金市场价格基准，以"上海金"为基准的衍生品在芝加哥商品交易所上线。

2018年3月，"上海价格"再添新成员——"上海油"，酝酿了17年的期货品种——中国原油期货正式推出。它的出现无疑是中国参与国际原油定价体系的重要一步。

除此之外，"上海银""上海铜""上海胶""上海镍""上海纸"等"上海价格"在国际市场的接受度也在不断提高、影响力日益扩大。

今天的上海，走过了一条人民币跨境使用枢纽地位的不断巩固之路。

2009年7月，中国首笔跨境贸易人民币结算业务落地上海，标志着人民币在国际贸易结算中的地位从计价货币提升至结算货币。跨境人民币业务的持续推动，显著提升了上海作为全球人民币中心的地位。2023年上海跨境人民币结算量突破20万亿元，在全国结算总量中比重超过43%。

今天的上海，走过了一条为金融强国试制度、探新路、补短板的高水平制度型开放之路。

2013年9月，上海自贸试验区揭幕。自贸区的重要功能之一是金融改革开放，这标志着上海金融中心建设步入更高层次的发展阶段。

自贸区金融的一大亮点是——自由贸易账户（FT账户）。FT账户构建了新的中国特色资本账户开放的渠道，为中国资本账户开放和人民币资本项下可自由兑换进行了创新性的制度探索。

上海自贸试验区成立后，率先试点了负面清单制度，并在金融服务、跨境服务贸易、市场准入等多领域、多层面进行实践。没过多久，《中国（上海）自由贸易试验区外商投资准入特别管理措施（负面清单）》发布，这也是中国第一次用负面清单管理外商对华投资。

2020年1月1日，外商投资法正式实施，其中明确规定，"国家对外商投资实行准入前国民待遇加负面清单管理制度"。至此，上海自贸试验区率先试点并逐渐成熟定型的改革成果总结上升为国家法律。

上海金融市场的开放，除了通过自贸区的先行先试，还有互联互通机制的不断探索。

2014年11月，中国资本市场又一个里程碑出现。连接上海与香港资本市场的大桥——沪港通正式上线。沪港通为内地和香港投资者打通了两地股票市场投资的渠道，作为中国内地循序渐进开放资本市场的一大创新，沪港通的特点可以理解为，以最小的制度成本，换取最大的市场成效。

内地与香港的股票市场打通之后，中国金融市场的互联互通很快又再下一城。2017年5月16日，中国人民银行与香港金管局联合公告推出债券通。债券通可以通俗地理解为债券市场的沪港通，境外机构可以通过香港市场买卖内地银行间市场的债券。

2019年6月，沪伦通正式启动。至此，境外投资者除了通过香港交易所以外，还可以通过伦敦证券交易所参与上海证券交易所的股票交易，上海作为国际金融中心的国际化程度再次得到提高。

2023年5月，内地与香港利率互换市场互联互通合作正式上线运行，"互换通"境内外投资者可经由内地与香港金融市场基础设施机构在交易、清算、结算等方面互联互通的机制安排，在不改变交易习惯、有效遵从两地市场法律法规的前提下，便捷地完成人民币利率互换交易和集中清算，成为中国金融市场对外开放进程中的又一重要事件。

今天的上海，走过了一条营商环境的持续优化之路。

法治是最好的营商环境。

2007年12月，国内首个专业金融仲裁院——上海金融仲裁院正式开业。至此，金融纠纷增加了一个公正、高效、快捷、符合国际通行准则的仲裁解决机制，这在全国尚属首次。金融营商环境的发展，也从此有了上海方案。

2018年8月，上海金融法院正式揭牌成立，此后开创了许多全国首例案件，如全国首例证券群体性纠纷示范案，首例落实证券侵权民事赔偿责任优先原则案，首例因退市新规引发的行政诉讼案等。上海金融法院的成立，是金融消费者保护的一小步，也是金融法治改革的一大步，这意味着我国进入法律专业化的新时代。

除了法治环境的优化，上海金融配套服务体系也在不断完善。

2016年8月，上海陆家嘴金融城正式开展体制改革试点，在全国率先实施"业界共治"的公共治理架构。这一对标国际规则的重大改革举措，提升了陆家嘴金融城在全球金融市场的影响力，进一步加快了上海国际金融中心和全球城市的建设步伐。

从2017年起，上海每年都会在岁末年初召开全市营商环境大会、出台一版优化营商环境行动方案。从1.0版到2024年的7.0版，上海共实施了超千项任务举措。2023年5月，世界银行发布新的营商环境评估指标方法论手册，上海成为代表中国参与世行评估的唯一样本城市。

2023年10月底召开的中央金融工作会议首次提出"金融强国"目标。强大的国际金融中心是金融强国六大关键核心金融要素之一，为此，中央金融工作会议明确提出"要增强上海国际金融中心的竞争力和影响力"。

2024年7月，党的二十届三中全会通过的《中共中央关于进一步全面深化改革、推进中国式现代化的决定》，明确要求"加快建设上海国际金融中心"。

两大重磅会议，都点题"上海国际金融中心"，这既是上海国际金融中心建设的重要机遇，也是上海国际金融中心建设的新起点。

上海国际金融中心的"现在"是一切过去的必然结果，也是一切未来的必然起因。

在全球经济金融紧密关联的当下，个别国家将金融武器化，滥施所谓"金融制裁""长臂管辖"。一个强大的国际金融中心，有利于确保极端情况下我国内外循环通畅稳固，增强我们的应对信心和底气。

经济是每一个历史时代的基石。有什么样的经济基础，就创建什么样的时代。

上海国际金融中心的建设，不只是对上海这座城市的塑造，不只是对国家安全的维护，更深远的，还会塑造一个时代的风貌。

回顾过往，展望未来。当我们再回看16年前，上海争夺全球金融"第三时区"的可能性之问，我们希望得到和肯尼斯·刘易斯一样的答案：不是可能性的问题，只是时间的问题。

第一章

金融市场完备

完备，简单的两个字，离不开另外两个字，改革。今天完备的金融市场，源于46年前，1978年的十一届三中全会。改革的逻辑是，尊重市场。先从基础搭起，"必须把银行真正办成银行"，于是，央行的职能变了，"以中央银行为中心、以专业银行为主体、其他金融机构并存的新型的社会主义金融体系"初步建成，再一步步开枝散叶，人民币也有了自己的价格。

1.1　货币：最熟悉的陌生人

货币，或者说钱，是我们每个人无时无刻不在与之打交道的东西。

但其实，大多数人并不真正了解钱到底是什么。

或者说，当代货币体系中的"钱"早已超出大家对"钱"这个概念的传统认知。

所谓"金融"，就是"资金的融通"。在"金融强国"的国家战略中，"强大的货币"作为关键核心要素排在第一位。

如何判断货币市场的繁荣程度？一个词，多用。一个东西，用的人多，自然说明它获得的认可度高。

从某种意义上来讲，不懂货币的话，就无法真正看懂国家的那些经济政策，比如加息降息，央行调整存款准备金率、贴现率，预测经济发展的形势。因此，认识"钱"这个"最熟悉的陌生人"，是我们理解一切金融活动的起点。

货币市场是整个金融市场的基础。而要理解货币市场是什么，还是要从"万业之母"的重启和改革说起。

1.1.1　金融市场的基石

我们还是要回到中国现代经济真正意义上的起点——1978年的十一届三中全会。

新中国成立后的30年，中国实行的是高度集中的计划经济，当时银行业基本上照搬苏联的做法，全国上下只有一家银行——"中国人民银行",采用"统存统贷"——各级银行收到的存款统一上交给总行,贷款再由总行按项目层层下批指标。

这个时候的人民银行类似于政府的会计、出纳部门。

1969年7月,国务院将人民银行并入财政部。至此,银行的独立系统不复存在。时任央行副行长刘鸿儒评价道:"这在全世界是独一无二的创举。"

这样的评价透露出些许的无奈。

是邓小平的讲话,改变了中国金融业的局面。

1978年12月,中共中央召开十一届三中全会,作出了把全党工作重点转移到社会主义现代化建设上来的战略决策,同时提出对我国经济管理体制和经营管理方法进行改革。

改革开放的春风吹向大地,作为金融市场的基石,银行业自然是改革的前线。

1979年2月,中国人民银行召开全国分行行长会议。会后国务院批转了《中国人民银行全国分行行长会议纪要》,并明确指出:要把银行工作重点转移到社会主义现代化建设的轨道上来;人民银行既是国家的金融管理机关,又是办理信用业务的经济组织,它是全国资金活动的枢纽,连接国民经济的纽带,随着经济的发展和生产的专业化,银行的作用会越来越显著;全党必须十分重视提高银行的作用,努力学会运用银行的经济手段,促进国民经济的高速发展。

"但在当时,银行向什么方向去改并不十分清楚,所有的文件和社论等只讲到重要经济杠杆和监督经济活动,并未突破计划经济时代传统认识框架。"刘鸿儒回忆道。

1979年10月4日,邓小平在中共省、市、自治区委员会第一书记座谈会上的讲话中指出,"必须把银行真正办成银行"。这点亮了金融改革的指路明灯。

"银行应该抓经济，现在只是算账、当会计，没有真正起到银行的作用；要把银行作为发展经济、革新技术的杠杆，必须把银行办成真正的银行。"

邓小平突破了计划经济时代的理论体系和人们认识上的传统束缚，直接把银行同市场经济联系起来。

针对邓小平讲话精神，人民银行立即采取措施进行改革。

首先，扩大银行贷款的范围，将贷款对象从只限于国有企业和集体企业扩大到个人，任何有还款能力的经济组织和个人都可申请贷款；贷款项目，从限于流动资金扩大到中小设备。

其次，重视吸收存款，银行必须把吸收存款放在第一位。

最后，增设各种金融机构。

1978年8月28日，中国人民银行从财政部独立出来，履行中央银行职能。

1979年，中国农业银行再度恢复，中国银行从人民银行分设，中国人民建设银行从财政部分设，形成三家专业银行。

至此，我国初步形成了以中央银行为中心、以专业银行为主体、其他金融机构并存的新型的社会主义金融体系。

从1979年开始的金融机构改革，初步改变了长期以来人民银行在银行业务上一家垄断的格局，金融机构开始多元化，竞争局面逐渐形成。

但此时，一个突出的问题摆在了眼前。

中国人民银行此时"既当裁判员，又当运动员"：一方面作为中国的中央银行，负责货币政策的制定和实施；另一方面作为中国的商业银行，负责吸收存款和发放贷款。

这样的双重角色不利于其正常履行中央银行的职责。

1983年9月17日，这是中国金融体制改革的一个重要里程碑，也是中国人民银行发展历程中的一个重要节点。

这一天，国务院发布《关于中国人民银行专门行使中央银行职能的决定》。其中明确，中国人民银行只承担中国国家中央银行职责，负责制定和执行货币政策，维护金融稳定，推动金融改革和创新发展。同时要求各专业银行与中国人民银行分立，划清人、财、物界限，实行中国人民银行统一领导下的各专业银行独立经营和分工协作的金融体制。

而此前人民银行经办的工商信贷和储蓄存款业务，则由新成立的第四家专业银行——中国工商银行承办。1984年1月1日，中国工商银行正式挂牌，"宇宙行"也由此发迹。

至此，工、农、中、建四大行集结完毕。人民银行终于真正成为中国的中央银行，开始使用货币政策进行宏观调控。

1.1.2 给人民币定个价

1986年8月30日，上海，毗邻外滩的南苏州路上，一幢不知名的红褐色五层老楼，打破了往日的宁静。

这一天，工商银行上海市分行在这幢老楼里宣告成立"上海短期资金市场"。这也是中国首家资金市场，由此打开了中国金融史上一个重要的新篇章。

为什么这么说？我们还要把时间再往回拨一点。

1984年，单一银行体系改变后，银行体系增加了国有商业银行，工、农、中、建四大行分离出来，交通银行重新建立，城市信用社也开始运作，银行体系逐步丰富起来。

但是，此时的资金管理还是计划式的。信贷资金切块管理，贷款计划切块下达到各省（自治区、直辖市），切条下达到工、农、中、建四大银行。

因此，当时银行的资金只有纵向联系，没有横向联系。只有银行分行与支行内部上调下拨，分行之间没有横向联系，更没有跨行的联系。

而与此同时，十一届三中全会后，在扩大企业自主权的基础上，企业之间出现了不同内容、不同形式的横向经济联合。

银行信贷资金条块分割的状况严重阻碍了经济的横向联合，并进一步加剧了资金的紧张状况。

中国金融学年会第二次代表大会1984年在合肥召开，提出了发展中国金融市场的设想，其基本的思路就是促进社会资金横向流动。

第一个进入金融市场大门的是银行界。

1986年，国家体制改革委员会和中国人民银行在广州联合召开5座城市金融体制改革试点会议，明确提出开放与发展同业拆借市场，并把它作为金融体制改革的一项重要内容。

上海金融界首先行动起来。1986年6月，中国人民银行上海市分行制定《上海市银行同业拆借条例》，对同业拆借的主体、拆借资金的来源与用途、拆借的利率、拆借期限等都作了明确规定，从而在制度上保证同业拆借的健康发展。

两个月后，上海成立第一个有形的短期资金市场——也才有了开头我们提到的南苏州路上的热闹场景。

事后有专家评价道："上海资金市场的成立，最重要的成就在于突破：在资金分配上，突破了只能纵向分配的旧模式，形成了多种渠道、纵横结合、相互补充的开放模式；在经营管理上，突破了信贷资金统包的大锅饭，实行了指令性计划和指导性计划相结合；在信用工具上，突破了票据不得流通转让的限制，开办了票据在银行间的转贴现业务，为逐步形成公开交易创造了条件。"报纸评论道："上

◇ **同业拆借**

指银行间互相调剂资金。有的银行资金短缺，有的银行资金富余，这两者之间就可以调剂，富余的银行拆出资金借给另一个缺钱的银行。

海短期资金市场的成立，打响了上海金融体制改革的前哨战，为市场经济发展注入了新的血液。"

一年之后，该市场易名为上海资金市场。

此后，伴随着国家宏观调控政策的调整，资金市场又几度更名。

1988年6月，经中国人民银行总行批准，上海市39家金融机构合资组成专事短期资金拆借融通业务的金融中介机构——上海融资公司。

1989年5月，上海组建以会员制为基础的短期融资中介服务机构——上海短期资金调剂中心。

1995年12月4日，"全国银行间同业拆借市场筹备会议"在上海举行。这一次会议明确，所有金融机构人民币同业的拆借业务，都必须通过全国统一同业拆借市场网络平台办理。这意味着，银行同业的资金拆借模式将发生重大转变，由各省市各自为政，转向全国统一平台，公开透明操作。

1996年1月，立足上海、辐射全国的无形资金市场——全国银行同业拆借交易系统正式建立。

1997年6月13日，央行再发通知，明确从1997年6月16日起，全国银行间同业拆借中心开办国债现券业务。银行间债券市场正式建立。

这一市场的建立，使得债券发行与流通的市场化程度大大提高，为提高企业直接融资比例提供了便利。

在此基础上，央行进一步规定，1996年6月起，金融机构可根据市场资金供求状况自行确定拆借利率。同业拆借利率的市场化就这样开始了，成为我国利率市场化的先声。

正是在这个基础上，日后大名鼎鼎的Shibor——上海银行间同业拆借利率（Shanghai Interbank Offered Rate）诞生，成为中国货币市场最重要的基准利率之一。

银行间互相拆借也是要利息的。利息怎么确定？

Shibor就是上海18家信用等级较高的银行组成的团体相互借钱周转的报价。具体计算方法是每个交易日根据各报价行的报价，剔除最高、最低各4家报价，对其余报价进行算术平均计算后，得出每一期限品种的Shibor，并于当日11时对外发布。

银行间同业拆借利率是金融机构同业之间的短期资金借贷利率，是同业拆借市场的资金价格，也是货币市场的核心利率之一，是整个金融市场上具有代表性的利率。该利率能够及时、灵敏、准确地反映货币市场乃至整个金融市场短期的资金供求关系。同时，银行间同业拆借利率也可以看作银行间同业市场中拆出资金的回报和收益。

Shibor就如同一张了解银行资金是否充裕的晴雨表。资金充裕的时候，同行之间有钱可借，货币市场供大于求，那Shibor自然就低。相反，银行没钱，同行找自己借钱，货币市场供小于求，那肯定要收高点的利息。

同时，Shibor在一定程度上也反映出了货币政策的松紧。如果央行"放水"，商业银行资金充足，Shibor自然就会下行；相反，央行如果上调准备金，商业银行手头的钱减少，Shibor自然就会上升。

Shibor的形成，对于人民币定价，对于上海国际金融中心的建立都有着重要意义。

Shibor的另一重意义是，利率市场化。

在金融市场的发展中，利率是一个至关重要的因素。利率水平的高低直接影响企业的投资决策、个人消费能力、购买力水平以及资产价值，还对整个国家的经济发展有重要的影响。

目前，在国内金融市场上，同时存在央行公布的基准利率与货币市场利率。尽管央行基准利率是指导性利率，是为以商业银行为主的金融机构提供的存贷款利率参考，但其与货币市场形成的更趋市场化的利率并存，两者之间存在的差异导致价格信号不够统一，不利于提高金融市场资源的配置效率，也不利于各类市场主体的金融决策。因此，按照央行的计划，要逐步向统一的市场化基准利率转变。在2018年的博鳌亚洲论坛上，时任中国人民银行行长易纲表示，央行希望未来将双轨制利率合并为统一利率，并交由市场决定。

改革开放后，经过40多年的发展，今天我国的利率体系主要由"央行政策利率""市场基准利率""市场利率"三部分组成。

"央行政策利率"作为利率体系的基石，是央行根据我国的货币政策目标，通过操作各类货币政策工具而形成的利率。"央行政策利率"会直接影响商业银行从央行获得资金的成本，进而向下传导，左右市场利率的走向。

"市场基准利率"可以被认为是金融市场上给最优质客户的利率价格，通常作为金融产品定价的基础。

"市场利率"则是市场根据"钱"的供求关系而形成的利率。包括短期的"货币市场利率"，反映市场借贷关系的"信贷市场利率"，以及反映债券市场收益率的"债券市场利率"。

目前央行的政策利率体系采用的是以公开市场操作利率为短期政策利率和以中期借贷便利（MLF）利率为中期政策利率的利率走廊模式，理想状态为市场利率以政策利率为中枢波动。

2013年底，我国引入贷款市场报价利率（LPR）报价机制。

在引入LPR之前，我国的存贷款利率并不是市场化的，而是由央行公布"贷款基准利率"（2015年废止，不再继续提供），是妥妥的"政策性利率"。

为了对利率进行市场化改革，央行引入"报价"机制，希望商业银行可以根据市场的供需情况对贷款价格进行报价。

但是从LPR引入之后的多年发展情况来看，商业银行对它的使用流于形式。各家银行在进行公开报价的时候还是会与央行公布的"贷款基准利率"挂钩，并不能真实有效地反映贷款市场对资金的需求。

2019年8月，我国对LPR机制进行了改革。改革后，LPR分为1年期和5年期的报价，报价频率变为一月一报，报价行扩大为18家。报价形式也变为了"MLF加点"的形式，既与央行政策利率（MLF）密切关联，又能通过"加点"的幅度来反映市场的需求和价格。2024年1月，LPR报价行名单从18家扩容至20家。

可以说，上海国际金融中心建设过程中，货币市场建设取得的成效，主要就体现在Shibor的基准性进一步增强。2010年，央行开始实行Shibor报价行报价质量考核，促进报价行强化对金融形势和市场情况的分析预判能力，并在2012年将Shibor报价团成员由16个增加到18个。与此同时，Shibor对债券产品定价基准作用不断提升。2010年以来银行间市场同业存单发行交易全部参照Shibor定价。同业存单市场的加快发展，对进一步提高中长端Shibor的基准性发挥了积极作用。

1.2 票据：融资与支付工具

对普通人的生活而言，票据是个稍有"距离感"的词。但在整个金融市场中，票据的地位可能突破你的想象。

票据可以理解为企业签发的"信用凭证"，承诺到约定的日期无条件兑现。根据承兑人的不同，可以分为银行承兑汇票和商业承兑汇票两种。前者是银行拿银行信用来做背书，后者则是企业拿自己的信用来做背书。

目前，中国企业间使用的票据大多是银行承兑汇票。

如果说货币市场是整个金融市场的基石，那么，票据市场就是基石中的基石。

票据源于企业间的延期支付行为。企业收到票据后可向银行申请贴现，缓解企业的资金周转压力。

随后票据通过转贴现及再贴现的方式在银行系统中进行流转。

由此，票据成为连接货币市场和实体经济的重要通道。于中小微企业而言，难以通过股票、债券、银行贷款等方式获得资金，票据市场具有准入门槛低、期限短、流动性强、操作便捷灵活等优势，是企业获得短期资金的重要来源，而且票据的融资成本相对较低；于央行而言，通过再贴现业务可以控制资金总量，引导信贷流向。

从一组最新的数据中，就可以看出票据市场对中小微企业的意义。

2023年，签发票据的中小微企业21.3万家，占全部签票企业的93.1%，中小微企业签票发生额20.7万亿元，占全部签票发生额的65.9%；贴现的中小微企业32.0万家，占全部贴现企业的96.5%，贴现发生额17.5万亿元，占全部贴现发生额的73.6%。

1.2.1　货币市场萌芽

票据市场的起步与发展离不开上海金融界的积极探索与尝试。

1979年，国家开始有计划地发展商业信用，人民银行批准部分企业签发商业汇票。

上海金融界借着上海相对活跃的金融氛围成为其中的先行者，率先着手研究票据贴现问题。

1981年，上海市草拟了票据承兑和贴现办法，并在小范围内积极组织试点。同年2月，人民银行上海市杨浦区办事处和黄浦区办事处合作试行了第一笔同城商业承兑汇票贴现业务。

可以说，这是改革开放以后货币市场最早的萌芽，也标志着票据重登历史舞台，票据市场作为社会主义金融市场体系的一部分，开始在规范商业信用、服务实体经济方面发挥作用。

随后，试点范围由同城扩大为异地。1981年10月，由人民银行上海市徐汇区办事处和安徽天长县支行试办了跨省的银行承兑贴现业务。1982年5月，中国人民银行在上海分行提出的《关于恢复票据承兑、贴现业务的请示报告》上作了批复，肯定了其试点的做法和经验，并决定在重庆、沈阳、武汉等地试办此项业务。

1984年12月，中国人民银行在总结试点经验的基础上，颁布了《商业汇票承兑、贴现暂行办法》，决定从1985年4月开始，在全国范围内开展该业务。

总之，在改革开放的大背景下，地方的积极探索和尝试推动了央行积极地介入中国票据市场及制度的恢复与发展，但票据业务总量仍然非常小，票据市场的发展刚刚起步。

经过改革之初几年的探索，票据市场经过萌芽期，开始步入初步发展的阶段。

为解决当时企业间拖欠货款、占用资金严重的问题，1986年4月，中国人民银行和中国工商银行联合颁布了《关于实行商业汇票承兑、贴现办法清理拖欠货款的通知》，并在北京、上海、天津、广州、重庆、武汉、沈阳、哈尔滨、南京等城市进行试点，系统推广商业汇票承兑、贴现业务，以清理拖欠账款，同时辅以配套政策，允许专业银行对企业进行票据贴现、允许专业银行间开展转贴现业务。

为推动票据贴现市场的发展，中国人民银行于1986年颁布了《中国人民银行再贴现试行办法》，正式开启了票据再贴现业务。

1988年，中国人民银行改革银行结算制度，取消了银行签发汇票必须确定收款人和兑付行的限制，允许一次背书转让，并开始试办银行本票业务。银行本票，是申请人将款项交存银行，由银行签发的承诺自己在见票时无条件支付确定的金额给收款人或者持票人的票据。

1989年4月1日，经国务院批准，中国人民银行发布《关于改革银行结算的报告》，制定了新的银行结算办法，确定了以汇票、本票、支票和信用卡为核心的"三票一卡"银行结算制度，商业汇票成为企业贷款清算的重要工具之一，票据业务由此得到进一步发展。

到1990年底，整个票据承兑贴现市场累计融通资金量达到32167亿元，相当于当年国家银行贷款余额的21.2%。

但是，票据市场的逐步繁荣与背后的混乱信用秩序并存。企业为套用资金违规签发、贴现票据的现象屡见不鲜，独立了几年的商业银行经营不规范，对其已承兑汇票到期拒不兑付的情况时有发生，票据业务纠纷频发，经济诉讼陡增。

针对市场上存在的一系列不规范行为，1991年9月，中国人民银行颁发了《关于加强商业汇票管理的通知》，进一步规范了商业汇票的使用和银行票据承兑、贴现行为。该规定出台后，企业使用商业汇票结算以及通过票据贴现方式融资的行为显著减少，市场出现了萎缩停滞现象。

由此，票据市场由长达6年的快速发展期，进入业务停滞徘徊阶段。在这一阶段，商业信用票据化和规范化的重要性不言而喻。为推动票据市场的系统性、规范化发展，1993年5月，中国人民银行发布了《商业汇票办法》，对票据市场进行强制性制度改革。

1.2.2 解决"三角债"遇转机

票据市场重迎转机，源于国家着手解决"三角债"问题。

1992年，邓小平南方谈话极大地调动了全社会改革与发展的积极性，到1994年，国民经济已经出现过热的局面。

在经济快速发展中形成的企业"三角债"问题十分突出，成为制约经济发展的主要障碍，必须着手加以解决。

因此，1994年底，为解决一些重点企业之间互相拖欠货款、资金周转困难以及部分农副产品调销不畅的问题，中国人民银行会同有关部门提出在煤炭、电力、冶金、化工和铁道五个行业，以及棉花、烟叶、生猪、食糖四种农副产品的购销环节使用商业汇票，开办票据承兑授信和贴现、再贴现业务。中国人民银行首次专门安排100亿元再贴现资金，专项用于上述"五行业、四品种"的票据再贴现。

至此，票据业务又获得了新的发展契机，再贴现政策也由此真正开始成为央行的货币政策工具，在调节货币供应量和调整产业结构中发挥积极作用。

在新政策的推动下，票据再贴现规模显著增长。据统计，截至1994年底，全国票据再贴现余额达到203.7亿元，比年初增加155亿元，占当年中央银行贷款增量的20%左右。

20世纪90年代初到20世纪90年代中后期，是中国金融业由原始混业经营向分业经营过渡的制度确立期，很多制度规范都是在此期间确立的。中国票据市场在此过程中不断得到规范，票据市场发展所需的法律与制度框架基本形成，这为后期票据市场的进一步蓬勃发展奠定了坚实的制度基础。

进入21世纪，中国成功加入世界贸易组织（WTO），经济获得高速发展，贸易空前繁荣，票据业务获得了广阔的市场发展空间。

在这一阶段，票据市场发展出专业化升级版。

2000年11月9日，经中国人民银行批准，中国工商银行票据营业部在上海宣告成立。这是中国首家票据专营机构，它的成立开创了商业银行票据业务经营的新模式，确立了票据专业化、精细化和规范化经营理念。

在借鉴中国工商银行票据营业部前期成功运行经验的基础上，2005年5月，中国农业银行在上海正式成立中国农业银行票据营业部。

2003年6月30日，中国票据网正式启用，为全国统一票据市场的发展提供了必要的平台。

同年7月1日，中国工商银行正式对外发布由其编制的工银票据价格指数，这是迄今国内编制的第一个票据价格指数。

工银票据价格指数包括转贴现价格指数和贴现价格指数。票据指数的推出有利于全面、准确、及时地反映票据市场中票据交易的总体价格水平和变化趋势，也有利于为中央银行和各商业银行、票据业务机构提供票据利率走势信息，有利于推动票据市场实现集中交易。

中国人民银行于2000年推行支付结算业务代理制以后，原由中国人民银行代理兑付跨系统银行汇票的股份制商业银行陆续与国有商业银行建立了代理关系，签订了代理兑付银行汇票业务的协议。

鉴于此，中国人民银行于2004年发布了《关于中国人民银行停止代理商业银行兑付跨系统银行汇票的通知》，明确规定，从2004年4月1日起，中国人民银行停止办理股份制商业银行签发的跨系统银行汇票的代理兑付业务。汇票的代理兑付业务由商业银行按照《支付结算业务代理办法》的有关规定相互进行代理。

在这一时期，随着票据业务在全国范围内的开展，其运作机制逐渐成熟，无论从规模还是专业程度上来看，商业银行票据业务都有了显著提升，这进一步促进了票据业务的快速增长。

与此同时，票据市场参与主体也迅速扩大，除票据业务恢复初期的大型国有商业银行外，股份制商业银行、城市商业银行、财务公司和信用社等金融机构也纷纷开展票据业务，票据市场的交易活跃度大幅提升。票据业务在一系列制度规范的促进下，开始走上规模化和专业化发展轨道，全国票据市场业务量成倍增长。

2008年，发生于美国的次贷危机最终演化成一场全球性金融危机。为应对这场危机对中国经济发展造成的负面影响，中央政府启动了大规模的经济振兴计划，国家推出了高达4万亿元的宏观经济刺激方案。

在庞大的经济刺激行动下，金融市场流动性十分充裕，票据市场由此出现了空前的繁荣，进入高速增长阶段。

在市场流动性充裕的情况下，2009—2015年全国票据贴现量快速增长，年均复合增长率高达42.16%。各类商业银行积极投身票据贴现业务，银行票据业务运作的资金化趋势不断增强，各类金融机构不断加快票据贴现后的转贴现周转交易，从而使票据贴现总量呈爆发式增长。

2015年发生的"资产荒"促使银行大力增加对票据资产的配置与交易，全市场票据贴现业务量首次突破100万亿元，达到102万亿元，同比增长68%。

如此狂飙突进的势头之中，隐患早已埋下：社会各类机构和资本通过不同的途径进入票据市场，高杠杆率操作、不合规经营十分普遍。

1.2.3 阴云密布

2015年3月至2016年1月间，五包"旧报纸"，换走近40亿真金白银。

这起案件被业内称为"新中国成立以来的第一票据大案"。过程之荒诞，金额之巨大，足以反映当时票据市场的泥沙俱下。

事件大致经过：A银行与B银行做了一笔银行承兑汇票转贴现业务，在回购到期前，银本票应存放在A的保险柜里，不得转出。但实际情况是，银本票在回购到期前，就被某重庆票据中介提前取出，与C银行进行了回购贴现交易，而资金并未回到A银行的账上，而是非法进入了股市。A银行保险柜中原来封包入库保存的票据则被换成了报纸。而票据中介机构则以"一票多卖"的方式从银行内套取了高达39.15亿元资金。

银监系统对该案开出当年的最大罚单——甚至八年之后，还在对涉案的相关方进行处罚，这是后话。

在这一时期，中国票据市场积聚的诸多风险迅速暴露出来。突发票据风险事件、票据违约消息频频见诸报端。

2015年底，银监会紧急警示票据风险——下发203号文，指出七方面的风险点：票据同业业务专营治理落实不到位；通过票据转贴现业务转移规模，削减资本占用；利用承兑贴现业务虚增存贷款规模；与票据中介联手，违规交易，扰乱市场秩序；贷款与贴现相互腾挪，掩盖信用风险，利用贴现资金还旧借新，调节信贷质量指标，发放贷款偿还垫款，掩盖不良；创新"票据代理"规避监管要求；部分农村金融机构为他行隐匿、消减信贷规模提供"通道"，违规经营问题突出。

203号文还强调，各金融机构不得办理无真实贸易背景的票据业务，已办理承兑、贴现的各种凭证原件要注明银行信息等，防止虚假交易及发票重复使用。

203号文的每一句话背后，都是数起纷繁复杂的违规案例。

搅乱票据江湖的"元凶"之一，是票据中介；滋养违规交易的两个温床是"实物交易"和"信息不对称"。

首先是实物交易。实物交易要确保票据不是伪造的，要验明其真伪，这本身就是相当麻烦的一件事。实物交易也会带来诸多不便，尤其是异地交付票据给双方带来额外的成本，由此催生出了"封包交易""清单交易"的形式。

所谓"封包交易"，是指双方不需要验票，交易时把需要抵押的票据封包签字，到期领回原封不动的票据封包。

而"清单交易"更为"夸张"，连"封包"都不用给了，A银行只需要告知B银行自己手头有清单上列出的票据，以此来进行融资，双方约定票还在A银行手里或者找个第三方代为保管，这样票据就不必来回交付和验票了。

"清单交易"从某种角度讲就是金融机构之间的信用拆借，以票据的名义包装，变相经营同业拆借业务。

其次是信息不对称。无论是企业找银行直接贴现还是银行与银行之间转贴都是通过双方点对点的询价完成交易的，并没有一个固定的交易场所供大家公开撮合交易。各个地区各个银行利率都并不相同，这种信息不对称形成了利差空间和交易机会，如果市场中有人获得的信息多，就可以凭借信息进行套利和寻租，无论是通过低买高卖还是撮合交易的形式。不管是企业贴现，还是银行间的交易，想获得最好的交易条件，就不得不去寻找中介。可以这么说，信息不对称就是票据中介得以生存的条件。

由于整个交易过程都是由票据中介在中间搭建的，很多时候甚至都是由票据中介来代持票据的，中介就能"一票多卖"，获取大量现金。只要能在到期之前把票给赎回来，整个交易就看起来没有丝毫问题，但是一旦资金链断裂，融出资金的一方手里根本没有担保品，只能承受最终的损失。

所以，如果能将纸质票据转化为电子形式，那么票据市场就可以实现从实物交易到电子化交易的跨越，避开实物交易的种种风险；交易双方的报价等信息是公开的，就无须票据中介在中间撮合。

从巨大的涉案金额到荒诞的违规戏码，不仅引来了监管重拳，也促使了中国上海票据交易所的落地，开启了中国票据市场的改革元年。

1.2.4 终迎成人礼

2016年春天，全国两会期间，时任央行副行长潘功胜表示，央行正在抓紧推动建设全国统一的票据交易市场，这是央行下一步的工作计划之一。

这是央行第一次明确推动建设全国统一的票据市场。

改变以往票据分散、割裂的交易状态，建设统一的票据交易平台，这是规范中国票据市场的治本之策。

在央行表态要建设全国统一的票据交易市场后不久，2016年5月25日，央行牵头成立了负责筹建全国统一票据交易市场的筹建小组。筹建小组的主要负责人来自央行金融市场司、支付司等相关司局和处室，小组成员主要来自国有大型商业银行、部分股份制银行，工作人员为来自各商业银行票据运营中心的产品创新领域专业人士，他们共同参与商议上海票据交易所具体组建方案。

2016年11月2日，央行印发《中国人民银行办公厅关于做好票据交易平台接入准备工作的通知》，文件标注为特急。其中明确，上海票据交易所系统建设分为两期：一期实现纸质商业汇票交易功能，也就是将纸质票据电子化；二期建设实现纸质商业汇票和电子商业汇票交易功能。简言之，就是"先纸后电"，纸票与电票"同权"。

由此可看出，上海票据交易所系统第一个要解决的问题就是实物交易的问题，解决办法就是电子化。

2016年12月6日，央行制定了《票据交易管理办法》并公布实施，勾勒出上海票据交易所交易制度的轮廓。

两天之后，2016年12月8日，上海黄浦区锦江小礼堂，上海票据交易所开业仪式举行。

中国票据市场终于迎来"成人礼"，重新开启交易所时代。

"上海票据交易所作为具备票据交易、登记托管、清算结算、信息服务多功能的全国统一票据交易平台，将大幅提高票据市场透明度和交易效率，激发市场活力，更好防范票据业务风险；也有助于完善中央银行金融调控，优化货币政策传导机制，增强金融服务实体经济的能力。"时任央行行长周小川在贺信中对上海票据交易所的定位和作用进行了阐释。

上海票据交易所成立后，在短短的一年多时间里，将纸质的票据全部转移到了线上，纸质票据电子化得以实现。

票据有两种形态，一种是纸质票据，一种是电子票据。发生票据风险事件的主要是纸质票据。央行为什么不完全放弃纸质票据全面推开电子票据呢？

其实，央行从2009年起就推出了电子票据，但是电子票据并不像想象的那么受欢迎。

为了票据市场的安全和用户的偏好以及票据流转的方便之间的平衡，央行的做法是：大额的票据必须使用电子票据，而小额票据可以采用电子票据也可以采用纸质票据——根据央行下发的《关于规范和促进电子商业汇票业务发展的通知》，自2017年1月1日起，单张金额在300万以上的汇票全部通过电子票据办理；自2018年1月1日起，原则上单张金额在100万元以上的汇票全部通过电子票据办理。

2017年国庆长假期间，位于上海世博园区内的上海票据交易所异常紧张繁忙。这里正在进行电子商业汇票系统（Electronic Commercial Draft System，ECDS）向上海票据交易所移交切换的准备工作。10月9日一上班，ECDS将正式交由上海票据交易所负责运营。

一年之后，同样是在国庆长假期间，在369家接入机构的积极配合下，上海票据交易所顺利完成纸电票据交易融合工作，真正实现了纸质票据和电子票据的同场交易。交易系统与ECDS完全融合，纸电票据全生命周期均通过交易系统完成。

2024年，上海票据交易所正式完成系统切换，ECDS各项业务全部切换至中国票据业务系统办理。7月27日，ECDS存量数据迁移至新系统迁移模块，之后ECDS正式关闭，退出历史舞台。

上海票据交易所成立后的中国票据市场，票据产品创新成果显著。

一是票据种类的创新，推出了供应链票据，通畅了供应链上下游企业的融资环境，推动了供应链物流、信息流与资金流的一体化发展。二是票据的产品创新，票付通、贴现通、秒贴、标准化票据等产品不断涌现，较大程度改善了票据市场的流通性，便利了中小企业的融资与结算，助力实体经济发展。

票据市场价格形成机制不断完善。

一是承兑费率逐步市场化，如银票承兑手续费率，此前长期按照万分之五的标准收取，市场化定价后可以充分体现票据的信用与期限对价；二是票据贴现利率的市场化程度越来越高，与信用主体信用状况、货币市场其他子市场，以及商业银行资产负债状况的关联度越来越高；三是票据二级市场推出了收益率曲线，上海票据交易所已推出银票国股及城商银票收益率曲线，改善了票据市场价格形成机制。

票据市场服务实体经济能力不断提升。

一是票据总量不断提升。从近三年的数据来看，2021—2023年票据市场业务总量年均增长14.8%，2023年全市场票据业务总量224.5万亿元。2023年末票据市场承兑余额18.6万亿元，较2020年末增长32.0%。2023年末票据市场贴现余额13.3万亿元，较2020年末增长51.5%。

二是服务中小企业能力不断深化。2023年中小微企业用票金额87.2万亿元，占比74.0%，中小微用票企业家数312.8万家，占比98.0%。

票据市场参与主体不断扩大。

一是金融参与主体的扩充，2016年上海票据交易所成立后，票据交易已从原本的银行类金融机构，扩充至券商、基金、保险、资管等非银金融机构；二是其他参与主体的扩充，2023年根据《商业汇票承兑、贴现与再贴现管理办法》要求，贴现业务参与者已扩展至自然人，大幅延伸了票据市场参与主体的广度。

2024年6月7日，上海票据交易所发布了《上海票据交易所发展规划（2024—2026年）》。上海票据交易所又提出了新的奋斗目标——"建设面向企业的票据综合服务平台"。

票据因信用而存在，因支付而发生，因融资而发展，因创新而繁荣，因服务实体经济而具有无限发展空间。

1.3 股市：全球市场前列

中国股市虽然历经沧桑，但资本市场带给中国经济的动力无与伦比。

股市让多数国有独资企业和金融机构都变成了混合所有制企业，为企业发展提供了坚实基础。中国股市30余年来通过IPO、增发和配股，以及可转债和可交换债等股市工具为中国企业提供了超21万亿元股权资本，累计分红金额超10万亿元；截至2024年7月末，中国债券市场托管余额也接近166.3万亿元。

尤其经过2008年国际金融危机的洗礼，中国已经渐渐清晰地意识到：如果没有强大的资本市场，金融就很可能变成自我循环的游戏，脱实向虚；而在资本市场中，如果股权资本规模过小，债务规模的膨胀就会引发高杠杆风险，稍有闪失还会导致债务危机；更重要的是，实体经济创新发展必须倚重股权资本，而非债务融资，这是股权资本和债务资本天然属性所决定的。

改革开放46年后的当下，中国股市正在加大改革力度，基于投资融资地位平等而再造市场机制，基于充分保护中小投资者合法权益而实施有效监管，基于国际资本竞争而扩大对外开放，方方面面都需要配套推进。

眼下来看，中国股市的确遇到了不少波折，但这是暂时的，坚信中国资本市场前途光明。

1.3.1 证券市场

没有规矩，不成方圆。

20世纪80年代初的上海，企业的民间金融活动非常活跃。单位间借贷频繁，企业盛行发放购物券、代价券等变相货币，有的甚至还私自发行彩票。总之，为了发展经济，许多企业私自进行各种形式的融资。由于缺乏相应法律法规的约束，早期的市场融资显然是杂乱无章的。现实需要对资本市场进行有序的管理。

1984年8月，新中国历史上最早的有关证券市场管理的法规——《关于发行股票的暂行管理办法》在上海出台。按此"规矩"，新中国证券市场从此迈出波澜壮阔的第一步。

由治乱开始

自1978年改革开放的号角吹响后，20世纪80年代初的上海企业已走上了对内搞活、对外开放的道路。

那时，随着经济的发展，企业对资金有了新的需求，但限于当时的信贷政策规定难以获得银行的支持，一些企业纷纷向职工集资或向其他企业借贷，有的百货商场、综合商店，甚至小卖部还擅自发行变相货币。

要让真正需要资金的企业能够融到资，又要制止不合理的融资行为。1984年，中国人民银行上海市分行对社会上自行发起的"原始"融资活动进行管理。

1984年8月10日，第一个有关企业融资的管理办法——中国人民银行上海市分行制定的《关于发行股票的暂行管理办法》（以下简称《办法》）出台。

《办法》规定，股票发行单位限于符合经济发展方向，已经取得营业执照的新办集体所有制企业；股票分集体股和个人股；股息列入成本。同时，明确股票可以转让或向银行申请抵押借款，所有有关事宜均可委托银行信托部办理。

一个月后，在上海市长宁区注册的上海市第一家股份制企业——华宁实业公司，通过工行上海市长宁区办信托分部定向发行股票300万元，集资后先后办起了银楼、橡胶厂和餐厅等。华宁实业公司成为《办法》公布后第一家定向发行股票的企业。

1984年出台的我国证券市场第一部管理法规，其实就是给当时在散乱奔跑的企业画出了跑道。有了跑道，企业知道了规矩；有了明确的方向，奔跑时反倒更放开了手脚。

在上海等地的管理法规不断完善的情况下，央行及时汇集上海等地的情况并上报国务院，1987年3月27日，国务院发布了《企业债券管理暂行条例》。紧接着第二天，即3月28日，又发出《关于加强股票、债券管理的通知》，这为全国各地发行股票、债券立下了规矩。

而此时离上海第一部管理法规的出台已将近3年。

小飞乐带出2亿中国股民

门房临时成了股票的发行处，新中国第一只股票的首发可谓简陋。

位于上海市武夷路174号的上海飞乐电声总厂的门房，1984年11月18日临时成了股票的发行处。一早，工行上海信托投资公司静安分公司派收款员背着银行的钱箱在门房驻扎直接收款。

飞乐音响第一任董事长兼总经理秦其斌原本准备将所有的股票全部销售给职工，但上海的《新民晚报》刊登了《飞乐音响发行股票接受个人和集体认购》的报道后，不少喜欢尝鲜的上海市民跃跃欲试，纷纷来电询问发行股票的消息。于是，秦其斌决定拿出一部分股票对外公开销售，此举无意间改写了历史。

据秦其斌回忆，当时发行的股票更像是债券，规定个人股东实行自愿认购，不能退股，但可以转让，按银行一年定期储蓄存款利率计算股息，每年付息一次。

"小飞乐"从无到有都离不开第一批股民。当秦其斌回忆起那段创立"小飞乐"的人生经历时，总是对当年认购"小飞乐"的股民心存感激之情，他说："没有他们的捧场，股票一生下来就会是'弃儿'。他们才是真英雄，真金白银支持股份制改革。"

在弄潮儿之后，越来越多的股民进入证券市场。

中国证券登记结算公司的最新数据显示，截至2023年8月，开立A股账户的投资者数量达到2.2亿户，相当于中国每7人有1人是股民。

让股票流动起来

至1985年，上海已经有了"小飞乐"和延中实业两只股票。

飞乐音响和延中实业有2万名个人股东，其中一部分人由于各种原因需要把手里的股票变现，陆续有人找到承销商工行上海信托投资公司要求转让，但当时还没有正式的交易渠道。

股票发行之后不能买卖流通，股票就将失去生命力。

1986年开始，工行上海信托投资公司提出了股票买卖试点的申请。

8月中旬，时任上海市市长江泽民召开座谈会听取关于股份制改革的汇报，虽然工行上海信托投资公司未在邀请之列，但在上海市经济体制改革委员会金志的牵线下，工行上海信托投资公司静安分公司副经理胡瑞荃终于坐到了上海市市长江泽民的对面。趁市长和人民银行上海市分行行长李祥瑞都在场的大好时机，胡瑞荃拿出了前夜特意准备的5页发言稿，当即作了一场题为《股票的生命在于流动》的发言。散会后，李祥瑞要胡瑞荃再递交一份申请报告。拿到报告的第二天，李祥瑞立刻召集各部门开会研究，并很快"同意开办"。

工行上海信托投资公司静安分公司原先搞的是机构信托业务，没有现金柜台，拿到"准生证"后的1个月里，他们火速盘下了南京西路1806号的理发店并改换门庭。

1986年9月26日清晨7时，上海市南京西路1806号的工行上海信托投资公司静安分公司门口铁栅栏紧闭，但已被人群围得水泄不通，来自上海各个地方的人们像潮水一样汇集而来。人群聚集只是因为这间小门面的上方悬挂着的一条红色横幅，上面写着"上海工商银行上海信托投资公司代理延中、飞乐股票买卖"，新中国改革开放后第一次股票交易将在这里诞生。

这间由12平方米的理发店改建而成的小房间，不仅改写了历史，更深深影响了数千万户普通家庭的经济生活。

新中国的证券市场就是在这里起步的。

两个月后，邓小平会见了以纽约证券交易所董事长约翰·范尔霖（John Phelan）为团长的美国纽约证券交易所代表团，在接受客人赠送给他的两件特殊礼物——美国证券交易所的证券样本和一枚可以自由通行纽约证券交易所的徽章后，邓小平将一张飞乐音响的股票回赠给客人。

范尔霖获得"中国的第一张股票"后非常兴奋，旋即他专程赴上海，在工行上海信托投资公司静安分公司股票交易柜台办理过户手续，成为中国第一名外籍持股者。邓小平送给范尔霖的飞乐音响股票后来成为纽约证券交易所的珍贵收藏品。

价格放开，股票交易真正活跃

虽然第一个股票交易柜台开张了，但为了防止"投机倒把"，当时的交易价格被严格限制，由交易柜台按照股票票面金额加上预测的股息和红利为基础牌价定价。

个人股的股息参照一年期储蓄存款利率：每年年度终结后，根据公司盈利情况，提留一定的公积金和公益金后，可提出一部分进行分红。分红的金额不能超过当时一年期的储蓄利息，也就是说股息加红利最多是储蓄利息的1倍。

交易首日，飞乐音响55.6元、延中实业54元的价格就是参照这个原则得出的。

由于定价机制死板，不久后就出现了抛单稀少、买盘积极的一边倒现象。直到8个月后，上海市政府在1987年5月23日发布了《上海市股票管理暂行办法》，明确规定"股票交易价格可由交易双方自行商定"，交易才开始活跃起来。

股票这个词曾在内地市场销声匿迹数十年，但上海的金融氛围成为一种"遗传基因"潜移默化到了普通百姓的头脑中，股票交易在上海滩的重新出现立刻激活了这种潜藏已久的激情。

改革开放的天时，上海金融底蕴的地利，政策扶持、普罗大众积极参与的人和，使股票市场从一个小小的柜台起步形成如今的规模。

上交所建立

1990年12月19日，在上海外滩北侧黄浦路15号的浦江饭店内，随着一声铜锣敲响，上海证券交易所正式开业。也就是在这一年，《中共中央关于制定国民经济和社会发展十年规划和"八五"计划的建议》通过，将证券市场的发展列入国民经济发展计划中，肯定了证券市场应有的地位。中国的股市从无到有、从小到大，从地区性市场到全国性市场，从手工操作到无纸化发行与交易，全面实现了市场建设质的飞跃。

当天，时任上海市市长朱镕基、副市长黄菊、前任市长汪道涵、国家体改委副主任刘鸿儒、央行副行长周正庆、建行行长周道炯、香港贸发局主席邓莲如等参加了开业典礼。

年仅35岁、被称为"全球股市最年轻的总经理"的尉文渊，以上海证券交易所第一任总经理的身份敲响了"第一锣"。

筹建上海证券交易所还有一个重要背景：浦东开发开放。1990年4月18日，国务院总理李鹏在上海宣布开发浦东十项新政，其中包括建立上海证券交易所。6月，朱镕基访问中国香港、新加坡等地时，向全世界宣布上海证券交易所将在年内开业。

在创立之初就采用电脑化交易的上海证券交易所走在了香港联交所交易系统的前面。同电脑交易一样，股票无纸化交易也具有世界领先意义。

设计无纸化交易原本是为了打击当时猖獗的黑市交易。股票实物转化成"电子股票"，在交易所电子交易系统中集中存放、统一划转，黑市交易就会失去市场。

但一开始，股东们把股票当成"传家宝"，都不肯上交。一些柜台网点也拒不执行交易所的规定。做了大量的宣传动员工作，却收效甚微。随后，上海证券交易所宣布，股票没有上交、没有换成电子股票的，一律不得在场内交易。

此后，上海证券交易所市场化进程逐步推进。

第一步，放开股价。

当时，基于对市场风险的认识和控制，交易所实施涨跌停板制度和流量控制，使得交易十分清淡。"应该尊重市场，实行价格竞争。"尉文渊立下"军令状"，自作主张作出放开股价的决定。按照他的设计，放开股价是逐步推进的，后来得到领导的肯定，于是有关部门宣布"5月21日，股价全面放开"。这就是令很多早期投资者一夜暴富的"5·21井喷行情"。

第二步，增设营业网点。

股价放开后交易火爆，但投资者苦于交易席位不足、跑道不畅而无法交易，可营业网点的扩建又并非一朝一夕所能为。于是，上海证券交易所在上海市文化广场设置了一个超大型的营业网点，100多家证券公司进场设摊。这大大缓解了交易网点不足的问题。

第三步，股份公司大扩容。

这是早期市场的第一次扩容高潮，从1992年初的"老八股"到年底沪深两市近60家上市公司，股票的供应量大大增加。当然，供求关系的急剧变化也造成上证综指从6月的1500点一路下跌，跌至300多点，这就是我国股市的第一次"大熊市"。

B股开启证券市场国际化大门

24、230，这两个数字单独拿出来时很难让人猜出究竟是什么意思，如果在它们的前面加上一个时间——1992年2月21日，很多人就会瞬间明白。

正是在1992年2月21日，中国的资本市场与国际资本市场紧密地结合在了一起，而这扇门就是由拥有来自全世界24个国家和地区的230名"股东老板"的电真空B股开启的，它谱写了中国金融市场的新历史。

1992年2月21日上午9时30分，上海证券交易所一号交易大厅旁的贵宾厅内，一群西装革履的海外证券专家挤在窗前。随着一声洪亮的铜锣声，闪烁着红绿灯光的电子行情显示屏上清晰地显示出发行价每股70.8717美元的电真空B股（人民币特种股票）开盘价为每股71美元。开盘1分40秒后，显示屏就开始频繁地出现海外客户要求买入的申报价：71.6美元、72.8美元、73.2美元、74美元……

很快，申银证券的"红马甲"抢先以72美元成交了10股电真空B股，成为中国历史上第一单成交的B股。买入的幸运儿是位香港投资者，他委托买入1500股，但只买到了10股，而这个成交价也是当日的地板价，不幸之中蕴含着很大的幸运。

目睹当时场景的时任《解放日报》记者时赛珠还记得当时上海证券交易所的总经理尉文渊跟她说的一句话："这里的交易行情已经通过路透社通信网络同步向世界各地发出，首次与国际证券市场接轨。"

当时担任B股交易海外代理商之一的香港新鸿基有限公司执行董事叶黎成对在现场采访的时赛珠说，B股在香港和国外引起了强烈反响，每天都有投资者来询问情况。B股的发行和上市交易使得上海与国际市场更接近，使更多的外国人对中国的改革开放有了进一步的了解和信心。一位海外证券专家甚至对时赛珠说，1992年2月21日上午9时30分应该记入中国金融改革开放的史册。

新中国资本市场第一只股票"小飞乐"发行时竟然是在上海飞乐电声总厂的门房里，当时还没有人认识什么是股票，而8年之后的电真空B股的发行在当时可谓火爆，由瑞士银行（以下简称"瑞银"）担任主承销商的电真空B股首发3天即被认购一空。

黄贵显对1988年的一件事情记忆犹新，当时他还是申银证券西康路营业部经理，一位男子敲开了他的办公室门，自称是中国驻英大使，名叫冀朝铸。冀朝铸告诉黄贵显，在英国和欧洲，人们对中国发行和交易的股票很感兴趣，尤其是华侨，很想投资中国的股票。华侨们很想报效祖国，即使没有投资回报，只要能还本，他们也愿意，大概有200万英镑的资金等着买股票。黄贵显听在耳里、记在心里，尔后的一段时间，他在香港的朋友也表示想买。

很多港澳同胞专程到申银证券的营业部，他们提出："我们也是中国人，为什么不能让我们买？"弄得营业部很为难。自设立股票交易柜台以来，先后有18家国外机构向营业部提出购买股票的要求，甚至有国外券商提出要与营业部合作发行股票。

当时我国对外汇控制得很严，国家计划内不可能拨给企业用来分红的外汇，所以必须选择一个有外汇收入的单位来发行B股，最好是中外合资企业。发行B股前，考虑到公司以后的分红派息问题，最后找到一家中美合资企业——中美上海施贵宝制药有限公司，该企业要扩大生产，因此要增加资本投入，用于购买进口设备。中方没有外汇可投入，又不想让外方扩大控股权，因此发行B股是最好的办法，可惜后来因为种种原因而流产。

据时任央行上海市分行行长龚浩成回忆，1989年，中国面临着外资撤资的局面。当时，朱镕基对他说："老龚，你们能不能想想办法，吸引更多的外资进来。"这一想法促成了B股市场正式诞生。

1991年6月，央行上海市分行开始起草《上海市人民币特种股票管理办法》和《上海市人民币特种股票管理办法实施细则》。在听取了上海证券交易所，海通、申银、万国等证券公司和有关部门的意见后，经过14次修改，于1991年11月22日和25日正式定稿。

1991年7月，央行上海市分行上报电真空B股的发行方案。该方案11月得到批准。获准发行B股100万股，按规定以人民币为股本计价单位，每股100元，以美元溢价发行，按照当时1比5.7的美元兑人民币汇率，共募集到了相当于人民币4.2亿元的外汇，扣除约人民币2000万元的发行成本，公司实际到位资金相当于人民币4亿元。

"企业没有出口任何东西，就拿到了一笔可观的外汇。"黄贵显高兴地说。更重要的是，B股市场提升了我国在国际上的影响力，吸引了更多外资流入。

当初的"电真空B"几经改名，现在已成为"云赛B股"。而原本只对国外投资者开放的B股市场，也已经对境内居民开放。

B股最初设立的目的便是吸引外汇资金，现如今已经没有了外汇储备的问题，而有了30多年历史的B股，仍面临投资者少、流动性差的问题，再加上这些年沪港通、深港通的发展，以及监管部门解除了QFII（合格境外机构投资者）、RQFII（人民币合格境外机构投资者）投资额度的限制，海外投资者可以更加自由地投资中国市场，综合来看，B股市场变得越来越式微。

值得一提的是，2001年之后的B股就没有新股发行上市了。从21世纪初兴起的一大批优质的互联网公司，比如阿里、腾讯、京东、网易等诸多优质资产，都跑去了境外上市，国外的投资者有了投资中国企业的想法，那么中概股便是他们第一选择，这也是让B股市场冷淡的原因之一。

无论最终的结局如何，B股都在中国改革开放的历史上留下了深深的印记。

现在，以上海证券交易所为代表的多层次资本市场正在不断丰富，成为中国经济创新发展的强大动力，也成为中国企业建立有效公司治理结构不可或缺的重要工具。当然，它也变成社会公众获取投资收益、分享改革开放红利的普惠金融市场。在这里，数以千亿计的资金、股票、债券每天流入流出、你来我往，同时它也向全世界发布着中国资本价格的信息，成为中国经济的晴雨表。

党的十八大之后，中国资本市场对外开放骤然提速。2014年4月10日，总额度为人民币5500亿元的"沪港通"正式启航；2018年11月，国家主席习近平在首届中国国际进口博览会开幕式上宣布，上海证券交易所将增设科创板并同时试点注册制。中国多层次资本市场的建立再下一城。

2019年6月，"第十一届陆家嘴论坛"现场，科创板正式开板。这不是简单地增加一个板块，更重要的是市场制度的创新和成型，架起了金融资本与科创要素的通道，促进上海国际金融中心和科创中心建设的联动发展。到2024陆家嘴论坛，科创板正好迎来开板五周年，也交出了不俗的成绩单。5年来，科创板接纳了573家上市公司，首发募资总额达9107.89亿元，总市值逾5万亿元。这一为国家动能切换而生的资本板块，正逐步成为我国"硬科技"企业上市的首选地。

1.3.2 债券市场

债券市场是资本市场的重要组成部分，也是金融市场的重要组成部分。在中国从计划经济向社会主义市场经济过渡的过程中，债券市场形成并逐步发展起来，目前，在我国全部金融资产中，债券资产增长迅速，开始改变信贷资产占比过大的局面，对发挥市场在社会资源分配中的基础性作用作出了积极的贡献。

我国债券市场的雏形始于新中国成立初期，但真正意义上的债券市场是与金融体制改革和经济体制改革同时开始的。

上海推动国债上市流通

1988年4月21日，工行上海信托投资公司静安分公司经理黄贵显比以往更早一些来到上海市西康路101号的证券营业部。一路上，他内心有点忐忑不安，但又很兴奋，因为他推动的国库券交易就要在自己营业网点里实现了。

国债，许多上了年纪的人更爱用"国库券"这个词，它的诞生日是1981年1月16日，但是它的新生始于1988年4月21日。

1979年，我国农村推行联产承包责任制，大幅度提高农副产品收购价格，农民收入得以增加。与此同时，工业企业也因以农副产品为主的原材料价格的提高而降低了利润。同一时期，由于我国国有企业推行"企业基金制度""利润留成"等制度，财政收入减少，而财政支出相应增加。到1979年和1980年两年，我国财政赤字分别达到170.67亿元和127.5亿元，政府开始向人民银行透支，以弥补财政赤字，结果引发了通货膨胀。

为治理通货膨胀，国务院于1981年1月16日通过并颁发了《中华人民共和国国库券条例》，决定自1981年起恢复国库券发行。

国债的恢复发行，为解决财政赤字作出了贡献，极大地支持了国家的经济建设。

但后来因为不能流通，加之行政分配、硬性摊派，很难激发市民的购买热情。

直到1988年2月，国务院正式批准国库券可以上市流通。而促成这一事的正是黄贵显。

对于当时国库券发行遇到的困难，黄贵显在不少场合都表示要开办国库券交易的柜台业务。

其中最重要的一次是在1987年10月举行的上海股份制联谊会议上。当时参加会议的《文汇报》记者为此发了内参，新华社等媒体也对此予以关注。

没多久，时任央行行长陈慕华在内参上批示："国库券只有上市流通，才能提高信誉，建议人民银行有关部门研究这个问题。"

1988年2月，国务院正式批准国库券可以上市流通。

1988年4月21日，全国61座城市试办1985年和1986年国债交易柜台。这才有了开头黄贵显忐忑又兴奋地迎接首日交易的一幕。

国库券开始交易后的1个月里，西康路101号里的国债交易额就占到了上海市的50%；一年下来这里的年交易额达6亿元，成为当时全国最大的国债交易市场。

利用这一政策，才会有众多"杨百万"利用地区差价赚回他们在中国资本市场的第一桶金。

从上柜交易开始，国库券真正开始在债券市场"发光"。

1990年12月，上海证券交易所开业，采用了在实物券托管基础上的记账式债券交易形式，开辟了交易所的场内交易市场，同时，证券交易自动报价系统（STAQ）落成并投入使用，大大促进了国债的地区间交易。

但当时绝大多数债券交易仍是在实物券柜台市场完成的。

由于缺乏全国集中统一的国债托管结算系统，交易双方无法得知对方真实的国债库存，加上国债比例抵押，真实的国债交易量很小，各地出现了大量的国债买空、卖空、挪券和假回购等违规行为，秩序较为混乱。

1993年，国债期货开始在上海证券交易所进行试点。同年，上海证券交易所推出国债回购业务。此时，交易所可进行国债现券、期货和回购交易，场内市场交易量大幅增加。

1995年起，交易所国债交易相继出现了一些问题，违规事件频频出现，出现了"327"国债期货风波，国家决定暂时关闭国债期货市场。

1997年上半年，股票市场过热，大量银行资金通过各种渠道流入股票市场，其中交易所的债券回购成为银行资金进入股票市场的重要途径之一。

1997年6月，根据国务院的统一部署，中国人民银行发布了《中国人民银行关于各商业银行停止在证券交易所证券回购及现券交易的通知》，要求商业银行全部退出上海和深圳交易所市场，各商业银行可使用其在中央国债登记结算有限责任公司托管的债券，通过全国银行间同业拆借中心提供的交易系统进行回购和现券交易。

1997年6月16日，全国银行间拆借中心开始办理银行间债券回购和现券交易，由此形成了全国银行间债券市场。

国库券从最初不能上市流通，到1988年允许国库券转让市场正式开放，国库券的投资属性逐步建立。目前，银行间债券市场、交易所债券市场以及商业银行债券柜台市场多层次的国债交易市场体系已经形成。

经过40多年的发展，中国国债早已今非昔比。

中国已成为全球第二大债券市场，境外机构持有我国债券人民币3.3万亿元，近几年年均增速约为30%。

越来越多外资机构表现出对中国债券市场的浓厚兴趣。

截至2023年12月末，共有1124家境外机构主体进入中国债券市场，自2017年以来平均每年新增约100家。已入市的境外机构涵盖70多个国家和地区，包括央行、主权财富基金、国际组织、商业银行、资管机构等各种类型，全球前百大资产管理机构中，已有约90家进入我国债券市场。[1]

---

[1] 数据来源：国家外汇管理局

目前，我国债券在摩根大通全球新兴市场政府债券指数（GBI-EM）已达到国别最大权重，在彭博巴克莱全球综合指数（BBGA）、富时世界国债指数（WGBI）中的权重均超过纳入时的预计权重。这三大国际债券指数已为我国债市引入了数千亿美元的跟踪指数资金。

企业债，上海经验走向全国

1987年1月7日，在上海的金融发展史上，这一天发生了一件很有意义的事情——经央行上海市分行批准，上海第一张面向社会个人公开发行的企业债券开始上柜认购。

上海的1月，差不多是一年中最冷的时节。上海第一张企业债券就是在这个时候向社会公开发行的。

20世纪80年代，老百姓还不能在家里通过上网方便地购买各种各样的金融理财产品，所有人都要揣着最大面值仅为10元的人民币到银行门口排队。上海市民半夜起来排队，队伍"神龙见首不见尾"，仅用一天半的时间就抢购完了锦江集团5000万元的企业债券，这是上海第一批"债民"们写下的历史。

人们常说借钱难。那年头，人们争当企业债主的原因归结起来比较复杂：首先，是有对企业的信任；其次，是有支持国家重点企业建设的光荣感和责任感；最后，更实际一点的就是企业债券有比银行存款更高的利率，而且是固定利率。

第一批锦江集团企业债券的总规模为5000万元，时间期限为一年，年利率为9%。银行的历史资料显示，1987年，商业银行的一年期定期存款利率为7.2%。算下来，锦江集团的企业债券利率要比银行利率高出1.8个百分点。

一年期满后，"债民"们都从锦江集团领回了他们的本金和利息。而锦江集团也因为发行企业债券解决了融资难的问题。

当年锦江集团在申请发行企业债券时，很多程序上的管理条例都是空白的。

1984年8月10日，上海市政府办公厅所发的第58号文件批转试行了中国人民银行上海市分行《关于发行股票的暂行管理办法》。1985年1月2日，又补充向社会发布了《发行股票十问》，其中第一次提出"如果不以股票形式向社会融资的企业，即要发行企业债券，比照股票的管理办法处理"。锦江集团企业债券就是"比照股票"批准发行的。

在第一批企业债券酝酿发行时，央行上海市分行一边做着审批工作，一边也在编写完善企业债券管理方面的条例。

1987年5月23日，上海市政府发布了《上海市企业债券管理暂行办法》，这个办法的实施日是1987年7月1日。正式的企业债券管理办法实施时，上海的企业债券发行工作提前半年就开始了。

在锦江集团为发行债券于1986年12月29日举行的新闻发布会上，建行上海市分行的领导还如此表示，"不久以后，建行的信托公司将批准成立，发行债券融得的资金就由这个信托公司来进行流通"。可见，伴随着上海第一家企业债券即将呱呱落地，上海金融市场上与之相关的很多配套条件也在紧锣密鼓地建设中。

为了促进企业的融资需求，上海在企业债券市场发展方面有许多自己的想法，产生了许多具有特色的"上海创造"：锦江集团，第一家面向社会个人发行债券的公司，在所有的票样中，锦江集团的企业债券是唯一一张竖版形式的；上海金山石化，第一家既向社会个人也向企业发行债券的公司，其归还的形式不仅是本金加利息，还有柴油等实物形式；上海市有色金属总公司，第一家发行短期融资券的企业；上海水泥厂，第一家发行企业贴现债券的企业……如果把这些企业发行的债券票样连在一起，就是一幅上海企业债券早期发展的画卷。

过去企业需要钱就只能找银行，没有第二个地方。银行受货币调控政策的影响，有时资金比较紧张，企业就拿不到钱，发展就受到影响。而向社会发行债券，企业不再只靠银行，还能靠老百姓等社会资源来发展，就灵活多了。发行企业债的意义就在于此。

当1987年1月7日锦江集团的企业债券和1987年1月20日上海金山石化的企业债券发行结束后，上海的开创性做法成了全国的典型。上海经验开始走向全国。

除了企业债券，金融债券也在同步发展。

1982年，中国国际信托投资公司在日本东京证券交易所发行了外国金融债券。这是我国首次在国际市场上发行外国金融债券。

1985年，中国工商银行、中国农业银行开始在国内发行人民币金融债券。

1991—1992年，中国建设银行和中国工商银行共同发行了160亿元的国家投资债券。

1993年，中国投资银行被批准在境内发行外币金融债券5000万美元，发行对象为城乡居民，期限1年，而且采用浮动利率，高于同期国内美元存款利率1个百分点。这是我国首次发行境内外币金融债券。

1994年，我国三大政策性银行成立，同年4月，国家开发银行第一次通过派购方式发行债券，政策性金融债券应运而生。

1.4 保险：国际保险中心的雄心

1979年，国务院在第99号文件转批的《中国人民银行分行行长会议纪要》中指出："为了使企业和社队发生意外损失时能及时得到补偿，而又不影响财政支出，要根据为生产服务，为群众服务和自愿的原则，通过试点，逐步恢复国内保险。"

1979年，中国人民保险公司在人民银行中分设，中国保险商业历程重启。

1979年12月17日，中国人民银行上海市分行、上海市财政局、中国农业银行上海市分行、中国人民建设银行上海市分行，以共同名义召集了全市各部委办、区县局、专业局和专业公司，举行了"贯彻国务院决定恢复国内保险"大会。

会议邀请上海市人民政府财贸办公室负责人作动员报告，会后在各大报刊和电台发布消息和开业广告，宣布国内保险业务于1980年1月1日在全市10个区、10个县全面推展。上海由此率先揭开了全国恢复国内保险业务的序幕。

1980年元旦，中国人民保险公司上海分公司正式复业，开出了中国保险复业第一单。

中国人民保险公司的成立，为中国保险重新启程锚定了坐标，这才有了如今金融体系三大支柱之一的中国保险业。

1.4.1　第一份金融广告

"交行办保险，保险到交行。"

为了让社会各界知晓买保险不再只有人保一个选择，交通银行选择主动出击，打出新中国金融业的第一句广告语。

在这之前，金融服务机构只要开门营业自会有生意上门，没有太多的市场竞争和所谓的抢占市场份额，自然不会有人想到打广告。

变化从中国第二家保险机构诞生，打破"独此一家，别无分号"的垄断局面开始。

随着改革开放步伐的加快，在上海成立一家本地银行和保险公司的呼声日益高涨。1987年，中央在金融领域引入竞争机制，成立了总部设在上海的交通银行，保险、证券都在它的营业范围之内。

1987年11月1日，交行保险部以令人难以置信的速度成立了——从筹备到诞生只花了1个月。它的出现立刻引起国际保险业同行的注意，他们赞誉交行保险部的成立绝对是中国保险业具有划时代意义的事件。

1990年，戴相龙到任交行总经理，首次提出了"分业经营"概念。此时交行下设的证券部后来化身为海通证券，保险部就是如今"中国太保"的前身。

经过4年的发展，到了1991年，交行保险部已从筹备时的4个人，发展成为在全国各地拥有30多家分支机构、年保费规模达60亿元的大型保险机构。除交行大连、沈阳分行保险部由大连分行保险部负责外，全国其他地区的业务都汇集到交行上海市分行保险部统一管理，成立一家独立法人的保险公司势在必行。

1991年5月，中国太平洋保险公司正式开业，庆典分别在上海华亭宾馆与北京人民大会堂两地举行。

中国太平洋保险公司成为我国第二家综合性、全国性保险公司。

从此，上海保险业乃至中国保险业正式步入了竞争时代。

1993年11月，经中国人民银行批准，中国平安保险公司上海分公司成立。此后，上海又批准设立了天安保险股份有限公司和大众保险股份有限公司这两家区域性保险公司。

1.4.2 友邦冲击波

与改革伴行的是对外开放。

根据国家改革开放的总体要求，1989年12月，上海市委在康平路礼堂召开了金融改革会议，时任上海市委书记兼市长朱镕基拍板确定了筹建上海证券交易所与上海金融业对外开放的两大战略决策，随后经中央认可后对外公布。

作为金融业有机组成部分的保险业，自然是对外开放的重要领域。于是，各国保险公司驻华代表处纷纷提出了设立分支机构的申请，其中以美国友邦保险有限公司上海分公司的设立为最早。

针对友邦保险上海分公司的设立申请，1992年9月11日，中国人民银行制定并印发了《上海外资保险机构暂行管理办法》，指示上海市分行按照此管理办法对即将成立的友邦保险上海分公司进行日常监管。同年10月8日，友邦保险上海分公司正式对外营业，成为改革开放后最早一批获发个人人身保险业务营业执照的非本土保险机构之一，也标志着中国现代寿险业的变革率先在上海开启。友邦保险上海分公司进入上海市场后，引入了寿险代理人制度，给上海保险市场带来了巨大的冲击，更是迅速激活了上海人寿保险市场的发展。

随着友邦保险的进入，上海保险业的开放大门也越开越大。1994年，第二家外资保险公司——日本东京海上火灾保险公司上海分公司在上海开业。

自改革开放至千禧之年，上海保险业率先走向市场竞争和对外开放，成为全国保险业改革的示范窗口，初步形成了以国有公司和股份制公司为主体、政策性公司为补充、中外资公司并存的市场化竞争发展格局。

同时，上海保险业积极争取市有关部门支持，为火灾防治、隧桥轨交、学生住院、住房改革、社会治安、卫星发射等提供了一系列保险保障，开创了经济社会发展和城市安全管理的市场化风险管理模式。上海保险业推出了全国首款分红险、万能险、投连险、寿险保单质押贷款等新型寿险产品和服务，匹配群众需求的寿险、健康险和养老险等保险产品快速涌现。

进入21世纪后，在"入世"的推动下，上海保险业抓住机遇，发展成为国际化程度最高的金融行业。

1.4.3 从雄心到实践

上海要建设国际保险中心！这是继建设国际金融中心的蓝图后，上海推出的又一个专业领域的国际中心构想。

这一蓝图是上海市政府于2014年11月提出的。提出这个构想与"新国十条"有关。

2014年8月10日，国务院以29号文发布了《关于加快发展现代保险服务业的若干意见》。该意见对加快发展现代保险服务业进行了全面部署，把发展现代保险服务业放在经济社会工作整体布局中统筹考虑，将保险从行业意愿上升至国家意志。

该意见提出了十个方面的总体要求，所以也俗称"新国十条"，涉及构筑保险民生保障网，完善多层次社会保障体系；发挥保险风险管理功能，完善社会治理体系；完善保险经济补偿机制，提高灾害救助参与度；大力发展"三农"保险，创新支农惠农方式；拓展保险服务功能，促进经济提质增效升级；推进保险业改革开放，全面提升行业发展水平；加强和改进保险监管，防范化解风险；加强基础建设，优化保险业发展环境；完善现代保险服务业发展的支持政策。

这是第一次以国务院的名义提出要加快发展保险业，这对中国的保险业是一次莫大的鼓励。意见中首次提出了"现代保险服务业"的概念，其中的很多方面很具创新性，也很符合实际需求。比如，意见要求，保险业要应用保险资金更好为经济社会发展服务。又比如，汶川大地震后，保险界不断呼吁建立巨灾保险，这一条也写进了"新国十条"之中。

"新国十条"，给了上海特别的鼓励。为了贯彻"新国十条"，上海出台了实施意见。上海提出，到2020年，基本建成与上海经济社会发展需求相适应的现代保险服务体系，构建国际领先、辐射全国、繁荣高效、功能齐全的保险市场，提升再保险、航运保险、保险资金运用等领域的定价权和话语权，发展成为国际保险中心。

这是上海首次正式提出"上海国际保险中心"这一战略定位。上海国际保险中心建设，正在成为上海国际金融中心建设的新动能。

1.4.4 保交所，在从未有过的市场里摸索

保险怎么交易？这几乎是所有人接触到保交所的第一反应。

一方面，这说明全社会对保险交易行为没有清晰统一的认识；另一方面，也预示着"保险交易"可以被赋予更加丰富的内涵和广阔的想象空间。

2015年11月26日，国务院批准同意设立上海保险交易所（以下简称"上海保交所"），国际保险市场建设启动。半年后的2016年6月12日，上海保交所揭牌。

保险交易所在我国金融业是一个重大创新，在国际上也是一个新兴事物。在保险业发达国家，如英国、美国和新加坡等国之间，保险交易市场的建设路径也不统一。建设什么样的保险交易所以及如何建设保险交易所，是一个重大课题。

上海保交所这个牌子是挂了，但是对这种创新性的发展模式，当时大家还是心存疑虑的。

没有现成的成熟经验可以借鉴，从无到有，从0到1，上海保交所在从未有过的市场里摸索。

在全球范围内，无论是证券、期货等金融产品，还是黄金、白银等贵金属品类，甚至是原油、粮食等大宗商品，都已广泛接受了交易所的概念。底层资产"生产"形成后，按照统一规范定制成标准化产品后在一定范围内按照约定规则流通，是典型的"场外生产、场内交易"模式。

相较而言，保险作为风险转移工具，在不同业务场景下风险保障逻辑千差万别，产品种类繁多，标准化建设难度也更高。在客群触达、产品研发、渠道销售、附加服务等环节中向上下游延伸融合的需求强烈，跨界跨业跨域的特征明显，是更加开放的网状生态体系。

例如，在安全生产责任保险业务中，保险公司不仅要为高危企业的安全生产提供基本风险保障，还要联合第三方专业机构为企业提供防灾减损等风险管理服务。

新能源车险业务中，保险公司的风险管理能力更是依赖于对动力原理、科技应用、驾驶习惯等动态大数据的数字化解决方案。

为此，理解"保险交易"必须跳出对其他金融交易所"闭环管理"的思维惯性，从促进各类保险要素在更大范围内流动并优化资源配置的角度出发，纵向覆盖承保、定价、登记、发行、交易、售后等全流程服务，横向整合产业链资源各利益方，且始终保持对外延展性，是集"生产、交易、服务"于一体的网状组织形式。

保险交易所的探索最早可追溯至17世纪末英国劳合社，近百年来世界主要保险发达国家相继发展形成了几种基本模式。

一是以劳合社、纽约保险交易所为代表的"资本与承保技术相互促进"的模式。"辛迪加+专业管理人"机制的典型特征是鼓励承保技术和风险资本相互独立，相互撮合交易促进发展。辛迪加专注于确保资本充足和偿付能力，专业管理人、经纪人专注于承保技术和风险管理，统筹资本承接各类复杂风险。

二是以美国健康保险交易所和新加坡直接购买保险计划为代表的"保险直销平台"。美国健康保险交易所起源于奥巴马医改法案，交易所上市法定健康保险计划，为私营保险机构不愿覆盖的个人、小型雇主等群体提供基本医疗保障。新加坡直接购买保险计划是新加坡金管局推出的保险直销渠道，旨在以更专业、更高效、更低价的服务与保险中介渠道相竞争，促进淘汰部分不合格的保险顾问。

三是以百慕大交易所、新加坡交易所为代表的"风险证券化市场"。"保险连结债券"将保险公司承保的超额赔付风险及其对应的保费打包成结构型投资产品，通过与资本市场对接，在更大范围内实现风险分散。百慕大、新加坡作为新兴离岸保险中心，背靠北美市场和中国内地市场，依靠发达的金融产业体系和对公司注册、税率、外汇等方面相对宽松的管制环境，已发展为全球和亚太地区的最主要"保险连接型债券"发行地。

总体来看，保险交易所创新没有全球铺开，而是始终限于保险业发达国家或背靠大体量保险市场的离岸保险中心城市，说明保险交易所具有一定的"隐形门槛"。此外，各国因商业生态、制度环境、技术条件等方面差异，在保险交易所模式上没有简单复制，而是从不同国情出发选择合适路径。

我国保交所设立可谓"十年磨一剑"。

中国的保险业已取得了令人瞩目的成就，但是，又面临着一个现实的挑战，那就是中国的保险业大而不强。上海国际保险中心的建设目标，正是在建设保险强国的历史使命下提出来的。

历史经验证明了保险业对经济和社会发展的重要作用。中国正不断扩大改革开放，中国企业不断"走出去"。在全球化的情形下，产品、服务在不断交换的同时，风险也在不断传递。而保险是有效减少风险的有力工具，总是伴随着对外投资一起"走出去"的。

"通过保交所的运作和辐射，全球保险资源将进一步汇聚上海。"时任上海市常务副市长屠光绍在上海保交所的揭牌仪式上谈道，上海率先提出建设全国保险要素市场的设想，也是落实自贸试验区"金改40条"的重要举措，"保交所的成立将进一步丰富上海金融市场体系的功能"。

国家金融监督管理总局数据显示，2023年，全国原保险保费收入5.1万亿元，同比增长9.1%，全球第二大保险市场地位稳固。尽管保费规模惊人，但如果用保险深度和密度来与发达国家对比，则相差巨大。

这是"富饶的贫困"。这表明，中国的保险业还有许多的空间。主要问题在于保险对于潜在资源的开发成本太高、太复杂。所以，建立一个集中、公开、标准化的保险市场显得十分重要和迫切。

保险是一个高度复杂的市场，从产品来看，有保障属性，又有金融属性，这两个属性一相加，生出很多的保险产品。从营销方式来看，既有个险，又有团险等，加剧了保险产品和保险生产非标准化。从投资来看，保险资金的渠道已经多元化。资产、负债两端都非常复杂，如何平衡资产和负债的关系是对监管者以及保险行业的一个巨大挑战。如果资产和负债之间不能平衡好，就必然产生大量的错配。

复杂的市场需要多层次市场体系与之相适应、相匹配，既要有综合市场，也要有专业市场，既要有场外现在通行的分散交易的市场，也要有场内集中、公开的保险市场。这正是保交所的价值所在。

屠光绍认为，上海保交所的成立对上海国际金融中心建设有重要意义。第一，上海已经形成了股票、债券、黄金、外汇和期货等金融要素市场，上海保交所的成立填补了保险市场这个空白点，能够进一步丰富金融体系的构成和功能。第二，有利于吸引国际保险和再保险主体，包括产品和服务方式在上海的集聚。第三，有利于探索保险创新，特别是保险业和交易所模式的结合，从全球来看，这些都属于新兴事物。利用上海自贸试验区的优势，保交所自主创新的空间将更大。

在保交所成立前后，保险资金集中运用平台——中国保险投资基金也在上海成立；全国首家专业性航运保险协会——上海航运保险协会成立；全球首个航运保险专业指数——"上海航运保险指数"发布；全国首家航运自保公司——中远海运财产保险自保公司获准筹建。保险业及相关产业链在上海的集聚进一步加速。

2015年6月成立的中国保险投资基金，主要向保险机构募集，并以股权、债权方式开展直接投资或作为母基金投入国内外各类投资基金，是主要发挥保险行业长期资金优势的战略性、主动性、综合性投资平台。按规划，中国保险投资基金主要投向棚户区改造、城市基础设施、重大水利工程、中西部交通设施等建设，以及"一带一路"和国际产能合作重大项目等，截至2023年底，该基金累计资产管理规模超3300亿元。

类似这些平台和公司的出现，为上海国际保险中心的建设又增添了新能量。

1.5 期货市场：平衡未来风险

1848年，全球发生了两件改变人类历史的大事：82个谷物交易商聚集在芝加哥，开创了商品市场的雏形。而与此同时，《共产党宣言》开始在欧洲传播。两种截然不同的社会形态在这个特殊的年份开始了它们各自的旅程。

144年之后，它们奇迹般地在上海相会，联结他们的正是上海期货市场。

1992年5月28日，上海金属交易所正式开业。上午10时，中国有色金属材料总公司和上海金属材料公司完成了第一笔交易，这张小小的单子意味着上海朝着市场经济方向迈出了历史性的一步，意味着上海开始了对一个全新市场的探索和创新。

1.5.1 没有一个人懂

作为当年筹备上海金属交易所的副组长，谈起当年组建上海金属交易所的过程，胡岳征依然记得每一个细节。

"当时参与筹备工作的只有9个人：3个领导，6个员工，而距离交易所开业只有半年左右的时间，时间太紧张了。"更大的困难在于，20世纪90年代初的中国人对资本市场还相当陌生。这9个人也不例外，他们对期货一无所知，谁也不知道期货交易所究竟该怎么搞。

在胡岳征召开的第一次会议上，他布置的第一项任务就是让大家分头去书店、图书馆、大学"扫货"，把市场上所有和期货有关的书都买回来，然后大家轮流没日没夜地看。云里雾里地看了一个星期之后再次开会，他问："懂了吗？"回答毫无例外："还是不懂。更加一头雾水了。"没有办法，那就只能再看书。边看书边揣摩，一段时间之后，大家总算对期货有了大致的了解。就这样，上海第一家期货交易所懵懂起步了。

难题接踵而来。上海金属交易所首批43家会员的加入也并非一件易事。在那个物资短缺的年代，铜、钢铁等物资非常紧俏，不愁销路，因此对筹备中的金属交易所发去的公函常常拒不回复。

"那个时候，有物资的人朝南坐，他们根本不愿意成为会员单位。"无奈之下，胡岳征只得派出三路人马，逐一讲解打开局面。"当时市场唯一不好卖的品种就是铝，有一家铝厂竟然开出条件：如果你们能帮忙卖掉1万吨铝，我们就做会员单位。"胡岳征回忆道。

"那段筹备的日子，每天都有处理不完的事情、层出不穷的新难题。思想上的压力更大，对于来自资本主义的期货市场，很难估计以后的情况会怎么样，真的说不准，以前这可是投机倒把的大帽子啊。"

好在付出终有回报。上海金属交易所预期当年的交易金额在20亿元左右，而事实上开业仅半年就达到了480亿元。

更为重要的是，交易所开业4年后，国家计委发文表示，国家计划分配的铜价将根据上海金属交易所每月第一个星期实物交割的加权平均价格执行。这意味着计划价格第一次被市场价格所取代，期货市场推动着市场经济往前迈了一步。

1.5.2　上海期货市场差点夭折

1992年，物资部和上海市政府下发了《关于建立上海金属交易所的通知》，批文文号为物金字〔1992〕57号。仔细翻看可以发现，这份批文颇不寻常。

按理说，交易所的建立应该由国务院发文。而这份文件却是由物资部和上海市政府共同颁发的。

据知情人士透露，在那个年代，谁都没有把握期货市场究竟能不能发展起来，会不会算"投机倒把"，这中间有太多不可测的因素和风险。

因此，当国务院将建立上海金属交易所的文件批转国家体改委、国家计委、央行、工商总局、物价总局、中国有色金属材料总公司等十部委征求意见时，出现不同意见，始终无法协调，最终只能以物资部和上海市政府的名义发文。也正是当年大胆改革、勇于尝试，才换来了今天期货市场的繁荣，换来了市场经济的大发展。

拿到批文的期货市场很快就遇到了"出生"后的第一道坎。开业仅两个月，各类有色金属价格一路飞涨，铜价从每吨16500元升至22500元，铝价从每吨9200元升至13000元。

一时间，"交易所导致了通货膨胀"的议论满天飞，各种内参直达国务院。

三条询问迅速传到了上海：第一，价格是不是被期货市场炒上去的？第二，上海金属交易所有没有价格管理办法？第三，深圳已经有了金属交易所，为什么上海还需要建一个？

这是生死存亡的时刻。

如果这三个问题回答不好，金属交易所就有"夭折"的危险。

交易所连夜召开了紧急会议，最后的答复开篇第一句话是"我们认为现在的铜价非常正常"，因为"第一，原来的铜价偏低，造成不少生产企业亏损；第二，这段时间以来，钢铁价格涨了30%，铜价也涨，是非常正常的；第三，目前上海的铜价和伦敦金属交易所的价格走势完全一致"。

或许现在很难想象，就是这份答复保住了交易所。

在1994年底到1995年的时间段里，上海商品交易所成立了。当初的上海商品交易所由上海的建材、石油、农资、化工四家交易所合并而成。1995年开始筹建上海商品交易所，两个最重要的商品一个是橡胶，一个是胶合板，这两个商品在历史上都出现了很多风波。

1995年到1998年这一时间段的上海期货市场，"逼仓"等一系列风险事件不断。

1998年，国务院清理整顿期货市场。上海的三家期货交易所——

上海商品交易所、上海金属交易所、上海粮油商品交易所，合并组建为上海期货交易所。

几经合并后的上海期货交易所现在已经在国际上具有举足轻重的地位，成为国内各路资金的集聚地。

从全世界来看，整个期货市场，金融期货占90%，商品期货占10%。而中国，从1991年开始的整个期货市场，一直都是在做商品期货。

上海期货交易所成立以后，从2000年就开始下大力气发展金融期货，做了很多这方面的研究，想在上海推出金融期货市场。但是受各个方面的限制，中国金融期货的推出并非易事。

1.5.3 五家合力开办中金所

2010年4月16日，黄浦江畔，伴随着响亮的开市锣声，股指期货合约在中国金融期货交易所（以下简称"中金所"）上市了。中金所自2006年9月成立，历经四年风雨终于见"彩虹"。20余年来，中金所健康成长，功能逐步发挥，成功嵌入资本市场。不仅成为股市的稳定器，还成为财富管理的"保险单"、提升股市核心竞争力的"助推器"、股市投资文化的"催化剂"。

在此之前，中国的金融衍生品市场发展十分滞后，从新加坡的人民币NDF（无本金交割远期）市场到CME（芝加哥商品交易所）人民币期货的推出，再到新加坡交易所推出新华富时A50股指期货，均不见中国金融期货的身影，中国的金融衍生品市场已经陷入腹背受敌的尴尬境地。

国际定价中心一旦确立，将是比较稳固的，甚至是不可逆的，这从伦敦金属交易所上百年来一直掌控全球有色金属定价权至今无法撼动中可见一斑。

因此，中国金融期货市场的建立，将为抓住金融市场定价话语权奋力一搏，令人们充满期待。

或许，在管理层原有设计框架中，中金所并不存在。但五大交易所对金融衍生产品的你争我夺，使得中金所横空出世。

　　管理层确定推出股指期货之后，在哪家交易所上市成为最大悬念。

　　事实上，包括三大期交所和两大证交所在内的五大交易所对股指期货的态度是互不相让，或明或暗地作着积极准备。

　　在2005年12月初举办的首届中国国际期货大会上，包括上海期货交易所、上海证券交易所、深圳证券交易所，以及大连、郑州的商品交易所在内的多家机构都蠢蠢欲动，五大交易所高管纷纷表示了对股指期货的浓厚兴趣，当时，诸如股指期货、国债期货、外汇期货等金融产品，谁家都想推。

　　2005年底，中国证监会给国务院打了一个报告，由这五家交易所合资成立一家交易所，各占五分之一的股份，谁都不要争，大家合力来推金融期货。

　　所以当时规定每家出资1亿元，注册资本为5亿元，由此组建成立了中金所。交易所为股份有限公司，这也是中国内地首家采用公司制为组织形式的交易所。2006年2月，国务院正式批准该方案，同意成立中金所。

　　允许筹建，但是建在何处呢？

　　除上海之外，竭力争取中金所落户的城市还有北京。2006年1月19日，北京市对外发布了《关于促进首都金融产业发展的意见实施细则》。实施细则的出台，标志着北京金融产业的发展开始了重大转变，北京将努力促进首都金融产业的发展。有关人士甚至表示，如果证监会决定把中金所放在北京，北京将在金融街免费为该交易所提供办公和交易大楼。

　　不过，上海自然也不会轻易放弃这一千载难逢的良机。

　　在2006年2月8日召开的上海市金融工作座谈会上，时任上海常务副市长冯国勤宣布："经国务院批准，上海金融衍生品期货交易所获准筹建。"最终，上海良好的资本市场环境吸引了中金所的落户，地址暂定在上海浦东新区的上海期货大厦内。

2006年9月8日，这个日子被永久地载入中国金融市场的史册。

当天下午3时30分，时任上海市委副书记、市长韩正和时任中国证监会副主席范福春，在上海期货大厦内一起揭开了国内首家金融衍生品交易所的"面纱"，这块标有"中国金融期货交易所"和"CFFEX"的铜牌出现在中国金融市场的面前，沉甸甸地缀满了金色的梦。其也成为继上海期货交易所、大连商品交易所、郑州商品交易所之后中国内地第四家期货交易所，同时也是中国内地成立的首家金融衍生品交易所。

其实，对于中金所的命名，也着实花费了大工夫。当时一度在业内广为流传着多个版本，包括金融期货交易所、金融衍生品交易所、上海金融衍生品期货交易所等。最终，"中国金融期货交易所"胜出。

1.5.4　千呼万唤始出来

2006年10月，各方面准备工作已基本完善，中金所准备开业。

但未料，从2006年10月到2010年3月，金融期货一直没能推出一个产品。

2010年4月，在中金所成立近四年之后，股指期货正式启动。这是全球交易量最大的期货品种。4月16日，中国内地首个股指期货产品——沪深300股票指数期货合约挂牌上市，中国资本市场由此实现了由"单边市"向"双边市"的转变——投资者既可以做多，又可以做空，也能通过股指期货对冲风险。继中小板、创业板推出之后，随着这一产品的推出，有了现货与期货，中国的资本市场终于完整了。

多年来，股指期货市场运行平稳，交投适度，各类机构有序参与，保值避险、价格发现、促进创新等功能得到逐步发挥，其已成为推动证券现货市场稳定发展的重要支撑和保障力量。

2013年9月，5年期国债期货正式在中金所上市交易。此时，距离国债期货因"327"事件被关停，已过去18年。此时重启，是顺应我国利率市场化不断推进和债券市场不断发展的结果。国债期货成为债券市场重要的风险管理工具，开启了人民币利率风险管理的新时代。

2015年3月20日、4月16日，10年期国债期货以及上证50、中证500股指期货也相继上市。

此后，随着2年期、30年期国债期货相继在中金所上市，覆盖国债收益率曲线关键节点的国债期货产品体系基本构建完成。

中金所的发展目标，是在股权类、利率类、汇率类的产品中都尽可能多地推出适应市场需要的期货产品。

目前来讲，中金所已经有了三个股票指数期货和两个国债期货产品。接下来，最重要的就是要推出汇率类的期货产品，把股权类、利率类、汇率类的产品都——补全，使中金所在真正意义上成为一个金融衍生品的交易中心。

1.6 外汇市场：金融市场的核心舞台

那是1988年的秋天。那一年，上海还没有股票市场、期货市场，而外汇调剂中心已经开始了人声鼎沸的喊价，开始了对外汇市场最初的探索。

"6.86"是1988年调剂中心开业那天的开盘价。

从6.86这个数字起步，上海有了自己公开的外汇市场价格，中国外汇体制改革得以再次启航。

6年后，中国外汇交易中心正式成立，这意味着上海成为人民币汇率的发源地，并向国际金融中心的地位再次迈进了一步。

从外汇调剂中心到中国外汇交易中心，上海的外汇市场完成了自己的艰难蜕变。

1.6.1　6.86元，开启外汇调剂业务新时代

上海外汇调剂中心主任、中国外汇交易中心副总裁——汪德顺曾经拥有的这两个头衔本身就是上海外汇市场的发展史。

"当时各个行业的外汇留存比例不一样，有的企业有多余的外汇，有的企业急需外汇。因此企业之间会自己协商好到外汇管理部门办理交易，也就是我们常说的'手拉手'。时间长了，问题就出来了，企业之间关系熟了，往往发生交易的时候虚报一个价格，事后再补差价。这样的汇价不能反映出真实的市场情况，不利于宏观决策。因此就考虑筹备一个公开的拍卖市场来解决这个问题。"

当时筹备组人员仅仅三四人，时间又只有半年左右。"连出国考察都来不及啊！大家琢磨着先制定了一套规则。有规则才能交易，如会员单位、交易模式、清算方式，等等。"

最初的外汇调剂市场就这样摸索着起步了。

1988年9月27日，在北京东路270号，上海外汇调剂中心正式开业。

一个有趣的细节是，作为上海最早的交易市场，当时交易员穿的并非后来我们熟知的"红马甲"，而是"黄马甲和绿马甲"。汪德顺解释说："其实原因很简单，当时的交易柜台是棕褐色的，红马甲在这个背景颜色下并不显眼。因此选用了黄马甲代表经纪商交易员，绿马甲表示自营商经纪人。"

上海外汇调剂中心公开市场的建立，为上海的金融改革注入了新的活力，当时社会的反响不小，国内外媒体机构都作了及时的新闻报道。

1989年元旦刚过，国家外汇管理总局（以下简称"外管总局"）的副局长就带了一批人来上海，考察市场运行的情况。在当年4月24日至26日，外管总局又在上海召开了八个省市（上海、北京、天津、海南、深圳、广东、江苏和厦门）外管分局局长、外管处和调剂中心负责同志参加的外汇调剂现场会。通过现场观摩和研讨，大家一致认为，上

海举办公开外汇调剂市场是个创举,上海做了"领头羊",是"敢吃螃蟹"的人。公开交易市场在一定程度上反映"国家调控市场,市场引导企业"的经济运行机制,为进一步培育和发展外汇市场开辟了新路,上海的许多创新做法,均有借鉴意义,值得推广。

就是在这次会议上,外管总局决定,有条件的沿海省市可以参照上海的模式,根据当地的情况开办公开交易的调剂市场。随后,厦门等沿海省市相继建立了17个公开市场,积极探索办理外汇调剂业务新路。

在这些外汇调剂市场中,上海外汇调剂中心的交易量一直名列前茅。从1988年到1993年,除了1991年排名第二,其他年份均排名第一。上海外汇调剂市场每天产生的收盘价对全国各地的外汇调剂市场起到了风向标的作用。

1989年4月17日,时任国际货币基金组织总裁米歇尔·康德苏来华访问时,在时任中国人民银行副行长邱晴陪同下,特地到上海现场观摩了交易的实况。他离开时曾在留言簿上写道:"我很高兴参观了上海外汇调剂中心,它是中国改革开放政策的必然产物。我衷心希望中心得到顺利的发展,并对中国未来经济成功作出贡献。"

在这几年中,中央及省市有关领导,中外金融机构及新闻媒体单位,来到外汇调剂中心考察、访问络绎不绝。特别有意思的是俄罗斯中央银行也曾派了一批人来观摩考察,对市场的组织架构、交易方式、资金清算等方面都详细了解。他们回国后不久,在莫斯科设立了俄罗斯唯一的外汇交易所。

1.6.2 8.7元,外汇市场面临新一轮变革

从1988年到1993年初,我国外汇调剂市场整体运行平稳,但到了1993年5、6月,由于市场外汇需求增大,而且有关要取消外汇额度等外汇体制改革的传闻不断,外汇调剂市场价格受此影响波动剧烈。

当时,外管总局召开了会议,下发了相应的文件,希望把外汇价格

稳定下来。为落实外管总局下达的有关文件精神，上海外汇交易中心积极采取了很多措施。例如，对每天进入调剂市场的供需事先进行审单，根据上级下发的《用汇序列》，逐一审单，分批入市，基本保持每场入市的交易供需大致相当，使市场交易的价格调控在一定区间，不至于大起大落。

由于在市场上各种传闻不止，外汇供给单位持外汇观望，需求数量越来越积压，导致供求矛盾一时激化，使外汇调剂市场价格一路飙升。

在此背景下，1993年7月12日及之后几天里，中国人民银行为了稳定汇率，首次连续几天在全国几个大城市的外汇调剂中心抛出相当数量的外汇，入市干预。7月12日，人民币兑美元市场价格是9.557元，到了7月15日，市场价格就回落到8.50元左右。此后，由于央行的行政干预，汇价在相当长时间里维持在8.70元左右。如此一来，市场价格杠杆的活力逐渐丧失，外汇调剂市场的运行失去了动力。

国家要进行新一轮的外汇体制改革，正在紧锣密鼓酝酿中。

1.6.3　30选1，中国外汇交易中心落户外滩15号

1993年中期，央行正在考虑建立全国统一的银行间外汇市场。当时，北京、上海、广州、深圳都具有建立市场的基础。有消息传出"谁先找好场所，先考虑在哪个地方建立外汇市场"，这句话现在已无从考证，但外汇市场确实需要像样的场所。上海有一定的基础和条件，当然要积极争取。

1991年5月17日，时任总行行长李贵鲜到上海视察上海外汇调剂中心，看到热闹而拥挤的交易现场时，就提出要尽快寻找新的场所，以适应市场发展要求。以外滩为中心，上海外汇调剂中心加紧物色适合交易的新场所，先后看了30多处房子。

找到如今中国外汇交易中心的所在地外滩15号大楼，也是一个偶然的机会。当时，外滩15号的房屋使用单位是上海航天局，他们正与

一家银行商谈办公大楼转让事宜，最终因为价格原因没有谈拢。

上海外汇交易中心与上海航天局为这幢楼的使用权转让，进行了多次曲折艰苦的协商，最终以5000万元与航天局签订了房屋转让合约。

1.6.4 8.68元，中国外汇交易中心新起点

中国外汇交易中心正式联网运作第一笔交易是在1994年4月4日，1美元兑人民币8.68元，这标志着全国统一银行间外汇市场的新起点。

1994年4月18日，外汇交易系统经过3个月的试运行后，中国外汇交易中心正式成立。交易系统是根据"价格优先，时间优先"的原则，通过计算机配对交易，并实现了全国联网，形成全国统一的外汇市场价，也是我国对外公布的汇价。由于市场供求全部集中到统一的公开市场，外汇紧张关系很快缓和，外汇价格日趋稳定，成交量稳步上升，全国统一的外汇市场越来越显示其生命力。

1995年12月4日，"全国银行间同业拆借市场筹备会议"在上海召开，明确从1996年1月1日起，所有金融机构人民币的同业拆借业务，都必须通过全国统一同业拆借市场网络平台办理。1996年6月起，中国人民银行又规定，金融机构可根据市场资金供求状况自行确定拆借利率，实现了同业拆借利率的市场化。1997年1月27日，中国人民银行印发《关于中国外汇交易中心业务工作归口管理及有关问题的通知》，明确中国外汇交易中心与全国银行间同业拆借中心一套机构、两块牌子，为中国人民银行直属京外正局级事业单位。

中国外汇交易中心自成立以来，坚持改革创新，陆续推出新的交易产品和服务。1994年在银行间外汇市场开办的是美元/人民币、港币/人民币交易，1995年增设日元/人民币交易。

1997年，为解决银行资金通过证券交易所债券市场违规进入股市的问题，根据国务院统一部署，商业银行退出交易所交易，同时建立银行间债券市场，通过同业拆借中心的网络平台进行债券回购和现券

买卖，标志着全国统一的银行间债券市场正式运行。1997年6月13日，总行印发《关于开办银行间国债现券交易的通知》，明确从1997年6月16日起，全国银行间同业拆借中心开办国债现券业务。银行间债券市场的建立，使得债券发行和流通的市场化程度不断提高，为提高直接融资比例，支持实体经济发展发挥了重要作用，并开始形成由金融市场决定的比较完整的债券收益率曲线。银行间债券市场不仅成为企业融资的重要来源，以及各类投资者进行资产配置的重要场所，银行间市场债券收益率也是市场主体判断未来金融风险的重要指标，并成为其他金融产品市场定价的重要基础。

中国外汇交易中心的各项业务不断扩大，银行间本外币市场（外汇市场、同业拆借与债券市场）成交量逐年增加，从1994年的0.34万亿元到2002年的12.6万亿元，翻了近37倍，并达到当年GDP的1.05倍。

1.7　黄金交易所：面向国际市场的一扇窗

黄金作为贵金属的一种，在成为一般等价物流通后，被人们赋予货币的基本属性。新中国成立后，我国外汇储备紧缺，黄金作为全球性硬通货，国家对此管制，实行统购统配政策。

1982年，中国开放了黄金饰品市场，到了1992年，国家开始实行浮动的黄金价格管理。从1949年到2002年黄金市场正式开放的这50多年之间，黄金是不允许自由买卖的，老百姓手中黄金要变现只允许卖给国家，支援国家建设。首饰加工企业制作黄金饰品需要通过人民银行配售才能取得黄金原料。这一政策在当时对我国的经济建设和发展起到了很好的作用。

随着改革开放的深入，原有的黄金交易政策已经越来越不适应社会发展的需求，市场对黄金的需求也越来越强烈。之前，黄金的价格是由人民银行统购统配的，给企业是统购价，给用金单位是统配价，之间有些差额。然而国际金价是瞬息万变的，这一制度在经济上必然会产生损失，而这损失要由国家承担。

布雷顿森林体系的瓦解，使得黄金的货币功能逐渐弱化，而其他商品功能加强，这就需要对其进行日常运作和管理。因此，加快经济改革、加快黄金交易制度改革就成为当时比较紧迫的问题。这个市场如何建立，怎么改革，就成了由国务院牵头的改革领导小组要研究的重大问题。

研究过程当中有很多方案，当时不只上海要争取建立黄金交易所，北京、天津、深圳都有强烈意愿。而且各有各的优势，比如，北京是金融机构总部的聚集地，上海正在建设国际金融中心也有这样的需求，深圳是黄金原料加工的集散地。大家都在尽力争取这个黄金交易市场。

当时上海有证券市场、外汇市场，以及其他一些高度市场化的金融机构，另外当时上海也已建立白银市场。

在国务院牵头，央行会同组织各部委的一起研究下，最终决定黄金市场落户上海。

2001年6月11日，时任央行副行长史纪良主持会议，宣布成立上海黄金交易所筹建小组，沈祥荣任筹建组组长，林毓琍、王喆任筹建组副组长。最初的想法是把这个市场放在外汇平台上，将黄金作为一个新品种加入中国外汇交易中心的平台中。所以当时外汇交易中心就成立了一个黄金市场的筹备小组，按照外汇市场的规律，借鉴国际上的方式运作。

1.7.1 "白手"起家　集齐"108将"

成立于外汇交易中心的黄金市场筹备小组，刚开始只有四五个人。随着对黄金市场研究的深入，筹备小组渐渐发现黄金市场的建立绝不像一开始想象的那么简单，不能像其他外汇产品那样放在外汇市场平台上作为一个产品来做。

听取各方汇报的情况后，上级领导决定，黄金交易市场要专门成立一个独立的体系。黄金交易所不再是在外汇交易中心体系下的一个部门，它将是一个自成一体的金融市场。而原计划2001年的11月28日就要开业。

所有有关黄金交易所前期的准备都将被重置，而距离开业只剩下几个月的时间。

为了解黄金开采的过程，从山东到河南再到福建，筹备小组考察了很多金矿，了解到之所以说黄金贵，除了产品原料贵，开采也是一件非常困难的事。之后，筹备小组又去了一些首饰加工机构，了解首饰加工机构和整个市场对黄金的需求；还出国去了当时全球交易量最大的黄金现货和期货市场——土耳其的伊斯坦布尔考察，学习国际黄金市场运行运作的方式。

通过调研，筹备小组渐渐地对建立独立的黄金市场有了雏形。

首先它是一个撮合交易的集中平台，以价格优先、时间优先、撮合成交的这样一种方式来交易。

但是还要根据中国市场的特点来建立黄金市场——除了引入黄金的矿业及首饰加工企业，还把金融机构引入这个市场。

如果没有金融机构进来，就只是一个货前交易市场：矿业出售生产的黄金，首饰加工机构购回黄金再加工后卖给老百姓。

2001年，筹备小组在烟台召开第一次推介会，向黄金生产、加工机构广发"英雄帖"，告诉他们，由央行牵头，报国务院批准，要成立一个黄金交易所，有意向的单位就可以申请会员。

但那些矿业企业并不买账。他们觉得，既然市场放开了，直接买卖就行了，为什么还要交易所呢？

市场必须有会员介入才有流动性，如果大家不介入，这个市场就建立不起来，从更大范围来讲黄金管理体制改革至少不是特别成功。所以筹备小组一边不停地推介，一边想办法吸引大家进入市场。

筹备小组决定采取一种封闭方式，即设定一个入会限额，而且以后的会员只能转让不能发展，要发展必须经过会员大会所有的会员投票，半数以上同意才可以新增会员。这样一来会员就变成了稀缺资源，有意识的企业会很快介入到这个市场当中来。就像上海的老凤祥，当时有三个独立法人，他们就申请了三个会员，到现在它都是三份。现在回过头来看它是有预见性的，因为如今市场上会员转让费都过千万元了，而当时入会最低只要30万元。

通过这种新的会员制度，最终吸纳了108家会员单位。

2002年10月30日，在上海外滩东一路15号的老建筑里，时任央行行长戴相龙敲响了上海黄金交易所的开业锣声。

这一刻，在上海外滩百年的黄金发展史上有着不同寻常的意义。它结束了新中国成立以来黄金产业长达50多年的计划管制，由黄金系着的买卖双方第一次成为市场上定价的主体。不仅如此，上海黄金交易所的开业，还丰富了个人投资渠道，为个人购买黄金提供了方便之门。

当9点敲锣开市后，由山东黄金卖出、上海老凤祥首饰研究所有限公司买入的第一单成为中国黄金交易史上的首笔黄金交易。当天成交量540千克，成交金额达到4508.655万元，这不但标志着中国黄金产业的发展从此完全走向了市场化的道路，也标志着改革开放进入了一个新阶段。

1.7.2 向着"上海金"的目标前进

2007年至今，上海黄金交易所已经跃升为全球最大的场内现货交易市场。会员也从当初的108家上升到162家，其中还有4家外资银行类会员。这与国家的改革开放政策和黄金管理体制改革也是密不可分的，也同大家对黄金的需求还有中国庞大的市场有密切关系。

上海黄金交易所发展至今也在不断改革，不断创新，开创了很多的第一。比如，最早建立夜市交易，因为全球黄金价格是一样的，如果晚上不开，价格的涨跌会直接影响到第二天的金价，不利于会员对黄金市场的运作；第一家引入外资，以前的证券交易所也好，期货交易所也好，外资是不能进入的，而现在很多外资商业银行都成了黄金交易所的会员，他们可以入市参与交易；白银业务、期权业务等不断增加，使得这个市场更丰富。

2014年9月，在上海自贸试验区成立一周年之际，黄金交易所献上了自己的一份礼物——开通了国际版，将境外机构通过自贸区这个平台，纳入黄金国际交易中心进行直接交易，交易完以后再原路把资金汇出。事实证明这个方法是可复制可借鉴的，从现在黄金交易所交易量不断增加就可以看出。

国际版的启动，成为中国黄金市场对外开放的重要窗口。2016年4月，上海黄金交易所挂牌"上海金"集中定价合约，市场参与者在上海黄金交易所平台上，按照"以价询量、数量撮合"的集中交易方式，在达到市场量价相对平衡后，最终形成上海金人民币基准价。

这是全球第一个以人民币计价的黄金基准价格，"上海金"开始向世界金融市场输出"中国价格"、传递"中国声音"。

"上海金"集中定价合约上市后，其在全球黄金市场交易结算中逐渐开始显现影响力。

2017年4月，"上海金"期货合约在迪拜黄金与商品交易所（DGCX）正式上线，这是"上海金"基准价在国际金融市场的首次应用，成为中国定价标准全球适用的有益尝试和首次突破。2019年10月，芝加哥商品交易所（CME）使用"上海金"基准价开发并上市了"上海金"黄金期货合约，实现人民币基准价格在国际主流市场的首次成功应用。

"上海金"集中定价合约的推出，为全球投资者提供了一个公允的、可交易的、可信赖的人民币黄金基准价格，增强了人民币在金融要素市场中的定价能力，为打造与中国黄金产业大国地位相适应的全球人民币黄金定价中心创造了条件。"上海金"已成为展示上海国际金融中心建设成就的"金色"名片。

与此同时，2019年10月，上海黄金交易所正式挂牌"上海银"集中定价合约，为全市场提供白银基准价格。

如今，上海黄金交易所场内现货黄金交易量已连续多年位居全球第一，其未来的目标，就是要争创国际一流贵金属交易所，不断放大中国标准体系、金银人民币定价的全球影响力。

1.8 信托：四两拨千斤

2002年被认为是信托业"立春"之年，这一年上海爱建信托投资有限责任公司推出了上海外环隧道项目资金信托计划，成为《中华人民共和国信托法》出台后中国内地首个真正意义上的信托产品。它改变了一对一的信托业务，使信托公司可以同时接受两个或两个以上委托人的委托，集合管理、运用、处分信托资金。

个人投资者第一次发现，通过购买信托产品，也可以参与投资重大工程，并分享投资收益。上海外环隧道项目资金信托计划受到追捧，原本预计1个月才能卖完的5.5亿元集合资金信托计划，只用了一个星期就认购一空。自此，中国信托业开始步入业务坦途。

2002年7月18日，是中国内地首个真正意义上的信托产品——上海外环隧道项目资金信托计划推出的首日。选中这一天并不是为了讨吉利"要发（18）"，而是因为同日央行颁布的《信托投资公司资金信托管理暂行办法》正式实施，集合资金信托获得了"准生证"。

"个人投资者也可以参与投资重大工程，并分享投资收益。"当时的媒体报道几乎都是这样描述集合资金信托第一单的。对于这一新生事物，先后有60多家媒体争相报道，使得按照规定不能做广告的集合资金信托计划一下子火了。

据当时担任爱建信托企划部经理的李忠诚回忆，上海外环隧道项目资金信托计划总量为5.5亿元，5万元起卖，资金信托期为3年。虽然不得承诺信托计划的最低收益，但预计该信托计划有5%的年平均收益率。而当时正值股市低迷，加上媒体报道，出现了上海人汹涌"建隧道"的现象，上海市汉口路110号爱建金融大楼底层大厅挤满了提着现金买信托计划的人。爱建信托的员工还看到有个江苏人开了车来，提了两只箱子，倒出来足有几百万元。

集合资金信托计划第一单还登上了上海大世界基尼斯之最。爱建信托的保管箱内还保存着上海大世界基尼斯总部颁发的两块奖牌和一座奖杯，两块奖牌上分别写有"大世界基尼斯之最——最早的市政建设项目资金信托计划"和"最早的市政建设项目资金信托计划——荣获大世界基尼斯十年回顾特别奖"的字样。

信托第一单为何与上海外环隧道项目挂钩？

2000年2月，一个偶然的机会，爱建信托的员工在报纸上看到一条关于上海市政工程局发布的市政工程对外招商的消息。于是，爱建信托敏锐地抓住了这一契机，4月底参加了外环隧道和卢浦大桥的招商会；8月11日，以17.34亿元的标的赢得了外环隧道28年的专营权（包括3年建设期和25年运营权）。爱建信托以经营权质押方式向工行贷款12亿元，其余5亿多元则通过信托投资的方式向社会筹资。

信托起源于中世纪英国，最初形态是一种为他人领有财产权并代其管理产业的办法。国内的信托业几起几落，一直走在"发展—违规—整顿—发展"的轨道里，2001年10月1日《中华人民共和国信托法》的出台从原则上确立了信托回归本位的轨迹。《中华人民共和国信托法》明确了信托是指委托人基于对受托人的信任，将其财产权委托给受托人，受托人按委托的意愿，以自己的名义为受益人的利益或特定目的，进行管理或处分财产的行为。

许多人可能不解当时为何用"计划"这样的词来描述集合资金信

托，李忠诚回忆，因为此前是没有参照物的，规定又不能叫"信托凭证"或是"信托债券"，于是，大家只能狂翻词典，发现"计划"两字的解释不会引起歧义，最后得到了大家的认可。

购买上海外环隧道项目资金信托计划要签订合同，但当时第一单的合同规范文本也没有。爱建信托和上海锦天城律师事务所的律师一起设计，没有参照国外的东西，信托合同文本完全是中国特色的。而且让爱建信托人骄傲的是，之后，其他信托公司发行集合资金信托产品，也沿用了"计划"这个叫法，文本也都仿照了上海外环隧道项目资金信托计划的合同文本。

紧随其后，上海国际信托投资有限公司推出了国内第一个房地产资金信托——新上海国际大厦项目资金信托计划。该信托计划10天售完2.3亿元。之后，其他城市信托公司也纷纷前来爱建信托调研。集合资金信托计划发行的品种也越来越多，有房地产、股权、金融、工矿企业、基础设施及教育等。集合资金信托计划成为信托公司利润的主要来源。

1.9 上海清算所：联通中外的门户

上海清算所是2008年国际金融危机之后，全球第二家、亚洲第一家由中央银行直接推动设立的中央对手清算机构，也是我国金融市场第三家发行托管结算机构。

2009年11月28日，上海清算所正式挂牌开业，时任中国人民银行行长周小川，时任上海市委副书记、市长韩正出席开业仪式，作重要讲话，并共同为上海清算所揭牌。

1.9.1 做清算如同修路

清算市场分为两大部分，商业支付清算和金融市场交易后的清算，后者绝不是简单的资金支付，而是围绕金融交易展开的，包含着对金融交易整个流程的处理。

20世纪80年代末，国内开始重视商业支付的发展，取得了很多的成果，建成了与国际标准接轨的商业支付清算系统。与国外先发展场外市场、随后自然形成场内市场的模式不同，我国是随着改革开放后证券交易所的设立，场内交易所市场逐渐成熟，场外市场发展相对晚些。这虽然与国外的模式有差异，却是最符合我国国情的一条发展道路了。

我国广大个人投资者更多了解的是场内市场，比如，股票交易所，而不太了解场外市场，不太了解机构投资者市场。

其实，如果我们仔细研究国际主要金融市场，可以发现国际成熟金融市场体系中，场外市场是多层次金融市场体系的主体，不仅规模远超场内市场，而且从金融创新的角度看，是金融创新的摇篮和基础，是风险管理和承担能力较强的机构投资者根据自身需求开展个性化产品、业务创新的平台，尤其是一些个性化利率、汇率、信用等金融衍生品可以很好满足实体经济对金融服务的实际需求，能够很好地转移、管理利率汇率风险等。同时，从宏观管理角度看，场外市场在宏观经济调控、货币政策传导、资金配置、价格形成和系统性风险管理中，也都发挥着日益重要的作用，各国金融监管部门对场外市场也是非常重视。

改革开放后，我国重点建设了场内交易所市场，因为当时利率汇率市场化程度还不太高，再加上一些企业参与海外衍生品市场发生了亏损等情况，我国场外市场的发展是以一种比较稳妥的速度在推进。

在2009年上海清算所成立前，我国场外金融衍生品市场还处于发展初期，交易品种不是很丰富且大多属于基础产品，主要包括利率互换、外汇远期和掉期、远期利率协议、债券远期以及少量资产证券化产品等，同时场外金融衍生品交易规模也比较有限，市场占比最大的利率和汇率衍生品市场规模均不足万亿元。这时，我国场外市场的清算范围比较狭小，场外市场的中央对手清算机制，在实践上还处于空白状态，虽然在理论研究上有了一些探索，但是与实践的有机结合还不够充分，市场对于中央对手清算机制几乎可以用"陌生"来形容。

当然，这不能说我国的清算制度是落后的，因为我国的商业清算是相当成熟的。这基本是当时国内清算市场的整体格局。

场外清算市场之所以没有成型，归根结底是场外交易市场发展不够充分。金融基础设施实际上是市场发展的平台，清算是服务金融市场发展的"铺路人"，如果没有交易，清算平台的工作也无从谈起。

上海清算所需要做的，先是要培育金融市场交易，然后做好清算服务。

2008年，国际金融危机凸显了场外金融衍生品的风险，同时中央对手清算机制在处置风险事件、防止风险蔓延等方面的能力远胜双边清算机制，让世界各国开始意识到在场外市场建设中央对手清算机制的重要性。

筹备工作安排得十分紧迫。央行在小年夜召开党委会，要求2009年成立上海清算所。

按照央行决策部署，筹备组分秒必争、紧张工作，高效完成了股份制公司注册成立，召开公司创立大会暨第一次股东大会等全部前期工作，2009年11月28日顺利在上海举办挂牌开业仪式。

上海清算所筹建组织机构的同时，也规划了中央对手清算业务的工作指引，设计了业务研发原则，就是以我国当时已有的金融产品的中央对手清算业务为切入点，逐步扩展范围，按照"先本币后外汇，先现货后衍生品"的顺序，循序渐进地拓展业务，促进场外市场逐步熟悉、习惯和乐于使用中央对手清算机制，而且立即开始债券净额业务研发，同步推进利率、汇率、信用等衍生品研究。同时，落实央行对上海清算所关于"朝着跨市场清算的目标迈进"的要求，上海清算所还同步推进航运及大宗商品、跨境外汇和碳金融等中央对手清算业务研究。

1.9.2 从外滩启航

上海清算所最终选择落户外滩，也有一番历史渊源。外滩早在20世纪30年代就是国际公认的"远东华尔街"，汇聚了几百家金融机构，长期积淀的金融文化是外滩独有的优势，就连一些国际金融巨擘对外滩也有强烈认同感。改革开放后，友邦保险、汇丰银行等想方设法迁回外滩"认祖归宗"，就是有力的例证。在清算服务上，外滩也有着独特的历史底蕴。资金支付领域的清算服务始于票据，我国近代第一个起到票据清算中心作用的银行票据交换场所——上海票据交换场于1933年1月10日成立于外滩香港路59号的上海银行公会大楼内。当时的票据交换大厅内高悬一匾额——"金融枢纽"，彰显了清算的重要地位和作用。后来虽几经辗转迁址，但票据交换场直至20世纪末一直落在外滩区域。

上海清算所的功能定位，与外滩金融集聚带高度契合。因为场外金融市场有两个突出特点：一是以机构投资者双边交易为主；二是强调原发创新，金融产品非标准化。这与交易所市场的个人为主、匿名交易、产品标准化形成鲜明对比。相应地，服务场外市场的清算所，也就需要与市场机构建立面对面、多层次、多样化的交流沟通机制。也就是说，金融家们之间需要时常照面，需要一起喝咖啡、品下午茶来进行业务交流，而外滩恰能提供这一切。

特别是，2009年国务院下发《关于推进上海加快发展现代服务业和先进制造业建设国际金融中心和国际航运中心的意见》，建设上海国际金融中心成为国家战略。央行领导也多番到上海考察，为以切实举措支持上海国际金融中心建设，最终选择将上海清算所落户有百年金融底蕴的上海外滩，这一决定代表着历史文化和国家战略的一次紧密结合。

1.9.3 清算之路渐渐成型

正如前面说的，当时我国场外中央对手清算机制的理论和实践都是空白，不仅熟悉业务的人员少，甚至知道中央对手方清算概念的人员都不多。

当时，我国场外中央对手清算的局面是一无业务、二无先例、三无制度，在这一情况下，基于对自身市场基础设施内涵的精准理解，上海清算所坚持下苦功推进创新，力求每项创新业务制度都成为我国的行业标准，为我国中央对手方清算事业积极贡献自身力量。

开业初期，上海清算所的14个人，全部办公场所就是上海中山南路318号12层一南一北的两个房间，公司领导也没有独立的办公室，办公电脑靠租、靠借、靠员工自带。在布满电缆线和电话线的房间内，全体人员在类似教室课桌椅式摆放的办公桌前，开始了上海清算所的创业之路。

目前，上海清算所已建立包含本外币、现货和衍生品、场外金融市场多领域的中央对手清算服务体系，涵盖银行间市场金融衍生品、大宗商品金融衍生品、银行间市场债券和外汇现货产品三大类11项中央对手清算业务。

同时，为落实人民银行部署，上海清算所重点聚焦于债券市场发展潜力最大的公司信用债券，提供招标发行、登记托管和清算结算等一站式、全流程服务，全力推进我国债券市场的繁荣发展，目前托管品种主要包括三大类14个品种：（一）非金融企业发行的债务融资工具，包括中期票据、短期融资券、超短期融资券、中小企业集合票据和区域集优中小企业集合票据、非公开定向债务融资工具、非金融企业资产支持票据、项目收益票据等；（二）金融企业发行的非政策性金融债券，包括证券公司短期融资券、金融资产管理公司债和信贷资产支持证券；（三）货币市场工具等创新金融产品，包括同业存单、大额存单和信用风险缓释凭证等。

随着中期票据、中小企业集合票据等的落户，标志着上海清算所实现了非金融企业债务融资工具的全券种托管。上海清算所已经成为全国公司信用债券登记托管结算中心。

以金融服务实体经济为己任，上海清算所努力同步推进中央对手清算与发行托管结算业务，努力实现两类业务互相促进、互为支撑的发展格局。上海清算所中央对手清算和发行托管结算业务已经广泛对接我国债券市场、外汇市场和金融衍生品市场等，积极为金融市场与实体经济提供相关服务。

上海清算所正通过持续推进业务创新和整合，按照国际标准积极健全风控体系建设，进一步开展国际合作，提升相关国际规则制定中的话语权和影响力，努力服务上海国际金融中心建设和我国金融市场改革发展。

第二章

▼

多样化金融机构体系

从北外滩登船出海，稍稍有心的人便会留意到，启航瞬间便可尽览浦江两岸鳞次栉比的高楼大厦。错落有致的高楼里，若隐若现的是一家家金融机构。可以毫不夸张地说，这里金融机构品类之齐全，从业者占比之高，世界都很少有能与之比肩者。这是上海国际金融中心的中心。

这里是中心，更是纽带，是内地与沿海的纽带，是中国与世界的纽带，中国经济在这里汇聚，世界经济在这里交融。

漫步上海黄浦江畔，人们可以欣赏到古典与现代建筑风格的融合，以及两岸聚集的大量金融机构。这些机构在黄浦江畔的办公楼里，开展各种商务活动，掌握全球金融脉搏跳动。

建设国际金融中心，不仅仅是上海城市发展的重要目标，更是一项具有全局意义的国家战略。

2009年，国务院出台以上海国际金融中心和国际航运中心为重点的政策性文件。

彼时，国际金融危机正在全球肆虐，带来经济衰退等一系列冲击。由于内外多重因素影响，上海的经济增速也面临下降压力。在如此特殊时期，通过现代服务业替代，强化上海在全国和长三角地区的龙头地位，进而稳定上海乃至全国的经济增长，具有至关重要的作用。

如今，上海国际金融中心建设已结累累硕果，中外资金融机构集聚发展，金融资源集聚效应进一步显现。2023年，上海持牌金融机构新增47家，总数达1771家。旧为远东金融中心的上海，便是国际化、总部型、功能性金融机构和新型金融机构落户的首选，也是外资金融机构在华主要集聚地。

目前，上海持牌金融机构中，外资金融机构占比近三分之一；总部设在上海的外资法人银行、合资基金管理公司、外资保险公司，均占内地总数的一半左右。

尤其是2018年我国新一轮金融业对外开放以来，一系列全国"首家""首批"外资金融机构先后"落沪"，包括全国首家外资独资券商、外资保险控股公司、外资独资人身险公司等。全国6家新设外资独资公募基金、国有五大行参与设立的外资控股合资理财公司，全部落户上海。

随着金融集聚的不断发展，上海金融效率持续提高，金融产业结构逐步升级优化，聚集起大量的金融机构和优秀人才，进而也推动着地方经济的快速发展。

2.1 银行类机构：百花齐放

在上海建设国际金融中心的伟大征程中，银行是最为重要的集聚及建设主体。

从改革开放，到浦东开发开放，至中国"入世"，再到发展自贸试验区，上海银行业朝着市场化、法治化、国际化三大方向，逐渐实现从无到有、从有到多的集聚与兴旺，其间紧紧与一个词联系在一起，那就是开放。

长期以来，上海银行业的发展，既与其全国经济中心的定位相伴相生，也与划时代大事件的契机密不可分。

1978年12月，在党的十一届三中全会后，上海银行业迎来了高速繁荣发展。一批国有行和股份行的分支机构，以及城商行相继在沪成立。

这是上海银行业发展的首个阶段，其主要特点是国有单一化起步，实现现代银行业体系的从无到有，打好底座与基石。伴随中国银行业开始走向专业化发展，上海也成为初期中资首选的业务延伸阵地和市场机遇高地。

在金融业改革开放中，上海率先迈出步伐，浦东开发打算金融先行，掀起一股拓疆热潮。中外资银行抢抓机遇，纷纷到上海浦东落户或设立分支机构。

在这千载难逢的历史机遇中，上海银行业围绕浦东这一重点地域，在打破银行国有垄断的时代背景下，逐步实现从有到多的机构林立场景，集聚也进一步呈现市场化、区域化、多元化等鲜明特征。

作为中国"入世"承诺的一部分，上海再次承接历史使命，自"入世"首日起，便对外资银行开放个人外汇存取业务，也加大力度吸引中外资机构来沪展业。

开放成为这一时期的强绑定词。上海全面开放银行业，成为外资银行布局中国版图的首选登陆地，进一步深刻诠释了集聚国际化、全球化的特点。

中国第一个自贸试验区在上海诞生。嗅觉敏锐的中外资银行躬身入局，积极"抢滩"上海自贸试验区及临港新片区，接连跑出"自贸速度""临港速度"，为更大程度的国家金融创新、更广范围的制度型开放添砖加瓦。

至此，上海银行业的集聚重心，已基本从追求数量上的多寡，逐渐走向精细化、功能化的提升与完善阶段，同时银行业由多到强的转变，在新兴金融等前瞻性领域的积极试水，也为助力建设强大的国际金融中心按下"加速键"。

2.1.1　1978—1990年：春雷乍响，专业生长

中国改革开放，在通俗理解中，主要采取渐进战略，在内容和范围上是逐步深化的，在地域上是逐步推进的。

1985年2月，国务院正式批转《关于上海经济发展战略汇报提纲》，肯定了上海应"成为全国四个现代化建设的开路先锋"。

上海是国际著名的经济、金融、贸易、航运中心。在这个国际化城市，银行设立分支机构，不仅可以经营传统的银行业务，还涉及参与国际金融市场、贸易融资、资本市场等重要功能的开拓与延伸。

凭借得天独厚的优势与条件，上海相继"集齐"四大国有商业银行在沪成立的分支机构。

1984年1月1日，中国工商银行在北京正式成立。同时，中国工商银行上海市分行在上海市中山东一路23号成立。中国人民银行上海市分行所属城市储蓄业务和工商信贷业务，全部划归工商银行上海市分行经营。

这是中国最大商业银行"落沪"的历史剪影。之后，中国工商银行上海市分行一直担当着行业"领头羊"的重任。

农行的发展历史，在业内相对较为曲折。1951年至1965年，中国农业银行历经三次变化。1979年6月，中国农业银行上海市分行恢复重建，1988年开始城市化经营。

在农行恢复的同一时期，1979年5月，中国银行上海市分行单独建制，从中国人民银行上海市分行分设出来，升格为局级单位。当年，国家外汇管理局上海分局成立，与中国银行上海市分行合署办公。1983年，中国人民银行行使中央银行职权，国家外汇管理局上海分局遂并入中国人民银行上海市分行。

建行"脱胎"于中国人民银行，在沪分支机构早期也保留了"人民"两字。1954年10月，中国人民建设银行上海市分行成立，从经办和管理国家基本建设投资起步；1996年3月，更名为中国建设银行上海市分行。

今日为人所熟知的国有四大行，带着醒目的徽标，静静矗立在浦江沿岸，如同定海神针一般。40多年前，四大行在上海合力拉开了现代银行业的序幕，自身也成为日后行业重要的基座。

与四大行的赶赴不尽相同，交通银行与上海的历史渊源悠久。1949年11月，总管理处在上海复业，12月迁入北京。1986年7月，作为金融改革的试点，国务院批准重新组建交通银行，总部位于上海。1987年4月1日，重新组建后的交通银行正式对外营业，成为中国第一家全国性的国有股份制商业银行。

至今，交通银行仍是唯一总部在沪的国有大型商业银行。而这家在沪大行的成立，也同样秉持着这座城市的先锋基因，其意义相较银行家数的增加，更大程度上在于改变了既有银行业的格局。

此前，国有四大银行之所以成为专业化银行，是因为每家银行在建立初期，虽同有人民银行这一位"师傅"，但各自学到的本领并不完全相同，互有分工。

中国银行主营外汇业务，中国建设银行负责基本建设投资业务，中国农业银行独占农村金融市场，中国工商银行负责工商企业和个人信贷业务。每家银行，都有不同的势力范围，鲜少出现交叉，彼此也算相安无事。

交通银行的出现，打破了这一局面，上海银行业也书写了新历史。不久，专业分工就此打破，抢业务等存款大战掀起波澜。

20世纪80年代末90年代初，快速发展的上海对资金、技术、人才等生产要素需求迫切，特别是改造老企业和兴建新兴产业的资金缺口较大，企业急需寻找资金和市场。

银行业成为解决问题的一大突破口。吸引更多银行入驻上海，尽可能缓解资金难题，成为上海主政者的考量。

时任中信公司董事长、中信实业银行名誉董事长荣毅仁，与上海有着深远的渊源，曾于1957年出任上海市副市长。1988年，荣毅仁以企业家的身份故土重游，带领中信集团来到上海，大力支持上海的开发建设。

当时，上海市委、市政府向中信集团发出了热情邀请："欢迎中信公司到上海设立机构。"

进驻上海这一步意义重大、影响深远。1988年5月18日，中信实业银行上海分行成立，入驻外滩延安东路100号。上海分行是中信实业银行设立的首家异地分行，也是当时入驻沪上著名涉外办公楼——联谊大厦的首家中资企业。

这一时期，上海本地银行也在飞速酝酿。上海银行原名上海城市合作银行，其前身为上海市城市信用合作社。1986年12月9日，上海市第一家城市信用合作社——上海川南城市信用合作社开业；18日，上海豫园城市信用合作社开业。1995年12月，上海城市合作银行组建成立。1998年9月，上海城市合作银行更名为上海银行股份有限公司，简称"上海银行"，在全国城市合作银行系统中率先改以地方名冠名。

2.1.2　1991—2000年：金融先行，双向奔赴

在我国金融业改革开放的历程中，上海率先迈出了重要步伐，浦东成为重要的承载区。

1991年初，邓小平到上海视察，时任上海市委书记朱镕基汇报浦东开发打算金融先行时，邓小平给予肯定，说"金融很重要，是现代经济的核心。金融搞好了，一着棋活，全盘棋活"。

搞好金融，先要搞好银行业。早期，我国银行主要由国家创办，几家国有大行基本处于行业垄断地位。

任何形式的垄断都会带来低效率的问题。为了适应快速发展的经济要求，提高金融服务的效率，避免金融抑制和短缺问题，打破银行的垄断、增加银行种类和数量，进而实现经济金融可持续发展势在必行。

20世纪90年代前后，国家实施金融重大改革，打破了银行由国家创办的垄断局面，向深圳、广东、福建、上海四地政府发放了银行牌照，由当地政府主持创办深圳发展银行（1987）、广东发展银行（1988）、兴业银行（1988）、上海浦东发展银行（1992）。

同时，国家也向招商局集团、中信集团、光大集团、首钢集团四家国有企业发放了银行牌照，开办了招商银行（1987）、中信实业银行（1987）、光大银行（1992）、华夏银行（1992）。

在多重利好加持下，全国银行业以浦东为核心，以国际金融中心为愿景，掀起一股拓疆热潮，各家银行纷纷到上海浦东设立分支机构，抢

抓金融发展机遇。

跨越浦江，在初期是一场难打的战役。思想上、观念上、生活上的阻力，无处不在。虽仅有一水之隔，当时的浦东与浦西却形成天壤之别，有着巨大的城乡落差。流行于上海市民口中的"宁要浦西一张床，不要浦东一间房"，便鲜明地体现了反差之大。

时任中国人民银行上海市分行行长毛应樑，深深地感受到了这股金融先行的压力，以及浦东开发开放的紧迫感。重担在身的他，心一横，率先为上海金融机构作了表率。

1995年，位于浦东的中国人民银行大楼完工，中国人民银行上海市分行正式迁至浦东。

毛应樑回忆称，在新办公楼落成启用庆典大会上，时任中共上海市委常委、上海市副市长、浦东新区党工委书记赵启正，时任区长胡炜前来祝贺，并呈上了一份厚礼——一只雪白干净的小山羊，寓意是人民银行在浦东开发开放中发挥着"领头羊"的作用。

在浦东落成了国际金融中心的第一幢大楼后，毛应樑仍担心力度不足。为了让金融先行的热流传导下去，中国人民银行上海市分行陆续出台了一系列鼓励措施，涉及银行业的主要有：对中资银行，凡到浦东设立分行的，都可以提高规格，从支行提升为二级分行；对外资银行，规定要在浦东注册，已经在浦西注册的，可以到浦东设立分行，将原浦西的营业机构改为支行。

从"一五"时期开始，到20世纪90年代，我国国家银行一直对信贷资金实行计划配置，以保证各个时期国民经济计划的顺利实现。银行与各经济部门的关系，便集中体现为对各经济部门的信贷计划。

在浦东开发开放初期，信贷计划控制是比较紧的，对过江的银行实行信贷倾斜，在比例管理上尽量从宽，将信贷额度的20%用于浦东，这对当时上海的10个区县而言，是相当有吸引力的。

如此一来，众多中资银行及其他金融机构纷纷进驻浦东，工、农、中、建、交行等相继选址浦东，建造自己的办公大楼或营业场地。

服务上海浦东开发开放的浦发银行在1993年1月正式开业。1999年11月，浦发银行在上海证券交易所挂牌上市，这也是在《商业银行法》和《证券法》实施后，首家规范上市的股份制商业银行。自成立以来，浦发银行积极探索金融创新，构建起国际化、综合化的经营服务格局，资产规模持续扩大，经营实力不断增强。截至2024年6月末，公司总资产规模达9.25万亿元。

中资股份制银行也在这股春潮中持续激荡。1991年，招商银行积极响应党中央开发开放浦东的重大战略，打破区域性股份制银行不能在异地省市设立分行的禁锢，率先在上海成立第一家异地分行，同时成为第一家入驻浦东的异地来沪商业银行。

同在东南沿海的福建也快马加鞭。1996年3月，兴业银行上海分行成立，成为兴业银行首家跨地区建立的分支机构，也是上海市首次接纳开业的异地股份制商业银行分行。

彼时，国家还向以中华全国工商联等为首的非公有制企业发放银行牌照，创办了第一家民营银行：中国民生银行（1996）。这一年的12月28日，民生银行上海分行成立。

在1994年到1998年间，中国光大银行上海分行、华夏银行上海分行、广东发展银行上海分行、深圳发展银行上海分行，也在沪相继成立。

各地方、各主体纷纷来沪布局，中资银行呈现百花齐放的蓬勃态势。在上海这场开放热潮中，外资银行也开启新的发展阶段。

1990年，伴随着上海浦东开发开放，国家和上海一批金融法规和管理条例出台，释放扩大金融开放的信息，该年外资金融机构设驻沪代表处33家。

为扩大自己的经营区域，外资银行也纷纷到浦东开办分行。一时之间，位于浦东大道上最早建成的中国船舶大厦，涌进了许多外资银行机构。

汇丰银行上海分行、渣打银行上海分行、东亚银行上海分行和华侨银行上海分行，从上海解放时一直在沪进行有限的业务（业内称之为"老四家"）。改革开放后，它们就自然过渡为上海首批外资银行。

1991年，中国人民银行批准8家外资银行上海代表处升格为分行。截至年底，有汇丰、渣打、东亚、华侨、三和、日本兴业、花旗、美洲、东方汇理、里昂信贷、东京、第一劝业银行12家外资银行上海分行。

上海第一家中外合资银行是上海巴黎国际银行，成立于1992年11月，由中国工商银行上海市分行和法国巴黎国民银行合资经办，双方各出资50%。

1993年11月，经中国人民银行批准，花旗银行率先将其中国区总部从香港迁至上海，负责管理在中国境内的业务。随后渣打银行、荷兰银行提出申请中国区总部移至上海。部分银行上海分行由总行授权负责经理中国境内的业务。截至年底，沪上有外资金融机构27家（办事处除外），其中包括21家外资银行分行和1家中外合资银行。

1997年3月27日，汇丰银行上海分行和日本兴业银行上海分行举行首笔人民币贷款（协议）的签字仪式，揭开了中国银行业本外币业务全面对外开放的序幕。到6月底，9家外资银行中已有花旗银行、日本兴业银行、汇丰银行、三和银行等6家分行正式开始运作。

2.1.3 2001—2010年：全面开放，股改上市

2001年12月11日，中国正式成为WTO第143个成员国，也就是我们俗称的"入世"。我国全面融入经济金融全球化的号角就此吹响。

"入世"与开放息息相关。作为开放的前沿阵地，上海再次承担起历史重任。在中国正式加入世贸组织第一天，作为中国入世承诺的一部分，上海当天起便对外资银行开放个人外汇存取业务。

位于南京西路常德路口的拐角，成为外资银行看中的宝地。除了原有的渣打银行，东亚银行、恒生银行正在加紧装修。一个不起眼的交叉路口，就引来三家外资银行抢滩。

同样是在第一天，首批8家提出转制申请的外资银行，无一例外地将法人银行的注册地选择在上海。

这预示着，在新一轮的对外开放中，上海将成为中外资银行竞争与发展的主战场。

上海主政者也深知这一点。2002年6月，上海市政府出台《关于加强服务促进金融机构来上海发展的若干政策意见》，进一步支持国内外金融企业来上海发展。

外资银行显示出较强的在上海发展意愿，出现将信贷管理中心、业务处理中心或集约化处理的业务向上海转移的趋势。彼时，已有4家外资银行在上海设立总代表处，上海成为他们在中国的决策中心。有22家外资银行已将上海分行确认为主报告行。

外资银行落户上海，也迎来"一步到位"。2004年2月，国家工商总局特别授权上海市工商局，对在沪设立的外资银行支行等外资金融机构直接进行登记管理。

消息传到沪上一批外资金融机构的高层人士中，引发热烈反响，他们纷纷表示，这是上海政府部门为外资金融机构办的一件大实事，外资金融机构在上海将大有可为。

此前根据有关规定，对外资金融机构的分支机构登记，无论是开业登记，还是变更、注销登记，包括年检，各金融机构都必须到国家工商总局办理相关手续。

新政策既省掉每年远赴北京办理年检等手续的麻烦，又增加了与政府部门面对面交流的机会。

上海投资环境越来越好，对外资引进也会更具吸引力。当即便有恒生银行、汇丰银行、荷兰银行等10多家外资银行，在上海注册登记支行并领取营业执照。

2006年12月11日，中国"入世"5年的过渡期结束。从这天开始，继证券业、保险业之后，中国最后一个过渡行业——银行业全面对外开放。这一年，按照中国加入世贸组织的承诺，上海全面开放银行业，加快外资金融机构在上海的网点布局。

外资银行机构、业务均呈现快速增长态势，外资银行资产总额增至632.40亿美元，新增营业性分支机构16个，在沪营业性机构网点达100个。88家外资银行（含37家支行）获准经营全面外汇业务，60家外资银行（含31家支行）获准开展对非外商投资企业人民币业务。

2007年3月29日，首批4家外资银行——东亚银行、汇丰银行、渣打银行、花旗银行获准改制，取得《企业法人营业执照》。

自汇丰2000年在上海设立中国总代表处后，2007年4月2日，汇丰银行（中国）有限公司正式开业，成为本地注册的外资法人银行。2010年，汇丰启用新的中国总部大楼，该大楼位于上海陆家嘴金融贸易区的核心地段。

作为扎根中国历史最悠久的国际性银行之一，渣打从1858年在上海设立首家分行开始，在华业务从未间断。2007年4月，渣打银行（中国）有限公司成为第一批本地法人化的国际银行。目前，渣打银行在中国的营业网点已覆盖近30个沿海和内陆城市，充分显示了渣打对中国市场的长远承诺。

机构的集聚也在与日俱增。2010年，台湾第一商业银行、台湾土地银行、国泰世华银行3家台资银行在沪开设分行。

外资机构已经成为上海金融行业的一股重要力量。在2020年上海国际金融中心基本建成之年，共有全球六大洲31个国家和地区的营业性银行业金融机构在沪落地，各类外资银行营业性机构达230家。其中，在沪外资法人银行占全国外资法人银行总数的一半以上。

这一时期，"国有六大行"也齐聚上海。2008年1月18日，中国邮政储蓄银行上海分行正式成立，是在改革邮政储蓄管理体制的基础上组建的全功能商业银行。

上海本地一家重要银行也迎来落地。作为一家扎根本地70余年的沪上银行，上海农商银行坐拥区位优势，持续肩负服务城市高质量发展的使命。2005年8月19日，上海农村商业银行获准开业；25日，上海农村商业银行正式挂牌成立。

加入WTO后，银行改革成为金融改革的起点。中国银行业迎来了发展历程中的一次重大变革——大型国有银行先后完成了股份制改革和公开上市，实现了"涅槃重生"。

2003年10月，党的十六届三中全会决议进一步明确，选择有条件的国有商业银行实行股份制改造，加快处置不良资产，充实资本金，创造条件上市。

在成功改制和引进战略投资者的基础上，国有商业银行随即展开首次公开发行和股票上市工作。

作为总部在沪的国有大行，交通银行继1987年重新组建之后，又在2004年迈出重要一步，引入汇丰作为境外战略投资者。2004年8月，交行与汇丰正式签署战略合作协议，汇丰集团以"香港上海汇丰银行有限公司"的名义，出资17.47亿美元，购入交行77.75亿股新发股份，占发行后交行总股本的19.9%，成为仅次于财政部的第二大股东。

汇丰入股交行，是当时外资金融机构对中资银行的最大单笔投资，开创了我国大型商业银行引进境外战略投资者的先河。交行探索践行的"重组、引资、上市"改革三部曲，为中国大型商业银行改革蹚出了一条新路。2024年是交通银行引入汇丰作为境外战略投资者20周年。历经20年的金融跨国合作，双方在公司治理、业务协同及经验共享等方面持续探索，取得了丰硕的成果。

站在金融开放前沿阵地，2001年至2006年，总部在沪的多家股份制及城商行相继迎来外资股东。2002年，浦发银行引入美国花旗银行作为战略投资者。这是国内上市银行开启与国际大银行战略合作的先河，是A股市场首例外资成功受让银行上市公司股权案。

凭借完善的金融要素市场，以及独具优势的资本市场基础设施，上海成为银行上市的"验收地"，为国有商业银行股改画上圆满句号。

2006—2010年，中行、工行、交行、建行、农行相继在上海证券交易所成功上市。

国有大型银行在上海最终实现改制上市，这一过程意义重大。通过组织形式的变革、吸引国外战略投资人等多项重大改革步骤，国有商业银行逐步建立起了现代商业银行的公司治理架构和经营管理体制，资源配置效率也得到较大程度提升。

2.1.4　2011年至今：深耕自贸，加速国际化

2013年9月29日，中国第一个自贸试验区——中国（上海）自由贸易试验区在浦东揭牌。

上海自贸试验区对中国经济来说是一块新的试验田。而对金融机构来说，这方创业热土上将诞生新的发展机遇。

作为国内最早的自贸区，同时基于国际金融中心定位，上海自贸试验区强调在重要领域的突破和全面开放，"金融服务完善"或"金融服务创新"等字眼备受重视。

对银行而言，自贸区政策落地后，可有效提升银行自身经营模式和风险管理改革。自贸区分行便是一个载体，是中资银行先行先试，探索新的经营模式和风险管理的试验田。

自贸区金融开放，打开一条缝、推倒一堵墙，表面上看是一个区域，但对全局都会有影响。

实际上，上海自贸试验区构建了一个涵盖离岸和在岸业务、本外币一体化、与国际金融市场高度接轨的金融环境。

国际化程度最高的中国银行，对自贸机遇感知强烈。其上海分行作

为距离国际金融中心最近的一级分支机构，也对自贸区分行的设立摩拳擦掌。

在复盘自贸区分行的筹备过程时，时任中行上海市分行行长潘岳汉回忆道，总行层面，时任董事长田国立亲自指挥，时任行长李礼辉负责落实，专门成立营销、产品和风险等小组具体研讨和落实。上海自贸试验区总体方案正式公布前，中行上海市分行通过与客户的高强度沟通，获得了客户的需求，那便是贸易便利化和降低融资成本。

潘岳汉也在上海接见了来自沃尔沃公司总部的财务官。这些跨国公司所表达的意愿，是希望了解更多的政策细节，未来有可能把中国和全球的资金中心转移到上海。而这正是自贸区设立的意图之一。

作为总行设在上海的股份制商业银行，浦发银行在自贸区建设项目启动之初，便早早开启筹备。待总体方案通过后，浦发银行即刻成立了由时任行长朱雨辰担任组长的领导小组，拿牌照、做方案、建队伍、做系统，各方面全力推进。

时任交行候任行长彭纯回忆称，"到交行的第一件事也是拜会上海市委、市政府领导，提出交行的重要工作就是在自贸区金融服务方面发挥重要作用"。而为了备战自贸区业务，交行也成立了以董事长、行长挂帅的工作领导小组，时任副行长钱文挥负责具体推进。

伴随着自贸区的正式挂牌，工行、中行、农行、建行、交行、浦发、招行和上海银行8家中资银行的自贸区分行，也同日获批成立。

彼时，星展银行、花旗银行等外资银行也跃跃欲试，拟在上海自贸试验区内设点。

10年来，上海银行业持续释放溢出效应，持续推动上海自贸试验区与国家重大决策部署联动。其间，为了更好发挥自贸区服务"一带一路"建设的桥头堡功能，还批准约旦阿拉伯银行、阿布扎比第一银行等共建"一带一路"国家银行在自贸区内设立分行。

10年来，上海自贸试验区发展取得巨大进展，在金融创新上马不停蹄，主要体现在自由贸易账户体系建设、人民币跨境使用、跨境融资、跨境资金集中管理等领域，彰显了上海作为国际金融中心开放前沿的特点。

上海银行业也积极把握机遇，在深化金融改革为企业提供便利服务的同时，也发展壮大了自身实力。

在跨境人民币业务的创新方面，上海自贸试验区率先开展人民币境外借款、跨境双向人民币资金池、跨境电商人民币结算等试点，企业使用人民币结算的意愿不断增强，自贸区人民币跨境收支总额年均增长达33%。

在分账核算单元的创新方面，上海银行业填补了空缺。鉴于上海自贸试验区"境内关外"的特殊性，银行并没有可供参考的经验或可复制的模式，其难度不亚于单独设立一家海外分行。但经过10年发展，分账核算账户体系已经成为上海自贸试验区金融创新的一个"金字招牌"，对企业而言也多了一份便利。

伴随我国全面深化对外开放持续加强，开放型经济压力测试力度不断加大，上海自贸试验区的金融创新，还在奋蹄前行。

2019年8月初，时任上海市委常委、常务副市长陈寅在国新办举行的新闻发布会上指出，要发挥上海自贸试验区五年多来在对外开放和风险防范方面的制度创新经验，在实施具有较强国际市场竞争力的开放政策和制度方面，大胆开展差异化探索，在更深层次、更宽领域，以更大力度推进全方位高水平的对外开放。

短短不到半个月（8月15日），建设银行上海自贸试验区新片区分行、中国银行上海自贸试验区新片区分行双双揭牌，成为首批在新片区设立的银行分支机构。

上海临港地区已进入自贸区时间。2019年8月20日，上海自贸试验区临港新片区在滴水湖畔正式揭牌。同日，上海市人民政府网站发布《中国（上海）自由贸易试验区临港新片区管理办法》并正式实施。

这份文件明确提出，在新片区内先行先试金融业对外开放措施，具体包括落实放宽金融机构外资持股比例、拓宽外资金融机构业务经营范围等措施，支持符合条件的境外投资者依法设立各类金融机构，保障中外资金融机构依法平等经营等。

随着临港新片区正式设立，多家金融机构纷纷设立上海自贸试验区新片区分行，同时启动临港新片区金融服务，助力企业"尝鲜"政策红利。

上海自贸试验区临港新片区通过先行先试的开放，降低外资机构的准入限制，有利于短时间内吸引外资，尽快地聚集租赁、保险、银行、基金等金融机构，为片区内的航空、汽车、船舶等产业提供更好的金融服务和支持，同时也为人民币国际化或者离岸金融中心的建设提供一些资源支持。

作为我国第一个自由贸易试验区，上海自贸试验区成立10余年来，在深化金融改革、扩大金融开放方面先行先试，形成了一批可复制可推广的"上海经验"。上海银行业耕耘这片热土取得的成就和突破，也将永远载入中国金融史册。

2.2 证券类机构：为资本市场保驾护航

宝总用30元一张的价格购买的认购券升值160倍，赢得了进入大户室的门票，随即上演"开挂人生"。

2024年1月9日，全国热播剧《繁花》迎来大结局，剧中的股票——这个最具时代特征的产物，也让观众穿越回30年前的上海。

上海是中国内地最早出现股票、股票交易和证券交易所的城市，股票交易可追溯到19世纪60年代。

而至20世纪30年代，上海成为远东的金融中心，中外投资者便可通过经纪买卖中外企业股票、债券等。

20世纪90年代，我国股票市场顺应经济发展孕育而生。上海发展时间较久，各项产业配套较为完备，传统行业多数萌发于此。深圳作为新兴市场的代表，主要聚焦科技和创新型行业。为了区别这两大类行业和发展方向，也为了企业上市的方便，国家分别在沪深两地设立证券交易所。

上海证券交易所主要服务于传统行业，一些大盘蓝筹个股在上海证券交易所上市融资，支持经济发展的主要动力。而深圳证券交易所，主要服务于一些中小企业，支撑经济发展的新生力量。

股票市场诞生，投资交易也随之出现。这时便需要专业的中介机构，来服务和满足投资者的交易需求。证券公司是经营证券业务的公司，与中国证券历史相伴相生。

上海证券市场的发展过程是健康有序的，对促进新中国证券市场的成长和市场经济的发展作出了重大贡献。

在新中国资本市场的历史上，上海永远扮演着先驱者的角色，见证中国资本市场风云变幻。

上海老牌券商申银万国的前身，包揽了资本市场和券业的多个"第一"：在1984年代理发行了新中国第一张A种股票上海飞乐音响股票，在1986年创建新中国第一个股票柜台，在1992年代理发行了新中国第一张B种股票上海真空电子器件股份有限公司股票，等等。

上海作为外商投资中国的首选地，也成为外资券商的开垦田与集聚地。外资券商纷纷谋求全资控股，行业对外开放提速。国内首家根据CEPA（《内地与香港关于建立更紧密经贸关系的安排》）补充协议设立的合资证券公司，首家外资全资控股的证券公司，首家新设外资控股合资证券公司，均诞生于上海。

2.2.1 证券发祥，源远流长

1988年4月21日，振兴证券成为上海地区证券公司的发端，与当年7月相继成立的万国、海通、申银证券，共同组成了上海地区证券公司的"四大名旦"。

实际上，这一年最早一批成立的证券公司，在全国多达33家，执牛耳者却是万国、海通、申银这3家券商。

至这一年底，经中国人民银行上海市分行同意，全市有8个证券交易柜台和2个代理点，最早形成国内证券柜台交易（OTC）市场。

大名鼎鼎的万国证券，也是上海市第一家专业证券公司，在全国叱咤风云。

中国券商史上第一个大王朝，诞生于1988年的上海滩，而这个王朝的缔造者是负责筹建万国证券、被誉为"证券教父"的管金生。

万国成立不到两个月，就作为中国第一家证券公司在国际证券界亮相：在由20多个国际证券公司组成的、对意大利国民劳动银行新加坡分行在伦敦发行欧洲日元证券的承销团中，日本野村证券任总干事，万国任副总干事。

这家上海券商，把野心写在脸上，让世界看到决心。1992年底，万国在香港与李嘉诚合作，一举收购香港上市公司香港大众，完成内地证券公司首次收购境外企业并成为控股人。

1993年，万国证券在首批券商信用评级中，成为唯一获得国内AAA最高信用级别的一家。这家券商在1994年的A股交易量，占上海证券交易所总成交量的22%，B股则达到50%，在上海证券交易所会员中首屈一指。当年上市的上海12只B股中，有8只是由万国证券做国内主承销商，一时间可谓风光无限。

万国黄浦营业部（以下简称"黄万国"）是万国证券公司的重要"窗口"，曾被誉为测量中国股票市场人气高低的"晴雨表"。巅峰时期，"黄万国"一年半的交易量，占中国整个证券市场交易量的50%以上。

"黄万国"先后出过几十位经理、证券公司总裁、证券公司董事长等，堪称证券界的"黄埔军校"。在"黄万国"的那些大户里，暴富故事可真不少。"三只羊"——杨怀定（杨百万）、杨良正、杨卫国，在中国股市名声响亮。

1995年"327国债"事件之后，在上海市政府的安排下，次年7月，申银证券与万国证券合并为申银万国证券。

在合并之前，申银证券、万国证券在多个业务领域已经遥遥领先，如全国股票发行量、交易量、纳税款、承销股票数量等。

2.2.2 合并治理，并驾齐驱

伴随1990年中国资本市场扬帆起航，在北京、上海、深圳三地文化滋养下，国泰证券、君安证券应运而生。后来，君安证券被安排与国泰证券合并为国泰君安证券，成为当时国内最大的证券公司。

与申银万国类似，国泰君安这个名字本身也昭示了国泰君安证券的特殊历史。国泰君安证券前身的两家券商，皆非凡物。

一家是中国证券业的中央军。1992年10月5日，财政部、中国工商银行、中国农业银行、中国银行、中国建设银行、交通银行和中国人民保险公司等单位，在上海联合发起成立国泰证券有限公司，注册资本为10亿元，注册地址为浦东新区乳山路61号。总部临时办公地址设在上海静安宾馆。

另一家也大有来头。同年8月，君安证券有限公司经中国人民银行总行批准，在深圳注册成立。此后，君安证券在中国股市翻云覆雨长达五年时间。

上海加深圳，这也就决定了国泰君安证券在我国两大金融中心的优势地位。时至今日，上海和深圳依然是国泰君安最主要的市场。

1999年8月18日，国泰君安证券在上海浦东举行揭牌仪式，成为当时国内最大的证券公司，注册资本为37.3亿元，总资产300多亿元。新设合并后的公司有员工4659名，下设5家分公司、118家营业部，覆盖全国27个省、自治区、直辖市。

无论从哪个角度看，国泰君安的诞生，都是20世纪末中国资本市场史上最重大的事件之一。这是一起由证券界的特殊变故引发的两大券商"联姻"，其结果是中国的券商"航母"问世。

在国泰君安成立的一年之前，1988年，海通证券成立。它的前身是交通银行上海分行信贷二部证券交易柜台。1994年，海通证券完成更名并改制为交通银行旗下控股的有限责任公司，正式从交通银行剥离出来。

历史车轮滚滚向前，时代潮流浩浩荡荡。在国泰君安诞生25年后，中国资本市场迎来具有里程碑意义的事件：2024年9月5日晚间，作为上海本地最大的两家证券公司，国泰君安证券和海通证券宣布筹划合并事宜，"航母级"券商呼之欲出。此举旨在打造一家与上海国际金融中心地位相匹配的一流投资银行，有力增强上海国际金融中心竞争力影响力。

《证券法》于1999年7月1日首次施行后，证券业和银行业、信托业、保险业实行分业经营、分业管理，证券公司与银行、信托、保险业务机构分别设立。证券行业开始进入专业经营的发展阶段。

从2000年开始，随着公司新设和异地公司迁址，上海证券公司数量增加显著。2002年底，上海有证券公司15家，约占全国证券公司总数的12%，其中有12家为综合类或准综合类公司。

长期以来，上海保持着对海内外金融人才的强大吸引力。上海证券从业人员的储备和整体素质，持续位居全国前列。各证券公司员工总数约为15000人，其中取得从业资格的约有10000人，占员工总数的2/3。

证券公司的复杂度也有所增加，民营控股、注册地与实际运作地分离的证券公司日益增多。自2003年开始，随着证券市场的结构性调整和改革力度加大，以及证券公司融资渠道狭窄、内控不严、风险管理水平低等原因，证券公司的问题逐步暴露，风险集中爆发。

2004年，国务院发布《关于推进资本市场改革开放和稳定发展的若干意见》，拉开了对资本市场以及证券行业的改革序幕。2005年7月，国务院办公厅转发中国证监会《证券公司综合治理工作方案》，证券公司进入综合治理阶段。

一批风险较大、违规经营的证券公司相继被行政接管、暂停营业、托管甚至关闭。在此过程中，上海地区的证券公司总体上表现平稳。

为期三年的证券公司综合治理，消除了证券公司长期的风险隐患，提升了证券公司的经营能力，证券行业焕然一新。

截至2006年底，上海共有18家证券公司，其中3家公司被风险处置，1家公司被吊销证券业务许可证，其余14家公司资产规模为1451亿元、净资产为221亿元、净资本为170亿元。创新试点公司已达7家，约占全国的40%。

经过综合治理，上海证券行业结构得到了优化，证券公司自此进入了创新发展时期。

上海数量众多的金融行业协会，是本地一大特色。作为金融"三驾马车"之一，证券业也不例外。

1996年7月，上海市证券业协会获得上海市计划委员会批复同意并成立筹备工作小组，同年10月获上海市社团局准予登记。次年1月，上海市证券业协会召开成立大会暨第一届会员大会，注册资金20万元。2003年7月，上海市证券业协会更名为上海市证券同业公会。

2.2.3 对外开放，布局前沿

外资券商在中国资本市场上是一个重要的存在，成为诸多国际金融机构进军中国市场的一线阵地。

1990年12月，上海证券交易所成立。上海的建设发展，浦东的开发开放，需要证券市场开放，通过证券市场从国外筹措资金，发行B股、H股和ADR（美国托存凭证），打通国际市场金融市场的筹资渠道。

设立中外合资证券公司，标志着中国证券业对外开放，允许外资参股进入实质性启动。这不仅可以为中国证券机构引进新的资本，增强抗风险能力，还可以提高中国证券机构的管理水平，促进国内证券公司的国际化进程，给中国证券业带来新的变革。

早在1991年，野村证券公司、摩根士丹利证券公司等非银行金融机构，就相继来沪设立分公司或代表处。

2001年中国加入WTO之后，资本市场对外开放加大，合资券商接连成立。

中国"入世"后的首家中外合资证券公司来了。华欧国际证券公司于2003年4月25日由湘财证券（占股67%）、里昂证券资本市场有限公司（占股33%）共同投资组建，注册地位于上海。这也是中国证券公司与欧洲投资银行的首次合资。

相较外资银行数量的高歌猛进，外资券商的增长势头则稍显缓慢。截至2010年底，上海的中外合资证券公司不超过5家。

外资对内地券商牌照的谋求，从未止步。2013年8月，在CEPA框架下，申港证券、华菁证券、汇丰前海证券、东亚前海证券相继成立，前两家总部均位于上海。

申港证券于2016年10月18日在中国（上海）自由贸易试验区正式开业，是首家根据CEPA补充协议设立的合资证券公司。

申港证券注册资本为人民币35亿元，由3家香港持牌金融机构、11家国内机构投资者共同发起设立，其中港资投资额合计人民币12.2亿元，占总股份的34.86%。

荣膺国内首家，申港证券开业也广泛牵动人心。当时，来自中国证券业协会、上海市金融服务办公室、中国（上海）自由贸易试验区等单位负责人，部分银行、上市公司及相关行业协会等机构代表，共同出席了申港证券开业仪式。

伴随政策的逐渐加码，中国资本市场对外开放的力度不断加大。近年来，外资券商的持股限制逐渐松绑，外资排队抢滩中国市场。

2018年4月28日，中国证监会发布《外商投资证券公司管理办法》，明确允许外资控股合资证券公司，逐步放开合资证券公司业务范围。这成为外资券商发展的重要转折点。

开放是中国金融业发展的一大长期趋势。2019年7月，国务院推出11条金融业进一步对外开放的政策措施，对外开放举措进一步细化，如扩大外资经营范围、放宽准入门槛等。

自2020年4月1日起，中国取消证券公司外资股份比例限制，外资进入券商的最高持股比例不再受限于49%这一最高红线。至此，外资券商终于迎来重大的发展机遇。

随后，合资券商中的外资方加快了股权变更申请，纷纷谋求全资控股，多家合资券商的外资股东持股比例大幅提升。

放开限制后，凭借吸引外资的综合优势，上海也成为外资券商登陆中国的第一站。

2019年8月，摩根大通与其他机构共同成立了摩根大通证券，持股51%，总部位于上海自贸试验区。一年之后，摩根大通受让其他股东所持股权，全资控股摩根大通证券100%股权。摩根大通证券成为我国第一家外资全资控股的证券公司。

除了欧美，日本、新加坡也积极进军中国市场。2019年12月20日，野村东方国际证券在上海开业，成为国内首家开业的新设外资控股合资证券公司。公司股东包括野村控股株式会社（持股比例51%）、东方国际（集团）有限公司（持股比例24.9%）、上海黄浦投资控股（集团）有限公司（持股比例24.1%）。

2021年6月，星展证券取得证监会颁发的业务许可证。该券商总部位于上海，第一大股东为新加坡最大的商业银行星展银行，持股比例51%。

这一新加坡首家合资控股券商，在展业的四个月内，即完成了股权业务和债券业务首单的突破。展业不到一年，各业务线均完成了首单的突破，在市场上初露头角。

与星展银行类似，法国巴黎银行同样是在上海站稳脚跟后，又申请了券商牌照。2024年4月，国内第四家外商独资券商法巴证券（中国）获批，注册地位于上海，由法国巴黎银行100%出资。7月，法巴证券（中国）正式成立。

目前，中国外商独资券商中，有一半的总部位于上海。

2.3　基金类机构：半壁江山

翻开中国公募基金版图，京、沪、粤三足鼎立格局由来已久，涵盖了中国近九成的公募基金。

无论在基金公司数量方面，还是在公募管理规模方面等，上海均远超北京、深圳，可谓中国基金业的龙头。

上海公募基金家数在国内领先，占比接近全国一半。2022年，北京、上海、广东三地的公募基金公司数量分别为24家、69家、39家。

上海公募管理规模领跑全国。根据银河证券基金研究中心数据，截至2022年四季度末，按照资产净值全口径，北京、上海、广东（包括深圳）公募基金管理规模分别为5.58万亿元、9.46万亿元、9.35万亿元。

上海的三家老牌基金公司——国泰、华安、富国基金，也是中国最早成立的10家公募基金公司中的3家，携手为上海基金业斩获多个"中国第一"，包括中国第一只基金、第一只封闭式基金、第一只开放式基金、第一只开放式指数基金、第一只货币市场基金、第一只QDII基金等。

作为中国金融业发展最具代表性的城市之一，上海既有"老十家"基金公司，也有发展迅猛的汇添富基金、中银基金等，中小基金公司更是屡屡在近年来取得优异的成绩。

多因素促成上海公募基金产业的飞速集聚。从人才优势来看，上海已经形成一定的产业集群优势，这里基金公司多，金融人才也多，在人员配置方面会更容易做好。从区域优势来看，长三角地区的投资者对基金市场的敏锐度更高。同时，高净值客户数量较多，理财意识在全国范围内都属于比较领先。在金融政策方面，上海也有一定的优势。部分区域出台系列金融支持政策，给予公募基金以较大的优惠力度来吸引落户。

上海是金融氛围活跃的城市。上海的立足点是要建设国际金融中心，因此整个金融体系的配套具有较大优势，这是别的城市所不能比的。公募基金公司本身是重人力、轻资产的公司，金融配套就显得十分重要。

上海一直走在资本市场对外开放前列，是中国金融业对外开放的桥头堡和枢纽，也成为外资公募最青睐的落户城市。中国有9家外商独资公募基金，全部落户上海。

上海在历史上就是远东金融中心，如今也是外资机构聚集地，外资公募自然会往此靠拢。随着上海自贸试验区金融改革和开放力度的加大，以及国家金融战略的倾斜，外资巨头还将加速布局中国公募市场。

2.3.1 老牌荣光，创新先行

1992—1996年，全国有78只各类基金（"老基金"）在12个省市成立。在上海出现了建业基金、金龙基金和宝鼎基金，其规模范围在1亿~2亿元。

鉴于老基金存在设立不规范、资产结构不合理、运作不规范等问题，1997年11月14日，国务院证券委员会颁布《证券投资基金管理暂行办法》，使上海的投资基金业走上了规范发展的道路。

1998年3月5日，国泰基金管理有限公司在上海正式成立，成为我国最早成立的基金公司。

这一年的3月9日，证监会核准金泰基金设立发行，国泰基金公司为基金管理人。3月27日，金泰基金募集成立，存续期15年，首次发行规模20亿份。4月7日，金泰基金在上海证券交易所挂牌交易，代码500001，由此拉开了中国证券投资基金试点的序幕。

这只基金在中国基金行业史上斩获多项第一，是上海乃至全国的第一只新基金、第一只封闭式基金。每当回溯行业历史时，总成为开篇不得不提的话题。

它也标志着中国第一批真正意义上的投资基金诞生。这一天，便成为公募基金的生日。

在人均年收入只有5000余元的年代，人们纷纷涌进证券公司，排起长队认购基金。

中国"老十家"基金公司，就是国内最早成立的一批基金公司。

1998年至1999年成立的前十家基金公司，按成立日期排序分别是国泰、南方、华夏、华安、博时、鹏华、嘉实、长盛、大成、富国基金。

包括国泰基金在内，上海在"老十家"里，拥有3家基金公司。另外两家，便是华安基金和富国基金。

1998年6月4日，华安基金管理有限公司成立，其也是中国证监会批准成立的首批5家基金管理公司之一。

华安基金早期曾是行业翘楚，拥有多项第一：第一家开放式基金的管理者、第一家进入银行间市场、第一家获得境外投资资格的基金管理公司等等。

华安基金也是首家开放式基金的试点单位，并成功发行了我国第一只开放式基金产品——华安创新证券投资基金。

2001年9月21日，华安创新基金募满50亿份，正式宣告成立。这标志着我国基金业将进入一个崭新的纪元。

富国基金管理有限公司成立于1999年4月13日，是经中国证监会批准设立的首批10家基金管理公司之一，可以说是一只正宗的老牌基金，是基金行业的常青树。

2003年，加拿大历史最悠久的银行——加拿大蒙特利尔银行（BMO）参股富国基金，富国基金管理有限公司又成为国内首批成立的10家基金公司中第一家外资参股的基金管理公司。

上海这三家老牌基金公司，在成立的头几年发展迅速，其管理规模从1998年的41.07亿元增长至2001年的115.69亿元。

2002年，上海的6家基金公司管理13只封闭式基金和4只开放式基金，管理数量分别占全国的24.07%和23.53%。同年，上海的基金公司新发行开放式基金3只，分别为国泰基金管理的国泰金鹰增长、富国基金管理的富国动态平衡基金，以及华安基金管理的华安上证180指数增强型基金。

国泰金鹰增长证券投资基金成为中国第一只开放式标准股票型基金。这是证监会确定股票型基金标准后发行的产品，主要通过投资增长型上市公司来分享中国经济增长的成果。

华安上证180指数增强型证券投资基金（后变更为华安MSCI中国A增强指数基金）成为中国第一只开放式指数基金，开创了国内被动投资的新时代。

华安基金作为上海公募基金早期产品创新担当，为上海斩获的荣光，还不止于此。

华安还拿下了中国第一只货币市场基金。2003年12月30日，华安现金富利投资基金正式成立，首发募集42.54亿份。该基金的成功发行，完善了现金管理工具。同时华安也发行了中国第一只QDII基金。2006年6月，华安基金获批合格境内投资者（QDII）资格。11月2日，我国第一只QDII基金华安国际配置基金正式成立，首发认购金额近2亿美元，开创海外投资先河。该基金筹备期2年，并与雷曼兄弟公司展开合作组成联合投资团队。

在第一个十年的时间内，上海公募基金行业实现飞速发展，在全国可谓牢牢占据半壁江山的地位。

2008年，上海基金公司共新发行开放式基金58只，占全国新发行基金数的比例达50.4%；募集基金份额968亿份，占全国的48.6%。

这一年年末，上海基金公司管理基金合计186只，包括9只封闭式基金和177只开放式基金，分别占全国的28%和40%。

上海基金公司管理基金份额8372亿份，较2007年增长24%，占全国的32%；管理基金净值达6211亿元，占全国的36.7%。

在管理开放式基金净资产规模排名前十的基金公司中，上海基金公司占两席。

沪上公募新生代也在持续迸发力量。汇添富基金成立于2005年2月，是中国一流的综合性资产管理公司之一，总部设立于上海。公募业务方面，截至2024年二季度，汇添富基金共管理336只公募基金，涵盖股票型基金、指数型基金、QDII基金、混合型基金、债券型基金及货币市场基金等各类产品。汇添富致力于做中国证券市场的选股专家，并已形成一整套行之有效的独特个股研究方法。

上海也成立了专门的基金行业自律协会。上海市基金同业公会于2010年11月18日成立，是由上海基金行业相关业务单位发起并自愿组成的行业性的非营利性社会团体法人。

上海还有不少基金公司走的是特色优势之路。虽然公司总体规模可能不算很大，但是通过具有特色竞争力的产品树立起自身在行业内的品牌标签。

近几年来，短期理财基金、国债ETF基金、沪深300ETF、黄金ETF基金等，都有着上海基金公司的身影。

2.3.2　外资首选，抢滩登陆

对外开放是我国基金业规范与活力的重要源泉。以开放促发展，成为基金业 20 年发展的成功经验。

20 年来，基金业在开放中不断成长：2001 年 12 月，中国加入 WTO；2002 年 6 月，《外资参股基金管理公司设立规则》颁布；同年 12 月，首家中外合资基金管理公司成立；2005 年，基金管理公司外资股东持股比例上限提升至 49%，合资基金管理公司迎来发展高峰。

"入世"之后，中国金融业进一步提升对外开放程度，外资机构也加速登陆上海，布局国内公募基金市场。

2002 年 6 月 6 日，泰达宏利基金在上海成立，创造了境内合资公募基金管理公司的先例，也成为中国首批合资基金管理公司之一。

20 年后，加拿大保险巨头宏利金融集团从深陷债务的泰达系手中，接过了泰达宏利基金 49% 的股权，正式成为泰达宏利的实控人。这家公司也成为国内首家合资转外资控股获批的公募基金，以及第四家外商独资公募。

2002 年，上海还有一家公募基金公司值得一提。

经中国证监会批准，由国泰君安证券和德国安联集团作为发起人的国安基金管理公司，于 2002 年 10 月 16 日获准筹建。

这是中国第一家获准筹建的中外合资基金管理公司，标志着中国内地基金业首次实质性开放，中国政府履行世贸组织有关承诺迈出重要一步，对中国证券市场的发展进程具有划时代意义。

国安基金管理公司注册资本为 1 亿元，其中国泰君安证券持有 67% 的股份，安联集团持有 33% 的股份，注册地为上海。

2003 年 4 月，海富通基金管理有限公司成立，成为中国首批获准成立的中外合资基金管理公司之一，中方股东为海通证券，外方股东为法国巴黎银行旗下法国巴黎资产管理 BE 控股公司（BNPP IP BE Holding，原名富通基金管理公司）。从 2003 年 8 月开始，海富通先后募集成立了 124 只公募基金。截至 2024 年 9 月 30 日，海富通管理的公募基金资产规模约 1584 亿元。

"入世"近10年，外资乘着开放的东风，在上海加速开垦公募热土。数据显示，至2010年，在沪设立中外合资基金管理公司数量达22家，其中不少更是为人所熟知：国泰、富国、国安、友邦华泰、招商、华宝兴业、海富通、兴业全球、申万巴黎、上投摩根、光大保德信、国海富兰克林、华泰柏瑞、交银施罗德、汇丰晋信、诺德、中欧、农银汇理基金等。

2018年4月，基金管理公司外资持股比例放宽至51%，且三年之后外资持股比例将不受限制。在此期间，QFII、RQFII、QDII制度推行，内地与香港基金实现互认，基金业"引进来"和"走出去"迈出实质性步伐。

截至2018年9月，我国已经有45家中外合资基金管理公司、14家外商独资私募证券投资基金管理人。

全球资管巨头，再次把目光集中投向上海。

2020年8月，证监会核准贝莱德金融管理公司全资设立贝莱德基金。这是证监会批复的首个外资公募牌照，也是中国首家外商独资的公募基金管理公司。次年6月，贝莱德基金等3家中外资机构举行集体开业仪式。

时任上海市委常委、副市长吴清在开业仪式上致辞。他指出，此次开业的机构包括外资独资公募基金公司、外资控股证券公司和金融科技企业，一定能够成为上海全球资产管理中心和金融科技中心建设的重要力量，为服务金融市场和实体经济发展、满足人民财富保值增值需求、推动上海城市数字化转型注入新的动力。

彼时，全国已开业的外商控股合资券商共8家，上海有4家；全国已开业或已批筹的4家外资控股合资理财公司全部落户上海；全国已开业或已正式申设的6家外资独资公募基金公司也全部选择落户上海。

2024年4月，安联基金成为境内第9家获准开业的外商独资公募机构。至此，中国外商独资公募家数达9家，全部落户上海，前八家包括贝莱德基金、路博迈基金、富达基金、宏利基金、施罗德基金、摩根资产管理、摩根士丹利基金和联博基金。

外资公募扎堆上海的考量因素颇多，其中便包括良好的公司治理和股东方支持。上海公募基金公司的股东方，一般较为开明，比较愿意放手让基金公司展开道路上的探索。因此，不少股权方面的改革，在上海地区的基金公司中均得到实现。

以中欧基金为例，作为国内第一家实施事业部制改革的公司，中欧基金在2014年落实改革后，规模就出现了突飞猛进。2013年底，该公司公募规模仅117亿元，而到了2017年底，公司公募规模已约千亿元。

开创先河的原因之一，就是当时有比较好的实施管理层持股的契机，股东方愿意出让一部分权益，从而促成公司的改革。

上海的基金公司，基因里就带着市场化的特点。对外资公募来说，若想走"上层"路线，那么在北京设立基金公司可能是更方便的选择，而若选择走更为市场化的路线，上海的优势就更加明显。

2.4 保险类机构：化解风险的手段

保险业是金融"三驾马车"之一，也是与大众生活息息相关的行业。

在中国金融业的对外开放中，保险业走在前列，是开放最早、开放力度最大的行业。

保险业开放的第一块试验田，是上海。

为什么是上海？这里是中国保险的发祥地，根基比较深厚。1875年，保险招商局在上海成立，这是中国第一家华商保险公司。一时间，上海成为保险业中心。解放前夕，上海十里洋场聚集了63家外商保险公司。

作为港口城市，上海具有开放的传统，工商企业和市民对外来事物的承受能力较强。同时，由于市场经济比较发达，上海的保险公司不仅具有较强的竞争力，与国际惯例接轨也比较容易。

当好试验田，意味着上海保险业的发展与创新经验，也能在其他地区复制推广及扩展应用。

建设自贸试验区保险试验田，只是上海保险业改革开放的新起点。保险"新国十条"提出，到2020年我国要实现保险大国向保险强国转变。这一国家战略为上海保险业发展指明方向：立足上海、服务全国、辐射世界。

国际经验显示，国际保险中心是实施保险强国战略的承接载体和重要标志。长期以来，上海成为保险强国战略的先手棋和重要驱动力。

上海保险业的发展，寓含了中国经济从小到大、由弱变强的成长密码。

1992年友邦登陆时，上海只有人保、太平洋、平安三家险企。2020年，上海共有保险公司128家，其中中资85家、外资43家。2020年，上海实现原保险保费收入1852.03亿元，是2000年的14.5倍。

作为开放排头兵，上海总能稳稳地承接住保险市场的冲击和考验。用时任上海市委书记朱镕基的话说："上海人精得很，不比AIG（美国国际集团）差。"

上海在外资银行领域取得的成功开放经验，也为保险业的开放奠定了坚实基础。兼有天时、地利、人和等诸多条件，上海自然而然地成为中国保险市场对外开放的试验田。

改革开放40多年来，中国保险业飞速发展。上海作为中国保险业发展的先行者，积极推进保险主体多元化、保险产品市场化、保险服务标准化，已成为国内重要的保险市场。

自贸试验区建设10年以来，上海诞生了全国首家专业再保险经纪公司、首家外资再保险法人机构、首家外商独资保险控股公司、首家获准扩展经营范围的外资保险经纪机构等，发挥了制度创新的"头雁"效应，发展成为新政策、新机制的国家级"试验田"。

2023年，中央金融工作会议指出要"发挥保险业的经济减震器和社会稳定器功能"，这为保险业未来的发展提供了方向指引。

目前，上海在加速深化建设再保险"国际板"，在临港新片区打造国际再保险功能区。相信在不久的将来，在上海这个排头兵的积极开拓下，中国也将逐渐实现由保险大国向保险强国转变。

2.4.1　1978—2001年：复业探索，扬帆起航

上海保险业的故事，我们得从一场会议说起。

1979年，国务院在第99号文件转批的《中国人民银行分行行长会议纪要》中指出："为了使企业和社队发生意外损失时能及时得到补偿，而又不影响财政支出，要根据为生产服务，为群众服务和自愿的原则，通过试点，逐步恢复国内保险。"

1980年，上海正式恢复保险业务，成为中国改革开放后保险业务恢复得最早、保险市场发展得最快的城市。

1991年5月，经中国人民银行批准，交通银行在其保险业务部的基础上组建了中国太平洋保险公司。这是第一家全国性股份制商业保险公司，总部设立在上海。

太平洋保险的成立，打破了上海保险市场只有中国人民保险公司一家经营的局面，为上海保险市场化经营打开了一扇门。

进入20世纪90年代，我国进一步扩大开放，全面参与国际竞争，引进外资领域扩大到了服务业，并开始对金融行业试点开放。

按照浦东开发开放战略，上海建立了全国唯一以"金融贸易"命名的国家级开发区——陆家嘴金融贸易区。陆家嘴作为对外资金融业开放的实验基地与发展中心，此后成为绝大多数外资保险公司落沪的安家区域。

从1952年外国公司撤出中国，整整40年后，中国于1992年再度开

放市场，选择上海作为第一个开放城市。

美国、日本等国家的外资保险公司闻讯而至，蜂拥在上海抢滩中国市场。

这一年的10月，美国国际集团旗下美国友邦保险获准在上海经营寿险及非寿险业务，成为改革开放后第一家进入中国内地的外国保险公司。

这是外资保险在中国发展的一个历史性里程碑。那时，邓小平南方谈话和党的十四大确立了社会主义市场经济体制的改革目标，结束了"姓资姓社"的历史争论。

在友邦登陆时，上海只有人保、太平洋、平安三大家保险公司，均为产寿险合营。

先入局的外资险企，也获得了大甜头。友邦拿到的是经营产险、寿险两类业务的牌照，这是空前的，也是绝后的。

友邦对上海乃至中国保险业的冲击，都是巨大的。友邦把个险营销制度带到中国，在此之前，中国的寿险营销采用的是柜台的样式，就像银行的设置一样。

1994年，东京海上火灾保险株式会社"摘得银牌"，获准在上海设立分公司，经营保险业务。这是中国第一家外资产险分公司，也是第一家在中国取得经营许可证的日本保险公司。

1996年，还是在上海，首家合资保险公司中宏人寿开业。这是一家外资控股型合资寿险公司。时任中国国务院总理李鹏和时任加拿大总理克雷蒂安剪彩，足见对此事的重视程度。

1999年1月，由德国安联保险集团和大众保险股份有限公司合资的安联大众人寿保险公司在上海正式开业。安联因拥有该合资公司51%股份而成为控股股东。这是第一家在中国获准开业的欧洲合资寿险公司。

上海在保险业开放这件事上，本身也持积极态度。

时任上海市委书记朱镕基曾有精彩论述：所谓第三服务行业的开

放，主要指金融保险事业。中国这么大个市场，不但是商品市场，也是一个非常广阔的金融和保险市场，不开放是不行的。

这一初始时期，中资保险公司也密集在上海设立总部或分公司。

1993年11月，中国平安保险公司上海分公司成立。1994年10月，中国首家按照现代企业制度和国际标准组建的股份制商业保险公司——天安保险股份有限公司成立，总部设在上海浦东。

1994年，上海市保险同业公会恢复成立，为全国保险行业内成立最早的地方性自律组织。现有会员单位370余家，会员保险市场占有率达95%以上，代表了上海保险业的主体。

1995年元月，由上海24家信誉良好、实力雄厚的大中型企业投资创建的大众保险股份有限公司也在上海成立。次年9月，中国人民保险公司上海市分公司宣布改制分设为中保财产保险有限公司上海市分公司和中保人寿保险有限公司上海市分公司。

回顾上海保险市场对外开放第一个十年历史，步骤是渐进的，态度是谨慎的，成效是显著的，整体是成功的。1993年，上海市场保费收入仅21.39亿元；至2000年末，已达127.20亿元，平均年增长38.7%。

上海率先为全国开放提前铺路。继上海之后，北京、广州、深圳、重庆、天津、大连等城市相继对外资开放。

2.4.2 2001—2013年：全面开花，引领新风

中国刚加入WTO的头三年（到2004年底为止），成为外资保险进入中国市场的高峰期。

根据我国加入世贸组织的承诺，保险业过渡期只有3年，比其他金融行业提前两年全面对外开放，被列为开放力度最大的行业。

2003年，英国罗便士国际保险公估集团在上海设立全国唯一的外资独资公估公司，世界第三大再保险集团德国通用再设立上海分公司，我国首家中外合资保险经纪公司中怡保险经纪公司在上海开业。

2004年3月15日，中国保险监督管理委员会主席办公会审议通过《中华人民共和国外资保险公司管理条例实施细则》，规定了"5-3-2"条款（申请前1年的年末总资产不低于50亿美元；人身险外资50%股权限制、30年保险业经验和2年办事处要求）。

这一年底，已有14个国家和地区的37家保险公司进入我国保险市场。外资保险公司保费收入98亿元，占总保费收入的2.3%。

2005年1月24日，保险业"两岸携手第一家"的寿险公司——国泰人寿保险有限责任公司（以下简称"国泰人寿"）正式开业。台湾国泰人寿与东方航空集团公司联手，出资比例各占50%。除引进了新型的寿险产品以外，原汁原味的"国泰模式"代理人体制也呈现在公众面前。

劳合社是英国最大的保险组织，具有300多年经营历史，在世界保险业中知名度颇高。2007年3月，劳合社在上海成立全资子公司劳合社再保险（中国）有限公司，从事非寿险再保险业务。这使中国保险市场上的外资再保险公司数目增至六家。在上海的揭幕，也标志着这家全球最大的保险专业市场正式进军中国。

外资再保险公司的进入，打破了中国再保险集团在国内的垄断地位。当时，国内再保险市场的法定分保也全面取消，这意味着中外再保险公司将展开一场面对面的竞争。

随着2008国际金融危机爆发，外资保险在中国的发展进入分化和市场相对稳定的阶段。部分外资保险公司发展良好，业务稳定，市场不断向全国扩展。另一些外资保险公司经营失败，本土化不成功，经历股权变化波折，导致减少投资甚至退出中国市场。

外资进军中国的步伐，还在加快。汇丰人寿成立于2009年6月，注册资本10.25亿元，由汇丰保险（亚洲）和国民信托共同出资设立，双方分别持股50%，属于典型的中外合资保险公司。

这一时期，与银行业类似，上海保险业也积极探索国有保险企业股份制改革路径。

2001年，中国人保改制后在上海设立中保国际控股公司上海代表处，中国太保改制为中国太平洋保险（集团）股份有限公司，同时分设中国太平洋财产保险股份有限公司和中国太平洋人寿保险股份有限公司，长期在海外经营的太平人寿保险公司在上海挂牌复业。

其间，上海也实现多个全国第一。2003年，我国首家由国有独资保险企业中再集团吸收境内外资本参股设立的大地财产保险股份公司开业；2004年，全国首家农业保险公司上海安信农业保险股份有限公司开业。

上海也率先成功实现大型保险集团改制上市，为全国探索路径。中国太平洋保险（集团）股份有限公司于2007年12月在上海证券交易所上市，并于2009年12月在香港联交所上市。

2.4.3 2013年至今：加速突破，明确愿景

在政策东风吹拂下，上海保险市场体系不断完善，新型保险主体不断涌现，产品服务创新层出不穷，在服务实体经济、防控金融风险、深化金融改革等方面积极作为，成效显著。

2013年9月，国务院批准《中国（上海）自由贸易试验区总体方案》，明确提出"建立试验区金融改革创新与上海国际金融中心建设的联动机制"，要求"支持开展人民币跨境再保险业务，培育发展再保险市场"。

承接国家战略的上海，也吹响新的号角。2014年11月25日，《上海市人民政府贯彻〈国务院关于加快发展现代保险服务业的若干意见〉的实施意见》正式发布，首次正式提出"上海国际保险中心"这一战略性品牌。

一批新型保险机构相继诞生。自2013年9月起，上海保险业在自贸试验区陆续铺设了服务机构。

2013年，全国唯一的专业性航运保险社团——上海航运保险协会设立。2014年，中国保险信息技术管理有限公司在上海设立分公司。2015年，中国保险投资基金正式成立并落户上海。

2018年，国家作出新的开放部署，将放宽合资人身险公司外资持股比例至51%，五年后投资比例不受限制。中国保险业再次成为新开放的排头兵，中国保险业迎来了新开放的时代。

就在这一年，上海迅速响应，在全国最先为韦莱保险经纪和怡和保险经纪扩大经营范围。同时，全国第一家合资保险资产管理公司工银安盛资产管理公司、全国第一家外资保险控股公司安联（中国）保险控股有限公司获批在沪筹建。

根据上海国际金融中心建设的工作要求，国际保险中心位列重点建设的六大中心之一，而再保险中心是国际保险中心建设的重要支撑。目前，我国已成为全球第二大保险市场，2018年国内再保险市场分出保费规模约1800亿元。

上海建设国际再保险中心具有得天独厚的优势。上海已经集聚了众多的国内外金融机构和保险机构，再保险交易要素完备。数据显示，已经有超110家保险公司在上海经营业务，受托管理的资产规模在全国超过了一半。

上海具有较强战略纵深感：国家增设上海自贸试验区临港新片区，支持上海建设国际金融中心和科创中心，不断完善资本市场制度，并且将长三角一体化发展上升为国家战略。这些将进一步推进更高起点的深化改革和更高层次的扩大开放，为上海国际再保险中心建设拓展新空间。

筹备数年，在万众瞩目下，2023年6月，在第十四届陆家嘴论坛上，作为国家金融监督管理总局的首任局长，李云泽在论坛开幕式上发表讲话，宣布正式启动上海再保险国际板。这一瞬间，成为中国金融史上又一重要的里程碑。

而再保险国际板所在的临港新片区，将成为上海乃至中国的新一个国际保险集聚高地。

2024年2月6日，上海市政府新闻办举行新闻发布会，介绍《上海市落实〈全面对接国际高标准经贸规则推进中国（上海）自由贸易试验区高水平制度型开放总体方案〉的实施方案》的有关情况。

这份文件明确，支持金融创新发展。深化建设再保险"国际板"，在临港新片区打造国际再保险功能区，吸引各类保险机构聚集，探索建立与国际接轨的再保险"国际板"规则体系。打造国际再保险业务平台，为再保险市场提供集中登记、交易、清结算、信息披露、资信管理、合同存证等服务，支持国际再保险使用人民币结算。

2024年10月23日，上海国际再保险登记交易中心有限公司揭牌成立，这是上海再保险中心建设的重要载体之一。

作为保险发祥地，上海将在新征程中绘出国际保险中心的宏伟蓝图。

2.5 信托类机构：金融和实业的桥梁

上海市光复路21号，上海四行仓库抗战纪念馆所在地，斑驳的墙体上，隐约可见"信托"二字。四行仓库便是银行堆放客户抵押品和货物的仓库。

上海是中国现代信托业的发端地。

信托业因改革开放而生，随改革开放而强。

中国的改革开放刚起步不久，经济建设和发展亟待资金支持。引进和利用外资，成为当时中国的重要任务。

1979年10月，由荣毅仁建议，邓小平等中央领导批示，经国务院批准，新中国第一家信托机构即中国国际信托投资公司成立，带着吸引外资、引进技术的使命，开启了新中国信托业的新时代；同年12月，上海市革命委员会决定设立上海市投资信托公司。

在上海，有工行、农行、中行、建行等国有商业银行设立的信托公司或信托部；又相继诞生了上海市投资信托公司、爱建金融信托投资公司和中国国际信托投资公司上海分公司等。

改革开放初期，在资金匮乏和融通不畅的背景下，信托公司充当了资金融通的主体以及市场经济的实践者。

以上海为例，东方明珠广播电视塔、南浦大桥、杨浦大桥、延安东路隧道等地标性建筑建设的背后，都有着上海信托业的身影。

20世纪80年代，纺织工业部在江苏仪征投建的化纤工厂因为资金不足面临项目下马风险。为解决资金短缺问题，1982年，中国国际信托投资公司在日本债券市场发行100亿日元的私募债券，首开我国利用国际债券融资的先河，其中80%的资金用于仪征化纤，工程得以顺利建成。

随后，"仪征模式"逐渐在全国铺开。

上海市投资信托公司（上海信托前身）也迈出了对外融资的步伐。1986年1月，上海市投资信托公司首次在日本东京发行250亿日元公募债券。这是经国务院批准，上海市首次在国外发行债券。此后，公司又在日本发行过两次债券。1988年6月，上海市投资信托公司在伦敦发行150亿欧洲日元债券，这是上海金融机构首次进入欧洲金融市场。

1989年1月，国务院批准上海市投资信托公司为中国对外筹资单位之一，属非银行金融机构。2007年7月，上海市投资信托公司更名为上海国际信托有限公司，注册资本25亿元，公司股东由上海市财政局1家扩增至13家。

上海信托作为当时中国对外筹资单位之一，承担了重要的投融资责任，其业务内容涵盖金融信托、海外融资、实业投资等众多领域。

1980年至1982年底，信托投资机构迅速扩大至620多家；从1982年起，我国信托业经历了7次整顿。

经历多次整顿后，在被称为信托"立春"之年的2002年，国内信托业迎来了规范后的第一个集合资金信托计划——爱建信托推出的"上海外环隧道项目资金信托计划"。

爱建信托，即上海爱建信托有限责任公司，由爱国建设公司全额投资创办，是中国第一家经中国人民银行及国家外汇管理局批准经营信托投资和外汇业务的民间金融机构。

彼时，信托业刚经历过新一轮治理整顿，这一年的7月18日，也是《信托投资公司资金信托管理暂行办法》正式实施之日。

经历了多次治理，信托公司回归本源业务，法律法规的制度保障趋于完善。爱建信托发行的集合资金信托计划，是行业的一次试水。产品的成功募集，也给业内人士带来了信心。

随之而来的是投资者对信托产品极大的热情：手拿巨额现金的投资者长时间排队买信托产品的场面，成为上海城市一道独特的风景线。

排队"长龙"背后，是投资者对所投项目和信托计划的信任。信托公司也由原来混业经营的类银行机构，转变为以受托人身份接受信托财产及处理信托事务的专业化金融中介服务机构。

此后的两年间，爱建信托再接再厉，助力上海信托业实现进一步突破：2003年，"上港集箱"基础设施建设贷款资金信托计划创下国内当时集合资金运用规模最高纪录；2004年，上海环保投资固体废弃物中转站信托计划成为全国第一个固体废弃物处置项目。

目前，注册地在上海的信托公司共有7家，分别是上海信托、华宝信托、中海信托、华奥信托、中泰信托、安信信托、爱建信托。

2016年12月，在时任中国银监会主席尚福林和时任上海市市长杨雄出席并讲话的2016年中国信托业年会上，中国信登宣告成立，并落户上海。

中国信登，即中国信托登记有限责任公司，是全国信托业唯一在沪国家级要素市场，以及信托业唯一金融科技基础服务平台。

自成立以来，中国信登建立了信托业集中统一登记平台，填补了我国信托业集中统一登记行业的服务空白；建立了集中管理的信托受益权账户系统，实现了我国信托受益权账户体系建设零的突破；实现信托业标准化监管全量数据采集，标志着全国统一的信托业标准化监管数据信息库首次建成；实现信托资产估值突破，填补了我国信托行业第三方估值的空白，在当前行业回归本源、转型发展的环境下，成为信托业稳健发展不可或缺的服务设施与约束机制，也是行业转型发展的支持力量。

目前，中国信托业的管理规模仅次于银行业，是金融业中的第二大子行业。

作为金融业的一环，信托业与实体经济紧密相连。作为唯一横跨信贷市场、资本市场和实体经济的金融机构，信托资金运用涵盖股权、债权、"夹层"、收益权投资等多种方式，利用跨市场、多工具的优势，为实体经济持续提供全方位的金融服务，满足实体经济多样化、多层次的深度需求。

2.6 非银类机构：多元化实践

非银行金融机构是我国金融体系的重要组成部分，也是银行业服务实体经济的有益补充。

在多元化、多层次金融市场体系中，非银行金融机构发挥着专营化特色、专业化能力的优势，在防范化解金融风险、助力产业结构转型、扩大内需等方面，积极提供特色金融支持。

在我国，非银金融机构构成内涵丰富，包含金融资产管理公司、企业集团财务公司、金融租赁公司、汽车金融公司、货币经纪公司、消费金融公司等多种机构类型。

经过多年实践发展，上海已形成综合性、多功能、全方位的金融要素市场和服务体系，也是全国各类非银金融机构最齐全的城市之一。

1999—2000年，国家为处置国有大型银行不良资产，先后成立中国华融、中国长城、中国东方、中国信达等资产管理公司，并设立上海办事处。

作为最早一批在沪设立的金融资产管理公司分支机构，四大金融资产管理公司的上海办事处（或分公司）自成立以来，历经初期探索、商业化转型、创新发展三个阶段，积极化解地区金融风险，大力服务实体经济。

在成立初期，他们主要承担着"救火"任务，即收购、管理和处置四大国有银行上海市分行剥离的不良资产。此后，逐渐转型成为以不良资产为主业、协同集团各平台公司优势为客户提供多元化金融产品的综合金融服务平台。

2004年开始，随着对外开放的深入发展，一些新的非银行金融机构陆续设立，其中包括通用汽车金融、福特汽车金融（中国）等汽车金融公司，上海国利货币经纪、上海国际货币经纪等货币经纪公司，松下电器（中国）等财务公司，以及交银金融租赁等金融租赁公司，中银消费金融等消费金融公司。

不同于银行信贷投放，非银金融机构在资金支持上，更多是发挥产融结合优势。

以金融租赁为例，作为行业里具有代表性的金融租赁公司，交银金融租赁有限责任公司（以下简称"交银金租"）成立于2007年12月，是经国务院批准成立的首批5家银行系金融租赁公司之一，是交通银行全资控股子公司。

作为首家获批在自贸试验区成立专业子公司的金融租赁公司，交银金租先后实现了上海自贸试验区首单飞机融资租赁业务、首单飞机经营租赁业务、首单船舶经营租赁业务、首单飞机资产转让交易、首单非银行金融机构境外借款业务等多项首单业务和创新成果。

作为我国金融体系的重要补充，金融租赁行业在服务实体经济方面可以发挥多方面的作用。

交通银行首席专家、交银金租党委书记、董事长徐斌认为："金融租赁因物而生、因物而兴。正是租赁物这一特殊载体，赋予了金融租赁更加贴近实体经济的差异化优势，也明确了金融租赁更加清晰、独特的功能定位。"

财务公司又称企业"内部银行"，是我国为促进大型企业集团改革和发展作出的一项重要金融制度安排的产物，不对外吸收存款，仅服务于集团所属企业，贷款利率一般低于商业银行水平。

财务公司是企业集团产融结合的产物，相较于其他金融机构，其与产业的天然联系决定了财务公司在支持企业发展新质生产力等方面有着自身独特优势。

所在地位于上海的集团企业财务公司主要分布在汽车、能源、钢铁、航空、食品、电器等领域，比如，2004年8月11日成立的全国首家汽车金融公司——上汽通用汽车金融有限责任公司。

当你购买手机、住房装修等日常消费需要资金周转时，除了银行，还可以向另一类金融机构申请贷款，那就是消费金融公司。

与银行不同，消费金融公司服务的主要对象是传统商业银行无法触及或者服务不充分的中低收入人群，比如，刚参加工作的年轻人、进城务工人员、蓝领工人等。

消费金融公司专业化消费信贷功能更为突出，与银行进行差异化竞争，促进提升中低收入人群金融服务的可得性和便利性，有效降低普惠金融服务群体的信贷成本。

从注册地分布情况看，消费金融公司主要集中在四大直辖市和省会城市，但整体分布相对分散，分布在22个城市。

拥有消费金融公司最多的城市是上海，有3家消费金融公司，分别是中银、尚城和平安消费金融。

2010年初，由中国银行牵头，联合百联集团、陆家嘴金融发展有限公司共同筹备组建消费金融公司；6月12日，中银消费金融有限公司在上海浦东挂牌成立，7月18日正式对外营业。这也是上海第一家消费金融公司。

货币经纪公司是为金融机构提供交易信息并促成交易达成的专业化金融中介机构。

2005年12月20日，国内首家货币经纪公司在上海正式开业，由中国银监会批准设立。上海国际信托投资有限公司和英国德利万邦有限公司合资组建的上海国利货币经纪有限公司的成立，开创了中国货币经纪业的先河。

全国第二家货币经纪公司也是诞生在上海。上海国际货币经纪公司，即上海国际货币经纪有限责任公司，由中国外汇交易中心暨全国银行间同业拆借中心和全球最大的货币经纪商毅联汇业集团在2007年9月联合成立。

作为国际金融中心，上海金融门类丰富，为非银金融机构提供全国最为领先的金融同业集聚优势；金融业务场景多元，为非银金融机构带来前沿发展机遇和开拓契机；区域优势显著，以上海为龙头的长三角地区，实体基础雄厚，拥有中国经济最为发达的产业集群之一，让非银金融机构更加贴近服务主体，根植服务实体经济的深厚沃土。

在精准对接国家重大战略和薄弱领域金融服务需求上，上海非银金融机构持续发挥专业优势，为金融服务实体经济发展，做好"五篇大文章",提供更多样本经验及模式借鉴。例如,金融资产管理公司对接防范化解重大风险要求,金融租赁公司和企业集团财务公司对接加快建设现代化产业体系需求,消费金融公司和汽车金融公司对接增强消费对经济发展的基础性作用需求,货币经纪公司对接建设高标准市场体系要求等。

在服务"五篇大文章"方面,上海非银金融机构可充分发挥特色功能:发挥金融资产管理公司逆周期工具和金融救助功能,促进金融租赁公司助力推动新质生产力发展,财务公司持续加大对集团内先进制造业、科技创新、绿色低碳发展等重点领域的资金支持力度,消费金融公司为推动形成强大国内市场贡献力量,汽车金融公司为汽车销售和消费稳增长发挥积极作用等。

在国际金融中心良好的营商环境和专业的金融氛围下,上海各类非银机构将持续发挥特色功能,做好专业化经营,更好服务高质量发展。

2.7 地方金融组织:通达的毛细血管

作为金融体系的"毛细血管",地方金融组织在上海国际金融中心建设的过程中,力量不容小觑。

2008年11月,上海第一家小额贷款公司正式开业。当时小额贷款公司的作用是解决中小企业和"三农"的融资难题。但随着行业的快速增长,当时还面临着一个亟待解决的难题:小额贷款公司究竟属不属于金融机构?

由于早期的小额贷款公司性质上不属于金融机构,必须按照工商企业来纳税,对这类公司而言要承担高昂的税费,同时由于杠杆率在当时较低,小额贷款公司的融资成本也较高。

2009年，上海市金融服务办公室发布了《关于促进本市小额贷款公司发展的若干意见》。该意见明确指出，小额贷款公司适用财务报表和发票、税务处理等问题参照《金融企业财务规划》执行；办理房产、股权、机器设备等抵押登记，比照银行业金融机构办理；各区县可根据情况，在开业前三年给予小额贷款公司贴息、损账补贴、纳入政策性担保体系等扶持；符合条件的小额贷款公司，可比照银行业金融机构申请保险兼业代理人资格。

次年，上海市金融服务办公室对该意见又进行了一次修订。如此一来，就解决了小额贷款公司到底算不算金融机构等诸多难题。

为了促进小额贷款公司的发展，政策层面也在不断放宽。

2014年8月，上海市发布《关于进一步促进本市小额贷款公司发展的若干意见》，从发起人持股比例、业务开展区域范围、外部融资比例等多方面进一步放宽了小额贷款公司的部分政策限制，同时，还出台了《本市小额贷款公司发行债务融资工具监管指引》，鼓励具有较高资质的小额贷款公司以发行私募债等形式拓宽融资渠道，为上海市小额贷款公司的健康发展提供了诸多利好。

经过10多年的发展，上海的小额贷款行业已经在这个国际金融中心城市站稳脚跟，截至2023年末，上海市共有小额贷款公司105家，实收资本总计169.3亿元，贷款余额总计178.38亿元。

除了小额贷款公司，融资担保对中小微企业的输血更为聚焦。

"担保"一词常见于金融行业，它是一种增进信用的重要方式。作为金融业的重要一分子，融资担保行业承担着稳定金融体系，推动普惠金融发展，服务中小微企业的重要职责。

服务中小企业，解决融资"最后一公里"的难题，是上海融资担保公司的首要职责。为中小企业打好"融资担保"这张牌，上海一直在行动。

　　2016年6月，"上海市中小微企业政策性融资担保基金管理中心"由上海市人民政府批准正式挂牌成立。该中心是上海中小微企业政策性融资担保基金的管理运营机构，为符合国家和上海市政策导向的中小微企业提供融资担保服务。

　　除了上海市中小微企业政策性融资担保基金管理中心，上海还有多家政府性的融资担保公司。比如，上海奉贤融资担保有限公司、上海杨浦融资担保有限公司等。

　　为了更好地提升企业营商环境，2024年，上海出台了《上海市坚持对标改革持续打造国际一流营商环境行动方案》，提出2024年全市优化营商环境五大行动，共28大项150小项任务举措。其中，首批5个"融资服务中心"在静安、闵行、浦东、徐汇等区行政服务中心和闵行"大零号湾"创新策源功能区挂牌成立。这些举措都是为了破解科技型和中小微企业融资瓶颈问题，满足各类经营主体多样化融资需求，为企业打造"身边的融资服务中心"。

　　典当，对我们来说一个稍显"历史气息"的行业，也是中国金融服务业的一个重要分支。

　　上海曾经是中国典当业的重镇。作为当时上海发行量最大的报纸，《申报》曾这样形容上海繁荣的典当行，一度"像烟纸店一样的普遍"，最多时竟达1000余家。

　　目前上海仅存的规模最大的、保存最完好、具有重要文物价值的当铺，是位于静安区武定路的元利当铺，它被称为"海上第一当"，于1922年1月由上海20世纪30年代典当业巨头陆冠曾出资兴建。

　　改革开放之后，随着中国经济的发展和金融市场的持续开放，在一些经济发达的城市，典当行又重获生机。1988年，上海等地陆续恢复了典当业。

　　2018年，国家机构改革决定中提及，典当行的业务经营和监管规则职责将划给中国银保监会下辖的普惠金融部管理。次年，中国银保监会发布了《关于明确典当行监督管理有关事项的函》和《典当行监督管理办法（征求意见稿）》。至此，典当行被正式纳入金融机构的监管范畴。

典当行在被中国银保监会正式接手管理后就获得重视，《关于加强典当行业监督管理的通知》于2020年发布，这意味着典当业的监管步入正轨。

截至2023年12月31日，上海全市共有237家典当行企业。目前典当行更多是朝着从"当"到"贷"的发展，其发展情况可分为三类：一类是积极为中小微企业提供融资服务，一类是支持实体经济发展，还有一类是保持传统业务稳定发展。其中，房地产业务典当总额占比保持首位。

随着中国金融市场的体量不断扩大，不良资产带来的风险也在提升，但不良贷款余额的增长也带来了广阔的市场前景。地方资产管理公司（Asset Management Corporation，AMC）应运而生。

它是一种类金融机构，参与本地区范围内金融企业不良资产的批量收购、处置等业务。

由于独特的功能，地方资产管理公司是目前中国不良资产转让第一级市场的重要组成部分。按照监管相关规定，目前金融企业不良资产转让有两级市场：第一级市场是商业银行等金融企业将不良贷款打折转让给资产管理公司，第二级市场是由各AMC转让给其他不良资产处置公司。

简言之，地方资产管理公司的主要职责就是化解区域风险和服务实体经济。

目前中国的不良资产行业已经形成"5+2+银行系+外资系+N"的格局，这里的"5"是指5家全国性AMC，"2"是指各省、自治区、直辖市人民政府原则上不超过2家经原银保监会认可的可从事金融机构不良资产批量收购业务的地方资产管理公司。截至2023年底，国内共有60家地方资产管理公司，其中两家在上海。

近几年来，地方AMC行业得到快速发展，其业务范围在不断演化和拓展，从早期的地方中小金融机构风险、P2P、民间集资问题等逐步拓展到纾困房地产行业、化解地方政府隐性债务风险、介入个贷不良等领域。随着金融科技的不断发展和进步，人工智能、大数据等技术手段将会有效帮助地方AMC提升处置不良资产的效率。

融资租赁行业近几年也成了金融行业中高速发展的细分行业。

上海目前是融资租赁行业中资产规模最大、业务种类最全，且环境最优的地区之一，从上海融资租赁行业协会近几年展现的创新案例来看，涉及的领域也符合目前国家整体发展战略，主要包括新能源、医疗、科创、航空航运，覆盖了众多中小微企业。

截至2023年6月，上海融资租赁行业资产规模约为3.07万亿元（含金融租赁公司），约占全国总量的四成。其中，全国排名前20的融资租赁企业超一半在上海。

相较银行，商业保理公司常常被视为金融业的"补缺者"。

商业保理是指建立在应收账款转让基础上的综合性融资服务。按照现行政策规定，商业保理公司可从事的业务包括保理融资、销售分户（分类）账管理、应收账款催收、非商业性坏账担保等。在这当中，保理融资业务占比最大。

与银行贷款不同，保理融资以供应链上真实交易产生的应收账款转让为前提，可免去传统信贷的抵押物或质押物要求。正是基于这样一个特点，保理融资在助力产业链、供应链"稳链""补链""强链"方面有着极其重要的作用。

2012年6月，上海浦东新区和天津滨海新区获商业部批准开展商业保理试点，随后中国商业保理公司犹如雨后春笋般冒头。

从近几年的发展势头来看，商业保理公司发展迅猛，目前业务量已经超过2万亿元。

截至2022年末，上海的商业保理公司若按照资产规模来分类，规模超10亿元的共计22家，主要是央企、国企或者产融一体化平台发起设立的公司；规模超100亿元的共计3家，行业集中度格局较为稳定。

2015年11月10日，兴业银行在上海成立了子公司兴业数金，拉开了国内银行成立金融科技子公司的序幕。

一个月后，平安银行在上海成立了子公司金融壹账通。

2018年4月，第一家国有大型商业银行建设银行设立的金融科技公司——建信金融科技落户上海。此后，中行、交行、浦发银行等先后在上海落子金融科技子公司。

不只银行，金融科技的风也吹到了保险行业。2022年1月，中国人保在上海成立子公司人保科技；同年3月，中国太保在上海成立子公司太保科技。

截至2023年底，已有23家银行、3家保险机构和2家证券公司旗下成立了金融科技子公司。其中，有6家银行和2家保险的金融科技子公司落户上海。从注册地来看，上海目前依旧是众多银行、保险机构创立金融科技子公司的首选之地。

金融科技子公司的产品不仅是面向传统金融机构，利用数字化转型来提高效率，降低成本的同时还能改善客户体验。同时，还可以与各行业广泛合作，其产品的数字化技术也能应用在医疗、农业、政务、交通、教育等多个领域。

比如，上海不仅是国际金融中心，也是长三角区域发展的龙头，而服务好中央赋予上海以及长三角一体化发展的重大战略任务，数字化转型是重要手段。2023年7月，交银金科为上海市政府提供政务工具解决方案，支持上海市政府各级委办机构及长三角41个省市就"政务跨省一网通办"的场景调用申请，体现了金融科技人民性和普惠性。

在上海成立的金融科技公司还能辐射全国，服务全国各行各业。2023年3月30日，建信金科与建行青海省分行、青海省藏医院通力合作，成功打造并上线了首家藏区互联网医院——"互联网藏医院"，为藏区乡村的医疗建设贡献了金融科技力量。这是国内首次面向公众的"互联网藏医院"，在金融科技的加持下实现了更加便捷、实用、高效的功能。

《上海金融科技发展白皮书（2022）》指出，资本市场金融科技创新试点方面，上海试点项目数量居于全国五个试点城市首位。

自20世纪90年代以来，第三方支付产业的出现成为中国金融体系中的一大亮点，它极大丰富了国内的支付体系。在国内发展第三方支付产业的城市中，属上海的产业数量最为众多，且行业更为集中，同时行业发展速度也更快。第三方支付产业也成为上海建设国际金融中心和国际贸易中心的重要突破口。

截至2012年底，上海的第三方支付机构数量就已经位列中国之首。上海市共有51张第三方支付牌照，数量占全国总数的25%，位列全国省市之冠。

谈及第三方支付机构，就不得不提国内最大的第三方支付机构——支付宝（中国）网络技术有限公司。2015年，支付宝"低调"地将注册地由杭州更改为中国（上海）自由贸易试验区，更改后的详细注册地址是陆家嘴软件园，而陆家嘴正是众多金融机构扎堆的地方，至此，支付宝也加入了上海陆家嘴金融圈，众多金融机构又多了一个新"邻居"。

实际上在2010年时，支付宝就盯上了上海浦东这块好地方，彼时注册了上海分公司。2年后，支付宝斥资30亿元签约购买了陆家嘴旗下的"浦东金融广场"2号楼，计容面积约4.8万平方米，距离东方明珠只有1.5公里，是上海浦东毋庸置疑的核心地段。

2019年11月，支付宝在上海的新办公室——支付宝大厦·S空间正式启用。2020年10月，阿里巴巴集团宣布，支付宝三总部三中心正式落户上海，三总部包括支付宝总部、盒马总部、本地生活总部，三中心是阿里上海研发中心、阿里新零售中心和蚂蚁科技中心。这意味着，上海正式成为支付宝的大本营。

支付宝的到来全面助力了上海第三方支付产业的加速发展，上海本身具备的高水平金融开放也促进了第三方支付产业的壮大。

目前，上海正在稳步加快推进国际金融中心建设，促进第三方支付产业的发展，对提升上海人民币清算中心地位具有重要的意义。

2.8　金融组织及行业协会：自律才能持续

上海加快国际金融中心建设的过程中，不仅吸引了众多金融机构入驻，还根据行业门类创立了众多行业协会以及自律组织，这些行业协会和自律组织积极协作、形成合力，共同促进了上海国际金融中心建设和金融对外开放的大局。

2.8.1　首个落沪的国际金融机构

上海浦东世博园区，国展路1600号，矗立着一栋世博园区的最高建筑。这是首个总部落在上海的国际金融机构——新开发银行的总部大楼。

2021年9月28日，这栋大楼从上海市政府手中正式交付给新开发银行，标志着这家国际多边金融机构在中国有了永久的"家"。

新开发银行的诞生还要从2008年国际金融危机说起。

彼时，为了应对金融危机，美联储采取了量化宽松的货币政策。但这一举措造成包括金砖国家在内的各新兴经济体货币、股市及其他市场动荡。为了建立稳定的金融体系来对抗美元对发展中国家经济的不利影响，金砖国家开始行动。

金砖国家新开发银行的概念于2012年首次提出。次年3月，第五次金砖国家领导人峰会上决定建立金砖国家新开发银行，成立开发银行将简化金砖国家间的相互结算与贷款业务，从而减少对美元和欧元的依赖。

2014年7月15日，"金砖五国"在巴西发表《福塔莱萨宣言》，宣布成立新开发银行，总部设在上海。由上海市人民政府为新开发银行总部提供独立的办公区域，中国递交的文件中则建议选址原上海世博会浦东园区A片区。

七年后，上海市政府履行承诺，一整栋新建的园区内最高建筑交付到新开发银行手中。

2015年7月，注册资本1000亿美元的金砖国家新开发银行的开业仪式在上海举行，时任财政部部长楼继伟在开业仪式上说："金砖国家新开发银行的成立不是对现有的国际金融体系的挑战，而是对其补充和改进。"

金砖国家新开发银行是上海迎来的首个国际多边金融机构。同年，金砖国家新开发银行宣布首轮扩员，吸纳阿联酋、乌拉圭和孟加拉国三个新成员国，这更加体现了上海的国际影响力在不断提高。时至今日，"金砖五国"已成功扩员为"金砖十国"——沙特阿拉伯、埃及、阿联酋、伊朗、埃塞俄比亚成为金砖国家正式成员。

随着金砖影响力和吸引力不断增强，越来越多的国家表达意愿并申请加入金砖。而永久"扎根"中国的新开发银行，也将进一步助力上海国际金融中心建设。

2.8.2 "外滩标准"

就在新开发银行宣布成立的一年之后，2016年6月8日，上海金融市场再添重磅金融基础设施——全球中央对手方协会（CCP12，Committee of Central Counterparties）。

全球中央对手方协会是唯一全球性中央对手清算机构同业组织，成立于2001年，因创始成员有12家，因此又简称"CCP12"。

自2008年席卷全球的金融危机发生后，金融衍生品交易对手破产造成了信用风险，信用风险在市场中蔓延进而引发了系统性的金融风险，但不幸中的万幸是，中央对手方交易机制（CCPs）的出场，遏制住了风险的蔓延。

伦敦清算所（LCH）在这场危机中采用的正是CCPs清算方式，此机制最终未对市场参与者造成任何风险。至此，中央对手方交易制度开始走进全球金融市场的视野。该制度就是为了确保交易制度的安全。

2009年G20峰会在匹兹堡召开，会议不仅认可了伦敦清算所在刚刚过去的金融危机中采用的CCPs清算方式，还提议各成员启用中央对手方清算机制。

同年，上海清算所成立，中国人民银行认定其为合格中央对手方。在全球金融合作的大背景下，2013年5月8日，上海清算所正式加入全球中央对手方协会（CCP12）。2015年，上海清算所当选为CCP12执委会委员，这是我国金融市场稳健发展的成果。

2015年，上海、伦敦、布鲁塞尔和迪拜四个国际金融中心城市就CCP12的总部选址进行了激烈竞争，最终上海胜出。

2017年1月，CCP12正式在上海进入实体化运营新阶段。

CCP12落户上海背后的意义重大。它既能快速帮助境外机构了解中国金融环境，还能支持推进人民币国际化进程，为上海建成全球人民币金融产品的清算中心提供帮助，为上海稳步推进国际金融中心建设发挥重大作用。

2017年11月，CCP12正式推出了协会成立以来发布的第一个清算行业国际标准——CCP12量化披露实务标准。因CCP12落户于外滩地区，业内又称它为"外滩标准"。自此，在国际规则制定的舞台上，开始出现来自中国的声音。

2.8.3　IMF上海区域中心

2024年6月19日，在全球金融界齐聚上海的2024陆家嘴论坛上，国际货币基金组织（IMF）和中国人民银行共同宣布，将在中国上海成立一个新的IMF区域中心。中国人民银行行长潘功胜在2024陆家嘴论坛上提到，上海区域中心将深化IMF与中国的合作，增强亚太区域国家间宏观经济政策交流与协调，推动维护全球和区域金融稳定。

国际货币基金组织与世界银行、世界贸易组织并称为世界三大国际经济组织。国际货币基金组织从成立至今已有半个多世纪，并且见证了当代世界经济的发展，在国际货币体系中起到了举足轻重的作用。目前，国际货币基金组织在全球设有20个区域中心和办事处（包括CICDC）。

此前，中国人民银行与国际货币基金组织有过合作项目：中国—国际货币基金组织联合能力建设中心（CICDC），目的是在基金组织的专业核心领域为中国以及共建"一带一路"国家提供服务。上海是中国的金融中心，而今建立IMF上海区域中心，意味着上海在国际金融舞台上的重要影响力，以及继续支持上海国际金融中心建设和继续加大金融开放的决心，中国人民银行与IMF之间的合作也将进一步深化。

IMF上海区域中心未来会更多聚焦货币政策协调、金融监管沟通及能力发展项目等方面，虽然人民币国际化还需要一个渐进的过程，但这可以为推动人民币在国际市场中的使用率，以及未来在国际货币体系中发挥更大作用奠定基础。因此IMF上海区域中心的建成实则是"一举多得"的策略，既能保证上海国际金融中心建设的持续推进，还能不断推动人民币国际化的进程。

2.8.4　行业协会

国际金融中心需要类型丰富、数量繁多的金融机构，金融机构的合规自律、可持续发展，则离不开专业化行业自律组织的协调服务。这方面，上海有上百年的传承经验。

创立于1918年7月8日的上海市银行同业公会，于1992年12月22日恢复成立，时名上海市银行（外汇）同业协会，1998年更名为上海市银行同业公会。其登记管理机关是上海市民政局，业务主管单位是国家金融监督管理总局上海监管局。

银行同业公会的历史最早可以追溯到1915年。其时，中国、交通、浙江兴业、浙江实业、上海商业储蓄、盐业、中孚等7家银行发起筹组银行公会，各行经理每日中午在上海商业储蓄银行以餐叙的形式交流信息商讨事宜，为上海银行公会的"精神结合时代"。1918年7月8日，上海银行公会在今香港路59号召开成立大会，首批会员除以上7家以外，又有聚兴诚、四明商业储蓄、中华商业储蓄、广东、金城等5行加入。同年10月19日，上海银行公会举行开幕典礼，当日《申报》头版头条刊登大幅消息"银行公会今日开幕"。

自成立之后，上海银行公会在同业自律、监管、协调等方面竭尽全力。创办中国第一份金融专业刊物《银行周报》；筹组银团创设中央造币厂；成立中国第一个信用调查机构——中国征信所；发起成立银行学会；成立中国第一家票据交换所——上海票据交换所……上海银行公会广泛参与国家经济政策的制定与实施，在业界拥有较大的话语权，在社会上拥有较高的声望。

1949年12月，上海银行公会接上海市工商联筹备会通知，与钱业、信托业合并筹组金融业同业公会。同月31日，公会终止会务。1952年12月，因私营金融业实现全行业公私合营，上海金融业同业组织从此淡出经济领域，画上了休止符。

历史的浪潮滚滚向前。1992年12月，上海市银行同业公会在中国改革开放的前沿再次扬帆起航，开启了中国金融改革的破冰之旅。1992年5月，在人民银行上海市分行的促成下，汇丰银行上海分行、日本东京银行上海分行、法国里昂信贷银行上海分行、交通银行上海分行、工商银行上海市分行、上海市投资信托公司、中国银行上海分行七家单位组成筹备委员会。同年7月，25家发起行召开筹备大会，确定名称为"上海市银行（外汇）同业协会"，于同年12月22日正式成立。1993年11月，时任上海市委书记吴邦国为协会题词"金融先行"。

20世纪90年代末，我国金融体制改革迅速推进，金融业发展突飞猛进，上海中外资金融机构不断增加，业务范围不断扩大，"上海市银行（外汇）同业协会"的冠名与运作，已经不能适应行业发展需求和上海国际金融中心建设的要求。1998年6月与9月，人民银行上海市分行、上海市民政局分别批复，同意协会更名为上海市银行同业公会。

迈入新时代的上海市银行同业公会不断开创领先的"上海模式"，塑造"上海服务"的金融服务品牌，弘扬中国特色金融文化的"上海文化"内涵。率先提出合规理念，举办中国银行业首次合规年会；在全国银行业首倡"敬老服务 和谐金融"；发起成立全国银行业首家民办非企业单位（法人）性质的"上海银行业纠纷调解中心"；率先在全国上线"上海银税互动信息服务平台"；联合苏浙皖甬四地银行业协会，发起成立长三角区域银行业协会联席会议；发布全国首份《长三角银行业绿色金融可持续发展报告（2024）》；发布《银行营业网点适老服务评价规范》团体标准……

从近代中国最重要的工商社团之一，到如今国内创立时间最长、会员类型最广、会员数量最多的地方性银行业自律组织之一，上海市银行同业公会获评中国社会组织最高等级5A级社会组织，截至2024年11月，有会员单位265家，致力打造有吸引力、有公信力、有影响力的与国际金融中心相匹配的高水准银行业同业组织。

上海保险同业公会同样源远流长。

早期上海保险同业公会的成立背景可以追溯到1907年，当时由朱葆三提议成立了华商火险公会，成立的目的是团结国内保险公司与外商抗衡。随着民族保险业的发展和公会影响的扩大，华商火险公会经过多次改组，最终在1931年更名为上海市保险业同业公会。

步入20世纪90年代后，多家中资和外资保险公司相继成立，1993年7月26日，为促进上海保险市场改革与发展，加强保险公司之间的业务协调和磋商，维护保险行业和被保险人的利益，人保上海市分公司牵头起草了《上海市保险同业公会的初步设想》，经1993年12月中国人民银行上海市分行批准、1994年1月上海市民政局同意登记。

1994年2月，上海市保险同业公会宣告成立，这是新中国成立以来，中国内地成立的第一个地区性保险同业公会。

上海市保险同业公会先后创建了道路交通事故"快处易赔"、"区域打击保险欺诈"、"驻点法院诉调对接"、"从业人员诚信平台"等保险服务品牌，在积极探索保险在公共服务领域搭建服务平台、承接政府职能转移等方面具有很好的创新和示范效应。

1997年1月31日，上海市证券业协会正式成立，2003年7月17日，更名为上海市证券同业公会。

多年来，上海市证券同业公会通过结合会员单位、监管部门和政府需求，紧跟市场热点、监管重点，推进公会数字化建设、举办公益培训讲座、统计发布行业信息、加强投诉纠纷化解、组织投资者教育活动等方面工作，助力行业高质量发展。

2022年10月，上海市证券同业公会推出了国内首个证券信息交互平台——"数字地图"，该平台将近千家会员的各类数据经处理后搬上"云端"，可实时、快捷、智能化地查询上海地区证券分支机构经营机构网点分布、经营信息等各类数据。

近三年来，上海市证券同业公会定期编制各类数据，先后发布了《上海辖区证券经纪业务分支机构经营情况分析报告》《上海证券业人力资源分析报告》《上海证券从业人员培训现状分析报告》《上海地区证券营业部十年发展路》《上海地区资产管理公司简况》等专题报告，为政府及会员单位在人才开发、引进、评价和政策制定等方面提供信息共享和咨询服务。

2004年，上海市期货同业公会成立，迈出了推动上海期货行业规范发展的一大步。从2004年发展至今，上海地区所有期货企业都已是公会会员。成立以来，上海市期货同业公会在上海证监局的指导下，积极贯彻落实国务院关于"稳步发展期货市场"的方针政策，立足"期货市场服务于国民经济"的功能定位以及上海国际金融中心建设的国家战略，为促进上海期货业规范、健康、稳定发展，发挥积极作用。

公募基金行业的发展相比银行、保险、证券行业都要晚不少，可谓是金融行业里妥妥的"后辈"。

正所谓后生可畏，自1998年第一家公募基金公司成立之后，行业发展日新月异，到2010年时，我国已有62家公募基金公司，管理基金规模高达2.2万亿元，截至2010年10月底，注册在上海的公募基金公司已有31家，占比过半，管理基金规模接近8000亿元。

但当时，公募基金行业并没有独立的自律组织，而是纳入中国证券业协会的自律管理体系。

此后经上海证监局提议，2009年底，在上海注册的31家基金管理公司作为发起人，上海市基金同业公会的筹备工作正式启动。富国基金公司受委托负责筹备工作的相关事宜。

2010年11月，全国首家基金同业公会——上海市基金同业公会成立。

时任上海市常务副市长屠光绍在上海市基金同业公会成立的当天说，上海市基金同业公会是上海基金业发展到一定程度的标志，是下一步上海基金业加快发展的标志，也是上海国际金融中心建设进一步发展的标志。

金融行业科技创新势头正旺，比如，银行和证券行业正在进行数字人民币创新，资管行业争先推出依靠科技手段的投资组合和风控方案。建设上海金融科技中心是新时代深入推进上海国际金融中心建设的重要内涵。为了填补在这一领域的空白，上海在金融科技领域也尝试搭建了一个市级产业联盟。

2020年5月17日，由上海国际集团倡议发起的上海金融科技产业联盟正式成立。该联盟搭建了行业交流协同的高层次、常态化工作机制。

该联盟成员涵盖上海各金融要素市场、金融机构、新金融及金科子公司、科技企业、高校及科研单位、功能性机构等，已基本形成了在沪金融要素市场全集中，银行、证券、保险等持牌金融机构全覆盖，金融科技"产、学、研、投、用"全打通的发展格局。

2021年，上海市政府全文公布《关于加快推进上海全球资产管理中心建设的若干意见》，提出力争到2025年，把上海打造成为资产管理领域要素集聚度高、国际化水平高、生态体系较为完备的综合性、开放型资产管理中心，打造成为亚洲资产管理的重要枢纽，迈入全球资产管理中心城市前列。

上海资管行业管理规模大、国际化水平高。资产管理规模约占全国的四分之一，其中公募基金、保险资管占全国比重分别达三分之一，特别是权益类基金规模占全国近二分之一。全国三家外商独资公募基金、四家合资银行理财公司、首家合资基金投顾均落户上海。

2022年，上海资管行业的行业协会千呼万唤始出来。

2022年9月21日下午，上海资产管理协会正式成立，落户上海市虹口区北外滩来福士。

在促进上海国际金融中心和全球资管中心建设的背景下，上海资产管理协会正在努力满足更多国内外投资者对资产配置和风险管理需求。

以上只是上海众多金融组织以及行业协会的一部分，上海的金融行业还有多个行业协会和自律组织，比如，为加强金融各行业之间的横向联合和交流而建立的上海金融业联合会；围绕促进浦东金融业发展而成立的上海市浦东新区金融促进会；国内最早成立的以金融信息命名的行业协会——上海金融信息行业协会；上海市辖内互联网金融行业的自律组织——上海市互联网金融行业协会；由上海市辖内10家主要商业银行作为创始会员单位创立的上海科创金融联盟；等等。

第三章

▼

金融产品与机制创新

时代的车轮滚滚而前，犹如这滚滚东去的浦江水。中国金融，也步伐跌宕却又坚定地走到现在，仰望未来。

新时代的主题仍是变，金融的任务随时代变化而变。产品与机制的创新，便是这变中的应有之义。这是上海的挑战，更是上海的机遇。作为排头兵，上海率先前进；作为先行者，上海率先答卷。

2023年10月召开的中央金融工作会议提出，高质量发展是全面建设社会主义现代化国家的首要任务，金融要为经济社会发展提供高质量服务，要求做好科技金融、绿色金融、普惠金融、养老金融、数字金融"五篇大文章"。

这"五篇大文章"都是未来经济增长的方向所在、动力所在。

创新驱动发展，需要更加完善的科技金融体系；绿色低碳循环发展经济体系的建构，需要绿色金融夯实其根基；共同富裕需要金融服务普惠性的增强；养老体系的构建需要养老金融多元化产品的助力；传统经济向数字化经济的转型升级，需要数字金融的赋能。

"五篇大文章"如何落实？怎样发力？作为我国金融改革开放的排头兵，上海的经验与模式值得一看。

3.1 科技金融：探索"上海模式"

以新质生产力为代表的科技创新，写进了政府工作报告，也为中国的前进指明了方向。

金融"活水"助力实体经济枝繁叶茂、硕果累累。科技金融，可以通俗理解为金融促进科技创新。这里面，既包含一系列金融政策和机制，也包含诸多金融工具和服务。

上海作为享誉全球的国际金融中心，金融业已成为其支柱型产业。在上海创建具有全球影响力的科创中心的国家战略规划中，科技金融备受瞩目。

在"五篇大文章"中，科技金融居于首位，足见其重要性。近10年来，上海几乎每年都有关于金融支持科技创新的大事发生。

从2015年的"金融20条"（《关于促进金融服务创新支持上海科技创新中心建设的实施意见》）到2019年的"浦江之光"行动再到2020年印发的《加快推进上海金融科技中心建设实施方案》，上海聚焦科创企业的全生命周期，推动科技要素和金融资本深度对接。作为金融赋能科技创新的缩影，科创板自开市交易以来，架起科创要素与金融资本的合作桥梁。

作为中国最具代表性的全球城市，上海发展科技金融具有诸多得天独厚的优势，比如，金融市场层级完备、机构集聚增长迅速、持牌金融机构超1770家、自贸试验区建设迅速发展等。

这些年来，身处全中国最具创新活力地区之一的长三角地区，龙头城市上海的科技生态环境不断改善，改革成效比较显著，科技研发实力雄厚，具有较强的科技创新实力。

上海探索的科技金融实践，针对性开创的科技金融服务模式，以及研发的系列科技金融产品，在全国具有良好的标杆和示范效应。

在上海市政府、金融监管机构、沪上金融机构等主体的共同努力下，科技金融呈现出生机勃勃的态势：政策引导规划先行，监管制定完善框架，有效激发市场积极性；创新金融产品供给，科技信贷加快激发创新活力；加快资本市场改革，持续增强创新动能；加强风险分担补偿，科创保险支持更多创新主体轻装上阵；特色专营机构探路，探索服务科技创新新路径；等等。

3.1.1 成为首批试点地区

2011年12月，上海已成为首批促进科技和金融结合试点地区，出台《关于推动科技金融服务创新，促进科技企业发展的实施意见》，力争通过3年左右时间创新试点，初步建成全国科技金融服务中心，发挥示范引领作用。

在科技金融的大棋盘面前，上海一分一秒也不曾懈怠。

从全国到全球，这份沉甸甸的激励，激发着这座城市最大化的潜能。2015年1月底的上海政协会议上，时任上海市委书记韩正表示，建设上海全球科创中心的方案将是上海市政府2015年的一号课题。到2020年，上海需要形成科技创新中心基本框架体系。

2015年8月，上海推出20条金融政策措施支持科创中心建设，提出着重推动科技金融服务创新，进一步推进科技与金融的深层次融合，提高科技创新企业融资的可获得性，为上海加快建设具有全球影响力的科技创新中心营造良好金融服务环境。

从具体措施看，这份文件指明了上海构建科技金融服务体系的重点方向及实施路径，在金融创新方面的亮点元素，也非常具有前瞻性和系统性，涵盖了多个要素领域。

开展"股权+银行贷款"和"银行贷款+认股权证"等多种形式的股权与债权相结合的融资方式创新；设立一家注册资本金50亿元的大型政策性融资担保基金，着力打造覆盖全市的中小微企业融资担保和再担保体系；探索设立为科技创新企业提供全生命周期金融服务的现代科技投资银行；鼓励保险资金为科技创新企业提供资金融通；等等。

这些部署大多在后面照进现实，得到了比较好的贯彻和落实。

彼时，根据上海师范大学商学院教授刘江会等学者的研究结果，从上海科技金融政策体系的具体内容来看，上海初步形成了"4+1+1"的科技金融服务体系，即"四大功能板块"（科技信贷、股权投资、资本市场和科技保险）、"一个机制"（科技金融保障机制）和"一个平台"（上海市科技金融信息服务平台）。

上海市科技金融信息服务平台为科技型中小企业提供多样化的贷款服务。

这里就好比金融超市一样，不同条件的科技中小企业，在上面或许都可以很快锁定自己适合的贷款种类。

科技履约贷（上年销售1000万~3亿元，贷款金额1000万元以内）、科创助力贷（上年销售额5000万元以内，贷款金额300万元以内）、小巨人信用贷申请（适合认定为"小巨人/小巨人培育"的企业）、高企贷贷款申请（适合认定为"高新技术"的企业）。

从这一服务体系中，我们不难看出，科技金融是一项系统性工程，需要零部件都一起发力，这台机器才能高效地运转起来。

从地域来看，科技金融能够快速发展，需要地方政府的主导及推动。不只上海，在中国一些科技比较发达的省市，如江苏省、浙江省、北京市、深圳市，政府在其中也扮演了非常重要的角色。这些省市也因地制宜，分别出台了系列引领金融有效服务科技的政策。

江苏省多部门联动，科技厅、财政厅、原"一行两会"派出机构共同参与搭建政策体系，制定科技贷款风险补贴及补偿资金等系列管理办法，加快促进科技金融创新发展的指导意见等。浙江省则是计划先行，颁布系列支持科技发展条例的同时，还分阶段、系统性地推出科技企业培育计划，如杭州在2010年推出的"雏鹰计划"（5年内重点培育1000家科技初创企业）；2011年的"青蓝计划"（引导鼓励在职科研人员创办科技企业）；2014年的"蒲公英计划"（5年1万家科技型中小微企业）。

政策导向与地区优势的结合，对上海科技金融的发展起到了重要的助推作用。

随着国家创新驱动发展战略的深化，以及上海市建设具有全球影响力的科技创新中心任务的推进，金融如何更好地支持服务科技创新亟待破题。

肩负重任的间接融资市场，首先走出了创新的探索步伐。

原上海银保监局持续研究建立符合科创企业特点的金融服务模式，有序引导上海银行业支持科创企业发展，并结出了硕果。

上海市着力构建有上海特色的"4465"科技金融框架体系，即经营理念的"四可原则"，实现经营模式的"四个转变""六项主要任务""五项保障措施"。

这一框架的探索与完善，背后离不开几份重磅政策文件的指导。

一份是在2017年，上海银保监局与上海市科委联合发布《上海银行业支持上海科创中心建设的行动方案（2017—2020年）》，核心是建立有上海特色的"4465"科技金融框架，以满足上海科技创新企业的金融需求，推进上海科技创新中心的建设。

第二份是在两年后，2019年，上海银保监局发布《上海银行业保险业进一步支持科创中心建设的指导意见》，再度提高上海地区金融机构对科技企业的支持力度，并首次要求金融机构把科技金融上升到战略高度。

这份文件在构建上海"4465"科技金融框架的基础上，提出了上海银行业保险业实施"精准科贷"策略的五大支持目标、建立科技金融创新机制的五大完善举措、多方合作开展科技金融的五大联动措施，以此全面助推上海科创中心建设。

上海构建地方特色科技金融框架提升金融服务能力的探索实践，也入选了我国"全面创新改革试验百佳案例"。

伴随间接融资市场渐入佳境，拥有完善金融基础设施的上海，也快马加鞭地填补直接融资市场政策空缺。

为贯彻落实党中央交给上海的三项新的重大任务，支持上海证券交易所设立科创板并试点注册制，上海市于2019年提出着力发挥资本市场作用、促进本市科创企业高质量发展暨"浦江之光行动"的实施意见。

这一文件指出了发展目标：力争用5年时间，将上海建设成为服务全国科创企业的重要投融资中心，成为金融创新服务实体经济高质量发展的重要示范区，成为高新技术产业和战略新兴产业发展的重要策源地。

系列政策组合拳，收获良效。2015年，科创中心建设成为上海市政府的一号课题。五年后,上海如期"交卷"。英国《自然》杂志增刊《2020自然指数—科研城市》显示,上海在全球科研城市中排名第五,较2016年上升3位。

在科技金融这场永无止境的赛道上,上海又找到了新目标。

国家"十四五"规划提出创新驱动发展战略,上海正如火如荼地推进科技创新中心与国际金融中心联动建设,加快推动建设上海科创金融改革试验区。国家规划的科创金融改革试验区涵盖多个城市,仅长三角地区便包含五个城市,即上海市、南京市、杭州市、合肥市、嘉兴市。

越来越多地方开始推进科创金改试验区建设,科创金融改革试验区域进一步拓展。上海在这场同台竞技的舞台上,自然不甘为人后。

自2022年11月获批成为科创金融改革试验区以来,上海科技金融建设进入加速推进与持续创新的新阶段,政策支持力度也持续加大。政府出台系列政策,涵盖了科技信贷、投贷联动、科技保险、投资引导、上市培育等多方面,为科技金融的快速发展提供了有力保障。创新推出的"沪科专贷""沪科专贴"等再贷款再贴现专项产品,便是这些政策的具象化。

2023年1月,上海银保监局等八部门印发《上海银行业保险业支持上海科创中心建设行动方案(2022—2025年)》,并提出总体目标:到2025年末,显著提高上海银行业保险业服务科技创新的支持力度和专业能力,建设国际一流、国内领先的科技金融创新先行区、科技金融服务样板区、科技金融风控示范区,辐射长三角一体化示范区、G60科技大走廊,加大支持上海"3+6"重点产业体系,为全国银行业保险业服务科技创新提供可复制、可推广的上海经验。

在2023年召开的第十四届陆家嘴论坛上,"科创金融工作室"正式揭牌。时任上海市地方金融监督管理局局长周小全指出,着眼未来,科创金融服务任重道远。上海正努力优化金融支持科技创新体制机制和产品服务,进一步完善广渠道、多层次、全覆盖、可持续的科创金融服务体系。

3.1.2　夯实金融支点

当一家科技中小企业遇到资金难题，首先想到的便是去银行贷款。事实上，这一行为在现实中，可能充满了曲折与挑战。

科技信贷是科技金融的核心组成部分。银行作为科技信贷的主力军，在实践操作中，由于科技企业具有轻资产、研发周期长、专业化程度高、可抵质押资产少等特点，常常面临着"看不懂""摸不准""不敢贷、不愿贷"等共同难题。

这种"需要贷款，但贷不到款"的窘境，大部分科技民营企业或许都曾遇到过。即便是一家已经获得多轮融资、自给自足能力很强的企业，要拿到一笔"不需要抵押"的、上千万元的贷款，也绝非易事。

全国乃至全球，都在想办法解这道难题。

参照国际经验，美国、德国、法国和日本是弥合中小企业融资缺口的佼佼者，其各具特色的政策措施具有重要借鉴意义。

整体来看，这些国家政策措施中，最核心、最关键的是发挥政策性金融机构作用，建立企业、银行和政府合理分担信贷风险的机制。在此机制下，对银行来说，政府为银行分担部分信贷风险并促进企业信息透明度提高后，中小企业就是有利可图的巨大信贷市场。

上海在推进探索金融服务科技的早期阶段，在丰富的实践场景中，就意识到了这一点。

为了分散科技贷款可能带来的风险，2010年，上海市科学技术委员会与上海金融办联合设立"上海市科技型中小企业履约保证保险贷款"三个银行试点，包括中行上海市分行、浦发上海分行、上海银行。

上海市科学技术委员会对每家试点银行都提供100万元的风险补偿准备金。每家银行提供500万元的贷款额度，太平洋保险公司则为部分贷款提供保险。

上海也成立了专门针对中小微企业的政策性融资担保机构。上海中小微企业政策性融资担保基金由上海市人民政府批准设立，成立于2016年6月，初始规模为50亿元，并于2019年底扩大至100亿元，来源以财政出资为主，接受银行捐赠或赞助等资金参与。上海市中小微企业政策性融资担保基金管理中心便是其管理运营机构。

为调动银行业金融机构的积极性，逐步提高对科技型中小企业和小型微型企业贷款不良率的容忍度，上海建立了科技型中小企业和小型微型企业信贷风险分担机制，对符合条件的科技型中小企业和小型微型企业贷款所发生的超过一定比例的不良贷款净损失，由市、区两级财政按比例给予相应的风险损失补偿。

对风险损失补偿具体标准予以细化，如对银行业金融机构"试点贷款"不良贷款率0.8%~3%部分的不良贷款净损失，补偿25%；对"试点贷款"不良贷款率3%~5%部分的不良贷款净损失，补偿55%。对科技型中小企业和小型微型企业"试点贷款"不良贷款率超过5%以上部分不予补偿。

2023年，上海市中小微企业政策性融资担保基金从100亿元逐步增加到200亿元，进一步发挥市融资担保中心增信、分险和示范引领作用。

2024年11月，上海发布《关于加强本市中小企业融资支持的若干措施》，继续强化财政支持。推动政策性融资担保基金增量扩面：2024年市中小微企业政策性融资担保基金业务规模扩大到1200亿元。加强科技型企业担保增信，在担保基金中单列50亿元，推动实施"科技创新专项担保计划"。

优化新一轮中小微企业信贷奖补政策。安排2024—2025年新一轮中小微企业信贷奖补政策资金10亿元。加大信贷风险补偿力度，取消科技等重点行业不良贷款补偿门槛，提升补偿比例至55%，对首次贷款额外再提高5%，进一步推动银行敢贷、愿贷。

投贷联动是做好科技金融的重要手段。2024年8月，上海市浦东新区发布总额度超400亿元的"投贷联动"授信产品包——"创新贷"，为科创企业提供全过程金融赋能方案。上海浦东创业投资有限公司与中国工商银行上海分行等10家合作银行进行产品签约，"一对一"打造创投专属"创新贷"产品，签约项目涵盖集成电路、生物医药、人工智能等重点产业领域。

在政府的有力支持和保障下，沪上银行业的金融资源，也逐渐向科技创新领域倾斜，探索出一条具有上海特色的解题路径。

如今，想做好科技金融领域的银行客户经理，是一件有挑战性的事情。面对来自多个高精尖行业的专业客户的融资难题，首先要解决"看不懂"的问题。

专业背景知识并非短期可以快速习得，在时间紧、任务重的情况下，如何较为准确地评估科技企业，特别是一些专精特新企业的价值呢？

在上海，一系列致力于看懂科创企业的评价体系已浮出水面。

作为国家科技成果评价改革专项试点工作的唯一银行机构，建设银行设计了"不看砖头看专利"的"技术流"评价体系，提出了包含20项成果的专业解决方案，破解了科技企业"可评""可贷""可投"难题；在建设银行上海市分行，一个看懂科学技术、看懂科技产业、看懂科技企业、看懂科技人才、大数据智慧风控（"四个看懂+一个智慧"）的上海特色科创生态评价体系正在构建。

浦发银行自主研发推出"科技五力评价模型"，从履约能力、偿债能力、科技创新力、融资竞争力、团队研发力五方面，对科技企业精准立体画像。以数智化方式重塑风控模式，增强对科技"未来成长"的识别能力。

打造专业化经营体系，是工商银行上海市分行看懂科创企业的路径——分行层面，早在2018年，工行上海市分行就设立了总行级科创企业金融服务中心；支行层面，在上海科技资源集聚的地区，张江、漕河泾、自贸试验区新片区确立了3家科技金融中心，并通过"外部专家+内部评审"协同机制,解决对一些硬核企业技术能力、市场前景"看不懂"的难题。

看得懂企业,仅仅是迈出了第一步。下一步就是"怎么贷"。

"定制化"是上海金融机构实践"怎么贷"的关键词。

建行上海市分行创新多元化增信方式,致力于将知识产权、人才称号从一纸证书变成银行信用额度;创新"科创贷"大中型科技企业纯信用融资产品,实现科创评价结果运用于企业增信和扩额。

工行上海市分行一是推出了针对早期初创型科创企业的"科普贷"系列产品,解决企业早期"股权稀释"等痛点问题;二是针对科创企业研发需求,推出覆盖3~5年周期的研发贷;三是推出国家专精特新"小巨人"企业主动授信产品,有力地支持了一批专精特新"小巨人"企业的资金急需。

浦发银行在上海地区对"浦科"系列产品进行差异化定制,推出多个业内首创科技特色信贷产品。例如,针对拟上市企业的浦发"上市贷",针对科技"小巨人"及培育企业的"小巨人信用贷",针对初创期的科创企业的"创客贷"等。

不过,科技信贷可不仅仅是被动地等着企业找上门,再把钱发到企业手里就完事了。科创企业的发展,需要的不只是资金,还有资源。

2022年12月,中央经济工作会议指出:"推动'科技—产业—金融'良性循环。"这意味着,科技金融不是单方面的金融支持科技,而是应与产业一起,实现彼此更加深层的、内生的互动融合。

创新是一个系统工程,创新链与产业链、资金链、政策链相互交织、相互支撑。

沪上银行业精准地把握到了科技金融服务中的这种生态感。很快,一家银行就将这种生态感,用扎实的产品体系,辅以首创技术来全方位诠释。

从"链创新"开始,再到"链产业、链供应、链数据、链资金、链服务"，最后到"链人才"，如今的"七链"成为上海科技企业圈内的"网红术语"。

"七链"来自建行上海市分行2023年推出的《"建·沪链"科技产业金融综合服务方案》，涵盖七大类40项金融产品和服务，构建了"七链"科创生态循环链。

"七链"方案的底层技术，在于建行首创的科技企业评价体系。上海全市有知识产权的企业，都能在建行上海市分行的科创评价系统里查询得分，通过度量科技企业在"科创生态循环链"中展现的科技创新价值，转化成增信评价。

2024年，建行上海市分行再次升级服务方案，推出《"建·沪链"科技产业金融"股贷债保"联动方案》，股贷债保协同，满足科创主体的综合金融需求。

服务初创科技企业，建行上海市分行也有新动作。2024年，"建·沪链"科技星坛系列活动，每场邀请一类行业企业向投资机构、高净值私人银行客户路演。为种子期、初创期科技企业搭建平台，"让科学家变企业家"为科技企业提供更多筹资渠道，"让私行客户变投资天使"为投资人提供更多投资选择，实现科技与金融双向奔赴和相互成就。

上海稳步推进科技金融发展。截至2023年末，上海辖内科技型企业贷款存量户数为2.99万户，贷款余额10486.31亿元，上海科创板上市企业近90%获得过各类科技信贷产品支持。

保险作为分散风险的有效机制，在支持科技创新等方面具有独特优势。科技保险，可以为科技研发、成果转化、产业化推广等科技活动以及科技活动主体提供风险保障和资金支持。

近年来，我国保险行业不断创新产品服务，深度嵌入科技创新的各个环节，为创新活动发挥风险分担、补偿和管理的独特作用。

在浙江，科研主体在研发、专利申请等阶段，有"揭榜挂帅"保险、"人才创业险"来保驾护航；围绕成果应用和转化，又有"先用后转""先投后股"保险、"创新保"科技保险等产品来为科创企业减负增效。在广东，知识产权保险、创新融资类保险等产品体系不断完善，为企业创新筑起免侵权的防火墙。

科创活动存在很多不可预测的过程。丰富的科技信贷产品"输血"还不够，上海还要使科技中小微企业彻底吃下风险保障的"定心丸"。

国家金融监督管理总局上海监管局（以下简称"上海监管局"）在《上海科技保险创新发展报告（2023年度）》中披露，为各类科技型企业提供保单数量超过40万件，提供风险保障3.1万亿元，为各类科技创新活动提供风险保障超过5389亿元。

中国太平洋保险作为上海的"金融名片"和龙头国企，在服务上海国际金融中心建设、探索科技保险领域方面，始终走在行业前列。

早在2016年3月，太平洋保险便联合张江高科技园区开发公司，推出真正意义上的"创业保障保险"——"科创E保"，利用金融手段为初创企业发展保驾护航。

"科创E保"聚焦初创期科技企业，不仅保障意外事故，就连经营不善终止经营的创业者，也能获得费用损失补偿。

这一创新避免了创业失败可能带来的生活困难，也为创业者二次创业提供物质基础。拥有控股权的企业创始人和联合创始人，都可成为被保险人。

这也是国内首款科技企业创业保险，并入选上海自贸试验区第五批金融创新案例暨首批科技金融创新案例。

伴随新的科技金融服务需求的日益涌现，在科技保险领域，中国太保进行了深入的探索和实践。针对科技创新技术研发、成果转化、知识产权、网络安全等重点环节，太保产险通过问题导向聚焦科技创新过程中的难点，针对性开发保险产品服务。

在技术研发阶段，针对技术研发阶段缺乏保险保障的痛点，太保产险开发并承保研发费用损失保险、研发中断保险等产品，2023年为105家企业提供科技研发、成果转化阶段保险保障超142亿元，赔付支出超58万元。在成果转化阶段，针对成果转移的人才创业和中试环节，推出人才创业保险和中试风险保障方案。

针对知识产权保护的痛点，太保产险已形成全方位保障产品体系。2022年推出的数据知识产权安全保险，是国内首创的专项保护企业数据知识产权的产品；2023年，太保产险服务客户数超1000家，提供保障超11亿元。

3.1.3 打造科技之城的理想

从融资视角看，科技金融远不只各方最关注的科技信贷，还包括其他众多直接融资、结构性融资产品。

资本市场正成为服务科技金融的"生力军"。

近年来，资本市场注册制改革不断深化，依托包括上海科创板、深圳创业板、北京证券交易所等在内的多层次服务体系，持续加大对科技企业与科技创新的支持力度。

如果是在登陆场内市场之前的早期，科技企业融资问题应该怎么解决呢？

除了主板、科创板，上海也有专门的场外交易市场——上海股交中心。这个中心主要做三件事：解决中小微企业融资难题、培育公司、金融创新。

为了给科创企业营造良好金融服务生态，2024年3月，上海股交中心正式开设专精特新专板，作为服务中小微企业的主要平台。该专板首批申报上板企业达到203家。

专精特新专板是一个服务科技型、创新型以及具有专精特新特征或发展潜力的上海市优质中小微企业的资本市场板块。

首批专板挂牌企业涵盖专精特新企业、高新技术企业、科技"小巨人"企业、拟上市企业、"浦江之光"企业库入库企业、各级政府引导基金投后企业、私募股权和创业投资基金投后企业7个赛道，具有鲜明的上海特色。

在服务要素集聚方面，上海股交中心联合多层次资本市场、商业银行、证券公司、担保基金、股权投资行业协会、专业服务机构等各类金融服务要素组建上海专精特新企业服务联盟，为专精特新企业群体提供专业、高效、便捷的金融和其他专业服务；在金融产品创设方面，协同14家银行业金融机构共同发布专板专属信贷产品。

近年来，证监会支持上海股交中心先行先试。随着私募股权和创业投资份额交易、认股权综合服务、专精特新专板等一系列创新举措的落地，上海股交中心已基本形成服务科创企业股权融资的总体框架。

上海自2011年在全国率先开展专精特新企业培育工作以来，已累计培育创新型中小企业2万余家、市级专精特新中小企业1万余家、国家级专精特新"小巨人"企业685家。

目前，全市已有158家专精特新企业在A股上市，占全部上市公司的比例超过1/3。特别是2023年度，专精特新企业在全市新上市企业中占比近六成。

当金融支持科技创新发展日渐成为一项重要的国家战略，在海量的服务需求下，人们不禁开始设想，有没有可能出现专门服务科技创新的新型金融机构呢？

科技金融已成为金融创新的一大趋势。在这个趋势中，投资银行模式的一个重要创新方向就是科技投行。

"看不懂"和"难估值"问题可以通过专业机构如科技投行来解决。尽管科创板已开板五年，但真正能够提供科技金融服务的投资银行还没出现。

在上海，有一家特色科技金融专营机构，也是中国首家拥有独立法人地位、致力于服务科技创新型企业的银行，正趋近科技投行这一角色。

上海科创银行（原浦发硅谷银行）于2012年在上海成立，目标客户包括生命科学/医疗、智能制造、数字化转型和碳中和等科技创新领域的企业，在支持不同阶段科技创新企业方面具有丰富的经验，以及多元产品和服务模式。

上海科创银行根据科技型企业所处不同生命周期的特点，为其匹配相应的流动性管理解决方案、股债结合一体化资本优化方案，以及实现不同阶段的资源赋能。

早期初创阶段，企业处于A轮之前，具有选址初定、无收入、产品处于研发阶段、无固定商业模式等特点。

团队初建时，该行主要帮助创始人解决所有资金相关的需求，让创始人专注在研发或运营本身，为其提供包括账户服务、网上银行/手机银行等流动性管理解决方案，匹配股债结合的风险贷款等资本优化方案。

成长阶段，企业处于A轮到C/D轮，产生部分收入但亏损，产品推出市场，商业模式基本确定。

快速发展时，该行主要帮助企业备足"粮草"，提高资金使用效率，有效减少股权稀释，同时帮助企业拓宽朋友圈，获得产业链和资金方更多的资源，为其提供银企直连等流动性管理解决方案，匹配并购贷款等资本优化方案。

成熟阶段，企业处于Pre-IPO或上市公司期，产品进入规模化量产，收入稳定增长，实现商品化阶段。

收获成果时，该行帮助企业实现产业端的整合，包括寻找并购标的，同时帮助企业成立产业基金，助力企业家回归一级市场，实现商业闭环，为其提供外汇业务、本外币存款等流动性管理解决方案，匹配银团贷款、俱乐部贷款等资本优化方案。

尽管以上海为代表的多层次科技金融服务体系不断完善，总体来说，我国科技金融支持政策性工具和产品的丰富程度仍有很大提升空间。

3.2 绿色金融：减碳是门好生意

2020年9月，中国在第75届联合国大会上庄严承诺：二氧化碳排放力争于2030年前达到峰值，努力争取2060年前实现碳中和。

兵马已动，粮草更需保证供应。对这场全球最大规模的碳减排行动而言，资金就是关键的粮草。

金融具有配置资金的作用，配置资金实际上也就影响了资源配置。所谓绿色金融，就是以金融市场为载体，通过经济手段调节资金流向绿色低碳领域，引导更多经营主体主动进行生产方式绿色低碳转型，在促进资源高效利用的同时，改善生态环境质量。

作为国际金融中心，上海深知，这不仅是一场对环境的保护，更是一次对自身竞争力与影响力的淬炼。

根据全球绿色金融指数报告，全球绿色金融指数与全球金融中心指数之间的相关性高达0.897。可以说，谁能成功搭上绿色金融的快车道，谁就能重塑全球金融发展格局。

3.2.1 浦东再当排头兵

2021年8月24日，上海市历史博物馆报告厅，市政府新闻发布会。

时任上海市委常委、副市长吴清在介绍《上海国际金融中心建设"十四五"规划》时，提出一大目标：到2025年，基本确立上海"国际绿色金融枢纽"的地位。

这是上海国际金融中心建设迈向更高发展水平的又一构想。

很快，一份更加详细的计划书摆在了我们面前。同年10月19日，《上海加快打造国际绿色金融枢纽 服务碳达峰碳中和目标的实施意见》

（以下简称《实施意见》）正式对外发布，上海绿色金融发展迎来顶层设计。

这也是我国提出"双碳"目标后，第一份由省级人民政府出台的绿色金融文件。

《实施意见》进一步明确，到2025年，形成国际一流绿色金融发展环境，基本建成具有国际影响力的碳交易、定价、创新中心，基本确立国际绿色金融枢纽地位。

那么，接下来应该怎么做？

第一步要做的，就是找到一套成熟且各方普遍认可的绿色金融标准体系。只有清晰厘定绿色金融的支持范畴，后续的工作才能有条不紊地展开。

浦东再次站了出来。

2022年6月22日，对上海的绿色金融发展而言，是具有里程碑意义的一天。这一天，上海市十五届人大常委会第四十一次会议表决通过了《上海市浦东新区绿色金融发展若干规定》（以下简称《若干规定》）。

这也是全国人大常委会给予浦东立法变通权后，上海在金融领域的第一次重要尝试。

在立法座谈会上，一家企业代表曾抛出这样的困惑：河道疏浚明明属于绿色项目范畴，为什么迟迟得不到绿色信贷支持？

另一边，金融机构同样也犯了难：什么样的项目算绿色？清晰的界定标准是什么？

考虑到实践中并未形成统一的绿色项目判断标准，《若干规定》要求市发展改革、生态环境等部门研究制定绿色企业评价要求、评价标准和绿色项目认定条件、认定标准，统筹建立绿色项目库。

"相较于一刀切的标准，能进能出的项目库制在实践中更具弹性。"上海市人大财经委立法监督处处长张震解释说。

在施行环节，绿色项目库不仅跟着企业走，还将根据项目内容进行动态调整。例如，一家传统意义上被认为高耗能的钢铁企业，如果其项目聚焦低碳材料研发，也能获得绿色金融支持。

据此，《若干规定》还为转型金融专设条款，并提出鼓励支持为碳密集型、高环境风险的项目或者市场主体向低碳、零碳排放转型提供金融服务。

这也与法条中定义更广泛的绿色金融概念遥相呼应。根据法条适用范围，只要是为支持改善生态环境、应对气候变化、资源节约高效利用等经济社会活动所提供的金融服务，均可称为绿色金融。

座谈会讨论中，不少人认为，适用范围更大，更有利于新兴产业发展，有利于开辟出更多可能的新赛道。

法律层面的保障，让浦东推进绿色金融改革创新底气更足。

《若干规定》正式施行一个多月后，2022年8月，生态环境部等九部委联合印发《关于公布气候投融资试点名单的通知》，正式将浦东新区纳入首批国家气候投融资试点。

气候投融资是绿色金融的重要组成部分。但对许多人来说，这还是一个较为陌生的领域。

国际上对气候投融资的统一叫法是"climate finance"，也就是"气候金融"，本质就是利用金融工具与金融创新来解决气候变化应对过程中的资金难题。

初步测算，我国在2021—2030年间实现碳达峰的资金需求约为14万亿~22万亿元，而从2030年碳达峰到2060年实现碳中和的资金需求则在百万亿元级别。

投融资作为关键驱动力，在解决气候资金供需矛盾的突出问题上，发挥着不可替代的重要作用。

而上海作为国际金融中心，拥有完备的金融基础设施和门类齐全的金融机构，这些资源都可以被调动起来，共同推动气候投融资试点的建设。

同时，上海又是金融科技中心，与减缓、适应气候变化相关的技术都可以应用到碳减排、高碳向低碳乃至零碳转型等方面。

也正是因为如此，上海市及浦东新区人民政府高度重视气候投融资工作，积极组织开展全国首批气候投融资试点方案编制及申报工作。

生态环境部环境规划院首席科学家葛察忠回忆，九部委组织试点评审的目标，主要涵盖政策、主体、项目、平台四个方面。

一是基本形成有利于气候投融资发展的政策环境；二是要培育一批气候友好型的主体，包括企业主体和第三方投资机构；三是关于气候投融资发展的项目及模式的考量；四是打造气候投融资试点平台。

于是，在申报顺利获批后，浦东新区联合上海环境能源交易所（以下简称"上海环交所"）随即成立工作专班，研究制订气候投融资试点工作方案和实施方案，并邀请金融、环保、发改等领域专家开展内部评审，多次征询有关部门意见，保证方案有效可行。

2023年4月，浦东新区气候投融资促进中心正式揭牌成立。也是在这一天，浦东首次被明确定位为"上海国际绿色金融枢纽核心承载区"。

以促进中心为抓手，浦东的目标很清晰：力争到2026年，形成政策、投资、金融、产业、能源和环境一体化的气候投融资体系，金融资源可以便利精准到达气候投融资产业，建成具有国际影响力的气候投融资合作平台，提供可复制、可推广的先进经验和最佳实践。

吃改革饭、走开放路、打创新牌，这是浦东一以贯之的发展思路。也正是这片热土的敢闯敢试，让绿色金融在上海越走越宽。

2017年6月，国务院第176次常务会议审定，在浙江、广东、贵州、江西、新疆五省（区）部分地区，建设各有侧重、各具特色的绿色金融改革创新试验区。

此后，绿色金融改革创新试验区两次扩容，甘肃省兰州新区和重庆市先后获批。

对这些地区而言，试验区的建设，无疑将带动绿色金融与绿色经济驶入快车道，与国家战略实现更高层次的良性互动。

上海自然不甘落后。

央行上海总部明确表态，将积极支持上海申建国家级绿色金融改革创新试验区，推动绿色金融领域开拓创新。

那么，在已获批开展试验区建设的七省（区）十地基础上，上海该如何发挥独特优势，为国家在绿色发展领域积累更多更好的做法和经验呢？

这座历来大胆创新、敢于突破的城市，将目光瞄向了转型金融。

转型金融这一概念，最早由经济合作与发展组织（简称"经合组织"，OECD）在2019年率先提出，与绿色金融之间更多的是互补关系。

从根本目标来看，转型金融和绿色金融都是为了应对气候变化，促进环境改善和社会低碳可持续发展而提供的金融服务。

从支持对象上看，绿色金融主要面向的是新能源、电动车和电池等纯绿或接近纯绿的经济活动；而转型金融更多面向的是传统的高碳行业或部门，比如，水泥、钢铁、化工等。

这些行业尚未被绿色金融完全覆盖，也不可能一下子就转型成为绿色产业，但在低碳转型过程中需要大量的资金支持，这就是转型金融存在的意义。

2023年4月，同样意图将自身打造成为亚洲和国际绿色金融中心的新加坡，在原先提出的绿色金融行动计划基础上，提出净零金融行动计划，将工作重点从绿色金融扩大到转型金融。

彼时，还未接棒成为新加坡第四任总理的黄循财在新加坡国立大学可持续金融和绿色金融研究所的开幕仪式上强调，金融领域在净零转型中发挥重要作用，需要更多资金来扶持新绿色活动和转型活动。

不过，金融机构对于支持高碳行业一直心存疑虑。当中最突出的问题在于，到底该如何界定传统高排放行业的哪些项目和活动符合转型要求？

以申建国家绿色金融改革创新试验区为契机，2023年12月，《上海市转型金融目录（试行）》（以下简称《目录》）正式印发，为金融支持转型活动提供了明确的识别指南。

统筹国情与上海市情，《目录》将水上运输业、黑色金属冶炼和压延加工业、石油加工业、化学原料及化学制品制造业、汽车制造业和航空运输业六大行业纳入首批支持行业。

仅从碳排放量这一关键指标来看，这六大行业就占到了上海全市的一半以上，具有很强的代表性，能够为金融机构快速识别转型活动、丰富转型金融产品供给提供重要参考与支持。

在执行环节，《目录》的最大亮点在于，采用了正面清单为主、使用说明原则兜底为辅的方式。

除了文件里已经提出的200余项低碳转型技术路径，采用其他路径和技术，但符合相关条件的转型主体，也允许参照文件内容申请转型金融支持。

此外，《目录》还建立了差异化信息披露分级体系。金融机构可以要求条件成熟企业披露完整信息，而对于能力相对薄弱的中小企业，则可适度降低披露等级。这在减轻企业转型压力的同时，也大大提升了《目录》落地的实操性。

事实上，不论是对于转型金融，还是绿色金融，信息壁垒都是横亘在发展路上的一座大山。为此，上海作出了诸多尝试。

2024年1月11日，上海绿色金融服务平台正式上线。这是上海国际金融中心又一个重要基础设施，也是解决绿色信息不对称难题的一次有益尝试。

通过整合上海市企业政府公共数据、市场化数据和金融数据，绿色金融服务平台归集了约8.4亿条金融数据信息，再借助大数据、人工智能等技术提供绿色产业识别模型，替代传统认证中的专家评审过程。

这样一来，不仅降低了金融机构的沟通对接与绿色识别成本，也提高了企业获取金融服务的便利性和公平性。

"桥梁"——正是上海赋予绿色金融服务平台的使命与定位。

以银行为例。在传统的银行业务中，想要获取绿色金融项目，需要客户经理亲自去拜访客户，收集项目信息后，再回到银行进行初审，这个过程既耗时又耗力。

现在有了平台的支持，工作人员可以在线发布绿色金融产品，看到合适的融资需求后，就可以将其认领下来，对照了解基本信息，并快速开始授信审批，最快几分钟内就能完成初审。

目前，平台已完成首批入库项目11个，涉及海上风力发电、太阳能发电、污水处理等5个绿色行业领域，促成项目融资35.81亿元。

探索的脚步永不停歇。

上海市联合征信有限公司是绿色金融服务平台的承建方和运营方，公司总经理陈良贵定下目标：将来能为绿色金融作出"上海标准"，甚至"长三角标准"，扩大绿色金融的"朋友圈"。

3.2.2 从社会效益到经济效益

数字跳动，曲线波动上升，单日涨幅最终定格在6.73%。

2021年7月16日，全球规模最大的碳市场——全国碳排放权交易市场（以下简称"全国碳市场"）开市首日，成交量410.40万吨，成交额21023.01万元，成交均价51.23元/吨。

这天上午，全国碳市场上线交易启动仪式以视频连线形式举行，在北京设主会场，在上海和湖北设分会场。

9时30分，时任中共中央政治局常委、国务院副总理韩正在北京主会场宣布，全国碳市场正式启动上线交易。

碳配额开盘价为48元/吨。一分钟后，首笔全国碳交易撮合成功，价格为52.78元/吨，总共成交16万吨，交易额达790万元。

上海分会场上，时任上海市委书记李强寄予了这座城市新的期望：全力以赴、扎实稳妥把全国碳交易市场建设好、运行好，奋力打造具有国际影响力的碳交易中心、碳定价中心、碳金融中心。

什么是碳排放权交易？简单来说，就是把二氧化碳等温室气体的排放权当作商品进行买卖。

比如，政府将企业温室气体排放量上限以排放配额的形式分配给每个企业。其中A企业每年的碳排放配额为1万吨，而该企业通过加大研发投入、开展技术创新，实际碳排放量减少为8000吨，那么多余的2000吨就可以在碳市场上出售。

与此同时，B企业因为扩大生产需要，原定的碳排放配额不够用，那就可以在市场上购买这些被出售的额度，以抵消超出的碳排放。

这样一来，既能控制区域碳排放总量，又可盘活企业减排动力，鼓励企业通过优化能源结构、提升能效等手段实现减排。

而随着时间的推移，政府可以降低排放量上限，让配额更加稀缺，加大价格压力，从而促进企业减排，以此释放市场竞争，推动节能和清洁技术的使用。

二氧化碳排放权成为一种商品，始于1997年《京都议定书》。如今，碳交易已经成为全球推动减排的市场化手段。

与传统的行政手段相比，其成效之所以显著，关键之一在于解决了动力问题——企业意识到"贴钱"的环保也能带来真金白银，积极性随之大幅提升。

在我国，几乎每一项重要成果的背后，都离不开"试点"和"扩面"的良性互动。作为一项重大的制度创新和复杂的系统工程，碳市场建设不外如是。

将时钟拨回2011年，国家发展改革委在当年10月发布了《关于开展碳排放权交易试点工作的通知》，同意7个省市开展区域碳交易试点工作，上海便是这"第一批吃螃蟹"的地区之一。

2013年11月，上海碳市场上线交易，用经济杠杆控制碳排放的时代正式开启。

上线以来，市场运行平稳有序，交易规范透明，创造了连续11年100%履约的纪录，这在所有试点地区中也当属头一份。

截至2024年9月末，上海碳排放交易市场已吸引1860多家单位开户交易，现货品种累计成交量达2.56亿吨，累计成交额超50亿元，国家自愿核证减排量（CCER）成交量稳居全国第一。

回望走过的11年，上海市生态环境局应对气候变化处处长周军坦言，碳市场100%履约不是一蹴而就的。在碳市场建立初期，企业的碳排放、履约成本、配合度都是未知数。

因此，上海碳市场采取了三步走的办法：

第一阶段为2013年至2015年，重点在于普及碳市场概念，为提升企业的接受度，上海碳市场采取配额100%免费发放的方式。

第二阶段为2016年至2018年，上海逐步收紧免费配额发放比例，市场整体配额盈余逐年减少，推动企业在压力下不断提高碳排放管理水平和碳资产管理意识。

第三阶段即2019年至今，"缓冲期"结束，大量企业直面履约压力，上海持续优化完善碳交易相关制度，并引导企业以加大绿色转型力度的方式降低履约成本。

从减排效果看，近10年，上海单位国内生产总值二氧化碳排放量累计下降了50%以上，碳市场功不可没。

有了试点地区打基础，碳排放权交易向全国统一发展迈进，一路快马加鞭。

2015年，中国政府在《中美元首气候变化联合声明》及巴黎气候大会上承诺，中国计划于2017年启动全国碳排放交易体系。

中国是个向来重信守诺的国家。2017年12月19日，国家发展改革委组织召开全国碳排放交易体系启动工作电视电话会议，备受关注的全国统一碳市场建设就此拉开帷幕。

从10年试点到全国统一开市，这是我国碳市场发展具有里程碑意义的一件大事。

自2021年7月16日开市以来，全国碳市场已顺利完成两个履约周期（第一个履约周期是2019—2020年，第二个履约周期是2021—2022年），纳入重点排放单位2257家，覆盖的二氧化碳年排放量达51亿吨，成为全球覆盖温室气体排放量最大的碳市场。

和第一个履约周期相比，第二个履约周期市场活跃度明显提升，成交量与成交额分别增长19%与89%；企业参与交易的积极性也进一步被激发，参与交易的企业占总数的82%，比第一个履约周期增加近50%。

从碳价的角度来看，整体同样呈现平稳上涨态势，由启动时的每吨48元上涨至每吨80元左右，上涨约66%。

截至2024年7月15日，全国碳市场碳配额累计成交量达4.65亿吨，累计成交额近270亿元。

从免费的公共资源，到明码标价的稀缺商品，全国碳市场持续释放明确信号：二氧化碳排放有价，绿色低碳就是竞争力。

需要注意的是，全国碳市场采用的是"双中心"模式，把注册登记系统交由湖北负责建设维护，碳交易系统则由上海负责建设运行。

也就是说，企业在湖北注册登记账户，在上海进行交易，两地共同承担起全国碳市场的支柱作用。

其中，上海环交所受生态环境部指定，承担了全国碳排放权交易系统建设和运维等具体工作。

2008年8月，经上海市政府批准，上海环交所正式成立，是全国首家环境权益领域专业化交易平台，也是国内第一个专业服务碳市场的交易机构。

一路走来，依托国际金融中心的带动效应，上海环交所的创新突破比比皆是。尤其是全国碳市场开市后，与金融机构的合作联动更成为一大亮点。

2024年1月，为了进一步盘活碳资产，提高碳市场流动性，上海环交所正式推出上海碳市场回购交易业务。

目前，首批次7笔碳回购业务均已达成，参与进来的金融机构中，不乏中信证券、中信建投、中金公司、国泰君安等多家头部券商的身影。

先来了解一下什么是碳回购。用一句话概括，这是一种通过交易为企业提供短期融资的碳市场创新融资工具。

交易的一方（初始卖出方）将持有的产品卖给另一方（初始买入方），同时约定在未来某一日期，再由初始卖出方以约定价格从初始买入方购回该笔产品，从而获得短期资金融通。

为了保障交易能够顺利进行，上海环交所还与太保产险合作推出了碳资产回购保险，向申能碳科和中信证券、中金公司之间达成的碳回购业务提供履约保证保险。

证券机构牵手保险公司为企业提供碳回购资金融通和保险保障的综合服务，是上海碳市场关于碳金融新路径的一次有益探索，在全国尚属首例。

对金融机构来说，参与碳排放权交易有助于丰富自身的绿色投资品种，构建全链条交易能力，提升绿色综合服务能力，更好拥抱"双碳"带来的发展机遇。

对上海环交所而言，碳回购业务的推出也有着非凡的意义。

它标志着，作为连通碳市场与金融市场的重要纽带，上海环交所已经形成相对完整的碳金融服务谱系，正朝着"建成更加有效、更有活力、更具国际影响力的碳市场"稳步迈进。

3.2.3　金融之笔"点绿成金"

如今，做一名银行客户经理可真不容易。

除了以往的行业经验和技能，还要埋头苦学绿色金融相关的知识。熟悉环保政策、研究低碳项目可行性、评估绿色产业动向，都成了必修课。

这背后，正是银行业对绿色金融赛道的加速竞逐。

绿色信贷是绿色金融体系中当之无愧的核心角色，在支持清洁能源和节能减排方面发挥着关键作用。

截至2024年一季度末，上海辖内银行业绿色融资余额已突破1.5万亿元，其中绿色信贷余额1.52万亿元，较年初增长10.04%。

成绩的背后离不开政策的鼓励。

要想提高银行的积极性，降低绿色信贷融资成本是必要的办法。为此，浦东新区金融工作局与浦东新区财政局联手，将绿色信贷纳入中小微企业政策性融资担保财政扶持的补贴范围。

有了这样的支持，越来越多的金融资源开始向绿色低碳领域倾斜，中小企业融资难、融资贵的问题也蹚出了一条解题新路径。

"最大的痛点就是没有资产抵押。以前银行要求有土地、厂房、资产，我们科技企业没有这些。"回忆创业初期，智租换电董事长李学军感慨万千。彼时，公司的第一笔贷款只有100万元。

智租换电是上海地区换电服务体量最大的新能源平台。2022年，公司业务发展面临进一步突破的关键期。对一家成立仅5年又处于成长期的中小企业来说，想要进一步扩大规模，就必须有流动性资金的支持。

但锂电池的价值与出厂状况、使用过程都有关系，缺乏公允的价值评估体系，传统银行信贷难以涉足，风险评估的难度也比较大。

看中这家企业"新能源＋物联网"的双重属性，上海银行在调研了解企业的运营模式、技术优势、换电生态及行业地位后，突破传统的抵押授信模式，为智租换电定制了8000万元绿色金融贷款，并在利率定价上给予大力度支持。

不过，可不要以为绿色信贷就只是把钱交到企业或项目手中那么简单。为了给真正的绿色产业提供实实在在的源头活水，将环保标准融入信贷服务成了各家银行摸索的方向之一。

2021年6月，浦发银行上海分行为新能源汽车充电桩领域的龙头企业特来电提供了3000万元基本建设项目贷款，用于支持新能源汽车充电场站的投建资金需求。

这笔贷款的创新之处在于，利率高低，要看企业在节能减排上的表现。

具体来看，这一5年期贷款初始利率为4.70%。贷款期间，浦发银行约定好每年的观察日，将特来电运营场站的总充电量折合为碳减排量，记作"环保绩效"，员工的培训时数则被记作"社会绩效"。

当两项观察指标达到预定目标后，浦发银行就会在每个观察日的下一个起息日，下调贷款利率0.30%。如果5个观察日的观察指标均达标，银行贷款期内利率将阶梯式下调为4.40%、4.10%、3.80%、3.50%、3.20%。

省钱，无疑是最直接的激励手段。这在很大程度上给予了企业不懈探索绿色低碳的动力。

加大绿色信贷支持力度的同时，在绿色金融的"工具箱"里，银行与融资租赁公司也是一对天然的合作伙伴。

近年来，上海在绿色租赁业务上的发展，不可谓不迅速。截至2023年末，上海融资租赁企业绿色租赁资产规模超过3500亿元，占全行业一半，继续保持全国领先地位。

融资租赁具有"融资+融物"相结合的属性，能够为绿色产业提供集设备、融资、服务于一体的综合金融方案，在支持实现"双碳"目标和产业结构转型升级等方面都具有独特优势。

2022年10月，17家银行机构和17家租赁机构在上海共同签署合作意向书，并宣告上海绿色低碳银租合作联盟的成立。

集中签约后，银行机构在原有基础上，向融资租赁企业新增了2800亿元的投融资综合意向额度，用来支持绿色融资租赁的业务拓展。

银行信贷具有规模大、成本低的特征，融资租赁则表现出较强的灵活性，期限也比较长。双方在优势上互补，能够将上海的金融资源和全国各地的实体企业链接起来，为解决绿色项目融资难问题提供新的思路。

黄浦江畔，外滩第二立面建筑群中，矗立着一栋被赋予新内涵、新力量的大楼。这是我国生态环境领域的第一支国家级投资基金——国家绿色发展基金的所在地。

基金首期总规模达885亿元。当中除了中央财政出资100亿元，还撬动了长江经济带沿线11省市、金融机构和相关行业企业出资700余亿元。

那么，国家为何将这一基金的总部设立在上海呢？

国家绿色发展基金总经理张荣庆透露了答案：在设立的过程中，领导曾专门提醒，要从国家的角度看能不能起到示范作用。

放在整个长江流域，上海是当之无愧的龙头老大。把基金运营地定在这里，目的就是要用好中国最大的经济中心和重要的国际金融中心城市这一关键优势，在引导撬动功能和乘数放大效应之下，示范引领其他省市一起朝着绿色低碳发展。

因此，与一般市场化投资的基金不同，国家绿色发展基金成立的初心很明确——走生态优先、绿色发展之路。

毕竟，在经济效益的目标推动之下，市场很难投资不盈利的项目。

但国家绿色发展基金不同，它肩负着生态效益、社会效益和经济效益三大目标。因此在市场定位上，会更加侧重于从国家绿色发展的大视野、大格局出发，为绿色投资弥补空白和短板。

张荣庆也坦言，并不会刻意追求高收益和高回报，保本微利就好。

与投资回报相比，国家绿色发展基金更关注的是，如何进一步引领社会对细分产业的聚焦力和专注度，从而与市场上其他绿色发展基金在大部分领域进行有效合作和补充。

2021年12月底，国家绿色发展基金出资1.8亿元，完成了云南洱海流域湖滨缓冲带生态修复与湿地建设工程，这也是其完成的首个项目类投资。

洱海从大开发转变为大保护以后，需要大量资金。尽管当地有相关财政投入，但总体而言，还远不能满足洱海高质量保护的需要。

早在1996年，中央就确定由上海对口帮扶云南。28年来，沪滇携手可谓山海情深。这一项目的实施，在洱海周边形成了一道污染物拦截线和生态安全屏障，也为云南的绿色生态保护增加了融资渠道。

就这样，在一个个生态项目、一笔笔巨额投资中，国家绿色发展基金为整个国家的生态文明建设注入新的活力，"绿水青山就是金山银山"10个字的内涵与外延也因此接续拓展。

另一边，作为直接融资的代表，绿色债券发行也在持续升温，并逐渐成为绿色金融市场的一抹亮色。

上海证券交易所是我国重要的金融基础设施之一，也是上海金融市场的核心。从2016年起，上海证券交易所就开始着手推动绿色债券试点工作，不仅为绿色公司债券、绿色资产支持证券（ABS）发行上市设立了"绿色通道"，提高预审核及上市、挂牌效率，还用专有G（Green）开头的上市简称统一标识，方便投资者识别和跟踪。

一系列的举措，让上海证券交易所在绿色债券市场取得了长足发展。2024年前9个月，上海证券交易所绿色债券市场共发行1156亿元，同比增长6%。

不过，随着绿色低碳转型脚步加快，市场上越来越多的声音认为，绿色债券的支持范围界定比较严格，一般来说更适用于节能环保、清洁能源等本身就有较强绿色属性的产业领域，而对于更大范围的经济结构转型，尤其是煤炭、火电等传统高碳行业的支持力度很有限。

这其实与我国"富煤、贫油、少气"的能源结构是相悖的。目前，国内的能源资源禀赋仍然是以煤炭为主，高耗能、高排放行业在国民经济中占据重要比重，相关行业长期面临较大的转型压力，同时也伴生巨大的融资需求。如果想要发行绿色债券，可选择的范围就比较窄。

2022年6月，上海证券交易所全新推出低碳转型债券。相较于绿色债券，低碳转型债券支持的领域更广，对行业或产业都没有特殊限制。

同时，债券募集资金运用方式也较为灵活。以煤炭行业为例，除了少数符合绿色债券支持的项目，还可以申请发行更多的项目债券，比如，煤炭安全高效绿色智能开采、清洁高效加工、煤炭资源综合利用等。

和之前相比，煤炭行业不仅在项目数量上有了更多选择，在融资金额方面也得到了巨大提升，有序改造、渐进转型的步伐由此迈得更稳、更实。

同时，还有许多企业面临着另一重困境：明明已经规划好了整体转型的目标和路径，但短期内又难以从各项业务中梳理出直接用于转型领域的资金。

特别是对传统行业体量较大的集团公司来说，许多转型升级的项目公司处在组织架构的底层，或者是由多方共同参股。如果集团计划融资，那么在资金划转、跟踪、账户监管等方面都会比较繁琐，有时还可能存在一定障碍。

针对这部分市场需求，上海证券交易所汲取了海外成熟市场的智慧，参考可持续发展挂钩债券产品思路，在低碳转型债券品种下增设了低碳转型挂钩债券子品种。

从发行端来看，低碳转型挂钩债券最突出的特点，就是将债券条款与发债主体低碳转型的业绩目标达成情况相挂钩，而不去苛求募集资金的特定用途，从而可以更大范围、更大规模满足企业低碳转型融资需求。

也正是凭借这样的灵活性与适应性，低碳转型挂钩债券很快得到了传统行业龙头企业的支持。

作为我国电力工业的一面旗帜，华能集团在最短的时间内发行了20亿元低碳转型挂钩可续期债券，并把绩效目标设定为：从2022年到2023年两年内，华能集团陕西公司可再生能源发电新增装机容量不低于100万千瓦。

这样的挂钩目标，与集团转型战略高度一致的同时，兼具挑战性，为华能集团倍速发展清洁能源提供了一个很好的契机，有助于其实现低碳转型发展规划。

总的来说，更多资金参与，是碳达峰、碳中和目标实现的重要保障。而想要引导更多资金资源关注碳减排领域，离不开指数这一关键工具和载体。

从国际经验来看，绿色股票指数对于促进上市公司披露环境信息、引导社会资本进入环保领域都有着显著作用。

面对"双碳"目标背后蕴藏着的投资机遇，国内金融机构也一直期待更多权威标准和指数的发布。

2022年1月20日，中国金融信息中心大厦，中证上海环交所碳中和指数（以下简称"SEEE碳中和指数"）正式亮相。

作为碳市场和资本市场有机结合的代表性成果，SEEE碳中和指数一经发布，就引发了市场热烈关注。

易方达基金指数研究部总经理庞亚平是SEEE碳中和指数的编制参

与者。在他看来，这一指数的编制目标，就是发掘为碳中和作出较大贡献的公司。

在资本市场，如何用指数来客观定义碳中和？这是当时摆在上海环交所、中证指数等机构联合研究团队面前的第一个难题。

庞亚平回忆，关于这方面的参考资料比较少，研究团队投入了大量时间，用定量的方法刻画碳中和的实现路径与产业投资框架。

最终，他们确定了两条主线：一条是"深度低碳"，即聚焦清洁能源与储能、绿色交通、减碳及固碳技术等领域；另一条则是"高碳减排"，包括火电、钢铁、建材、有色金属、化工、建筑等方向。

几乎每天，研究团队都在思考碳中和的产业投资框架。庞亚平说，要客观界定碳中和指数的受益方向并进行精确的权重分配确实比较难，但大家都希望以专业化的编制思路，科学选股并配置权重，让碳中和指数的表征性更强。

在研究过程中，团队成员对低碳及清洁能源转型相关的行业发展也有了更深刻的了解，这为后续绿色指数发展布局奠定了扎实的基础。

正式发布后仅半年，2022年6月28日，跟踪SEEE碳中和指数的首批8只碳中和ETF（交易型开放式指数基金）正式获批，标志着资本市场迎来首批真正意义上的碳中和ETF。

7月4日，ETF互联互通正式启动当天，中证上海环交所碳中和ETF分别在沪深两所上市发行。

申报、获批、发行，一路走来，首批中证上海环交所碳中和ETF步伐很快，可以说是重现了2019年首批科创板基金发行盛况。这在带来市场轰动的同时，也侧面反映了监管部门对于引导资金流向碳中和相关产业的重视和关注。

一年后，2023年7月4日，SEEE碳中和指数基金产品迈出国际化的重要一步。由易方达基金发行的碳中和100ETF和南方基金发行的碳中和ETF南方成功纳入ETF互联互通机制，并于7月17日正式在香港交易所挂牌交易，成为香港和海外投资者配置内地碳中和资产的重要工具。

当然，对绿色低碳产业而言，持续的资金"输血"固然重要，但有一个环节同样不能忽略，那就是该如何面对潜在的环境污染风险。

居安思危，思则有备，有备无患，说的就是这个道理。

20世纪60年代，工业化进程给英国带来了严重的环境污染问题，其中最典型的就是著名的"伦敦烟雾事件"，直接造成近4000人死亡。

但在进行追责时，由于环境污染问题所产生的赔偿金额往往是巨大的，一般企业难以承担，最终还是由政府买单，对公共利益造成二次侵犯。

于是，环境污染责任保险在英国开始出现，并最终形成了政府不加干预，转而交给市场自行安排的运作模式。

一直以来，上海都希望通过保险工具，以社会化、市场化的途径解决环境污染损害问题。一方面促使企业加强环境风险管理，减少污染事故的发生；另一方面能在污染事故发生的时候，分散企业的赔付压力，保护污染受害者的权益。

《上海市浦东新区绿色金融发展若干规定》中就专门提出："浦东新区从事涉及重金属、危险废物、有毒有害物质等环境高风险企业，应当投保环境污染责任保险。"

从2022年下半年开始，围绕这项保险的各项工作紧锣密鼓地铺开。

多轮听取企业、保险公司、行业协会、相关部门的意见建议后，2023年12月25日，上海首份关于环境污染责任保险的规范性文件《浦东新区环境污染责任保险管理暂行办法》正式出炉。

复旦大学绿色金融研究中心执行主任李志青是环境污染责任保险技术支持团队的负责人，深度参与了试点工作的各个环节。

在他看来，这份文件的内核在于理顺了政府和市场的关系。有市场就会有风险，金融机构参与其中，可以帮助企业做好事前预防和事后补偿，实现损失最小化。

2024年3月5日，位于浦东新区高东镇的一家海运仓储企业在中国太保产险上海分公司签署了首张保单。从开展宣贯到签署保单，只用了仅仅4天时间。这看似容易，实则是建立在充分准备的基础上。

由于该企业属于小微企业，最低责任限额在原有基础上打了8折，每年仅需支付约10万元的保费。

"其实，这份保险也带有公益普惠性质。"中国太保产险上海分公司绿色保险部负责人朱敏生坦言，从目前施行的体量看，保险公司并不足以盈利。一旦发生环境污染事件，面临的赔偿金额还是很大的。

不过，对小微企业来说，花不多的钱，就可以多一份保障，关键时刻能解燃眉之急。

环境污染责任保险的意义，还不止于此。制度推行的背后，是对污染物更加清晰的界定，这当然也可以借鉴到绿色金融的其他工作中去。企业也能利用评价结果去寻求信贷融资，实现保贷联动，真正做到"一张保单解决多个问题"。

实现"双碳"目标归根结底是一场广泛而深刻的系统变革，背后离不开全社会的支持。

那么，怎么才能将绿色理念转化为公众的行动自觉呢？"碳普惠"应运而生。

通俗来说，碳普惠就是把企业与公众的减排行为进行记录和量化，转化为碳积分，再通过交易变现、商场奖励等消纳渠道来实现价值，正向引导企业与公众自觉节能减碳。

这就好比是一本绿色账本，只要坚持绿色生产或生活方式，就能得到实惠、尝到甜头。

说到这里，我们可能很快会联想到支付宝的"蚂蚁森林"。

的确，这就是"个人碳账户"的一种尝试，也是碳普惠体系的重要组成部分。消费者通过走路、电子支付、网络挂号等方式获取绿色能量，当能量积攒到一定程度，用以换取树苗，并且栽种到沙漠。

相较于其他减排手段，碳普惠是最经济实惠的，相对投入少、效益高。尽管每家企业、每个人、每次行为的减排量都比较微小，但聚沙成塔、积土成山，将会产生巨大的碳减排效益。

在上海，碳普惠的推广普及正在加速：

2022年11月，上海市生态环境局等八部门联合印发《上海市碳普惠体系建设工作方案》，明确到2025年，上海将形成碳普惠体系顶层设计，构建相关制度标准和方法学体系，搭建碳普惠平台，并探索建立区域性个人碳账户。

为保障碳普惠体系规范、有序运行，次年11月，《上海市碳普惠管理办法（试行）》正式施行，从5个方面细化了24条具体管理举措。

顶层设计在努力补足空缺的同时，上海各大金融机构围绕碳普惠的创新举措，也如雨后春笋般涌现。

2021年上海市市民低碳行动期间，中国银联携手上海环交所和多家商业银行，共同推出银联绿色低碳主题卡产品。

持卡人在云闪付乘公交、云闪付乘地铁等九大银联绿色消费场景，使用绿色低碳主题卡支付，就可以累计碳积分，用来兑换云闪付消费券、互联网会员、美食外卖代金券等生活服务权益。

截至2023年6月底，33家商业银行共发行44款银联绿色低碳主题银行卡，累计发卡超过230万张。

同年11月，浦发银行推出了一套面向企业和个人客户的立体式碳账户体系。企业在浦发银行办理的绿色信贷、绿色债券等业务，都可以形成对应的碳积分，不同碳积分累积量则对应着不同的等级与权益。

从基础费用减免到快速审批通道，从绿色金融咨询到绿色财务顾问，企业每一次的节能减碳行为，都有了实实在在的经济价值。

在金融机构的努力下，越来越多的社会力量开始加入并参与碳减排行动，上海金融的绿色低碳生态圈正在逐渐形成。

新的风帆已经扬起，未来上海绿色金融还将怎样蝶变焕新，可期可盼。

3.3　普惠金融：长尾中的大价值

"大银行做大企业，小银行做小企业"，这是许多人对银行的"刻板印象"。

银行愿意做的企业，再小能有多小？事实证明，能小到街边卖煎饼的小商贩。

这一切的实现，都归功于一项重要的国家级金融战略部署。

2013年11月，发展普惠金融首次被正式写入党的决议之中，并作为全面深化改革的内容之一。

自启动普惠金融战略以来，上海的每一家建行网点都有普惠金融专员，能够为小微企业、个体工商户提供专业的咨询和服务。

何谓普惠金融？即社会各阶层和群体，都有金融服务需求，按照机会公平和可持续的原则，需尽可能地为他们提供适当、有效的金融服务。

所以，普惠金融聚焦点并非大包大揽，而有重点服务对象，即我们经常能够听到的特殊群体，比如，小微企业、农民、城镇低收入人群、贫困人群和残疾人、老年人等。

普惠金融重视消除贫困、实现社会公平，但这并不意味着普惠金融就是做慈善的公益活动，而是目光比较长远，帮助受益群体提升造血功能，实现可持续发展。

2023年召开的中央金融工作会议指出，把更多金融资源用于促进科技创新、先进制造、绿色发展和中小微企业，做好包括普惠金融在内的"五篇大文章"。

过去10年，我国普惠金融发展取得历史性成就，多项指标已高于全球平均，在助力全面建成小康社会方面发挥了积极作用。

在探索普惠金融特色化发展之路上，改革开放的前沿阵地——上海交出了一份亮丽答卷。

10年来，上海普惠型小微企业贷款余额年平均增长超过20%，实现"量增价降"。截至2023年底，上海普惠型小微企业贷款余额、累放无缝续贷和纾困融资金额均突破万亿元，上海中资银行普惠贷款平均利率4.2%，处于历史低位，是全国最低的地区之一。

在上海，中小微企业不仅有金融获得感，体验感也非常充足。在工信部举行的全国小微企业外部融资环境评价中，凭借定制化、平台化等金融创新手段，上海市连续三年名列全国第一。

这份瞩目的成绩，上海究竟是怎么做到的？又有哪些经验可供全国学习借鉴？

3.3.1 优化外部融资环境

全球普惠金融的实践形成了诸多业务模式。

最著名的模式为信贷工厂模式，因其由新加坡淡马锡最早提出，也称淡马锡模式。信贷工厂模式将信贷看作工厂流水线生产产品一般，特点和优势在于产品标准化、业务批量化、流程集约化以及人员的专业化。当然，这种模式也有瓶颈，例如，信贷产品本身不够具有个体针对性。

普惠金融的另一知名模式是德国的IPC（国际项目咨询公司）模式。它发展了报表还原、精准风控等中小企业信贷操作的方法论以及操作手段，但其操作模式过于非标，所以比较难复制。

在我国，普惠金融中的中小企业贷款模式结合了数字金融的普及，因而发展出其他有特色的业务模式，比如，微众网商模式等。

同时还发展出了台州模式，或称超级信贷员模式。这个模式的代表性金融机构，就是台州当地的中小银行。此模式更符合当地经济特点，更适合当地的信贷文化，但规模效应欠佳，所以推广复制也比较困难。

上海模式是如何发扬优势，克服这些模式弊端的？做好普惠金融大文章，又为何要先看上海？

身兼国际金融中心的多重优势，上海不仅具有完善的金融要素市场，同时也拥有多元的普惠融资渠道。上海辖区已发展起包括银行、保险、证券以及小额贷款公司、融资担保公司、融资租赁、典当行、地方资产管理公司等新型机构在内的功能完备的多元化金融服务供给体系。

上海在数字金融方面的实力雄厚，拥有比较好的大数据普惠金融应用基础，可以为普惠主体提供高效解决方案，这方面的溢出效应还在持续显现。

上海拥有健全的普惠金融服务政策支持体系，以及完善的风险分担机制。长期以来，上海市相关部门持续加大对普惠金融政策支持力度，充分利用货币政策精准发力，发挥定向降准对普惠金融的精准滴灌，加大支小再贷款和再贴现支持。

尤其是在用好金融监管"工具箱"上，上海走出了一条特色化的发展道路。

身处国际金融中心，上海监管局开始谋篇布局。他们在做普惠金融工作时，坚持以系统思维，不单打独斗，与政府相关职能部门和金融机构紧密配合，压实主体责任，发挥社会合力。

普惠金融的价值和意义无可比拟。然而，一方面，从商业的角度考虑，金融市场总会倾向于去追逐高获利、高回报的项目。在最难熬过的领域发展初期，成熟的商业模式还未建立，大量的人力和精力投入，又难免在短期内很难见到回报。

另一方面，金融创新总是与风险相伴。对想做事的主体来说，怎么做，往哪里走，如何来评判，就成了非常关键的问题，需要监管站出来引导和规范市场。

这时候，如何强化监管引领，合力推进普惠金融考核体系落到实处，就成了一件非常考验监管智慧的事情。

上海监管局经过统筹考虑，决定从如下一些方面入手。

监管层面上，建立一整套普惠金融监管体系，打造小微信贷考核目标、数据监测与通报、监管督导的普惠金融工具箱。

深入贯彻落实小微企业金融服务监管评价办法，建立定量和定性指标相结合、机构自评和监管核评互动的监测评价指标体系，对金融机构履行好普惠金融服务主体责任形成有效激励。

主体责任上，持续引导辖内金融机构强化体制机制建设，推动各银行机构成立普惠金融业务部，建立普惠工作领导小组和普惠工作例会制度，激发内生动力，推动银行实现从"要我做"到"我要做"转变。

联动机制上，与上海市地方金融监管局、市财政局推出普惠贷款补偿和信贷奖励政策，对小微企业信贷工作成绩突出的单位和个人进行奖励，自2016年起已累计拨付约13.5亿元信贷奖励资金。

上海监管局会同上海市国资委将普惠金融业务发展纳入地方法人银行的绩效考核体系，辖内银行普遍提升了普惠金融在分支行绩效考核中的权重。

这套"组合拳"打下来，不久后便见到成效。在上海监管局的大力推动下，上海普惠金融外部环境持续改善。

在工信部举行的全国小微企业外部融资环境评价中，上海市连续三年名列全国第一。

不光是静态地推出工作机制，上海监管局从动态的角度，也形成了支持中小微企业纾困解难长效机制。

这个过程中，上海监管局通过广泛、持续和深入调研，摸清企业融资难题的症结所在，精准把握市场主体所急所盼，做好了几件大事。

推出"无缝续贷"工程，稳定企业融资预期。针对银行反映续贷时间较长、资金过桥成本高的问题，创新推出无缝续贷"十百千亿"工程，首倡"零门槛申请、零费用办理、零周期续贷"的"三零"原则，通过"监管引领＋机制创新"，精准指导银行机构稳定市场主体融资预期、降低中小微企业综合融资成本，实现贷款到期和续贷的无缝对接。

截至2023年二季度末，辖内中资银行当年累计投放无缝续贷5240.45亿元，年内拟投放1.2万亿元，为企业节约成本100亿元。

这项工程，无疑会有助于进一步提升中小企业融资的积极性，以及优化获取普惠金融服务的体验感。

构建"纾困融资"机制，全力支持企业稳就业。针对当前部分民营企业、中小微企业发展过程中仍面临较多困难的情况，及时联合相关部门推出"上海市中小微企业纾困融资"工作机制，指导银行机构主动对接工商联和各个商会，主动筛选符合纾困条件的中小微企业名单，精准服务企业所需所盼。

尤其是对于有发展前景、信誉良好但暂时流动资金受困的企业，上海监管局要求银行不得抽贷、断贷、压贷。

政策出台以来，辖内中资银行累计投放纾困融资逾8000亿元，户数超17万，间接为逾700万人提供就业支持。

3.3.2　孵化"普惠金融名师"

对接完一家新的小企业客户，银行客户经理坐在电脑前，敲了几下键盘，点了点鼠标，一份翔实的客户报告立刻呈现在眼前。

另一台电脑前，一位受到资金困扰的企业主，正在上海普惠金融顾问综合服务平台上留言，向线上的普惠金融顾问请教破题之策。

这是上海发展普惠金融的两幅典型画面，背后的两大核心词是"定制化"和"平台化"。

一手将企业的信息合法开放给金融机构，一手将金融机构的业务精准介绍给企业，上海正着力改善金融行业的信息不对称，让金融更"接地气"。

以往，银行要了解一家企业客户的真实情况，得花上不少工夫。

银行的客户经理需要通过国家企业信用信息公示系统、中国执行信息公开网等外部网站，逐一查询企业风险情况，再截屏——上传系统。

不仅如此，他们还需要企业提供营业执照、财务报表、银行对账单、上下游贸易合同、纳税申报表等大量证明企业经营情况的材料，甚至还有房产证，再对这些材料进行真实性审核及审批。

这种情况在上海，现在已大不一样。

此前，上海市地方金融监管局会同市经济信息化委、市大数据中心、上海银保监局，依托上海"一网通办"平台，推出了大数据普惠金融应用，实现了公共数据向银行的开放。

企业只要一次授权，银行便可依法合规批量获取多部门的1000多项公共数据，包括注册登记、纳税情况、社保公积金、发明专利、商标登记、行政处罚、司法诉讼、涉农管理等。

各家银行依托这些官方权威的公共数据，开发了一系列工具和产品。工商银行上海市分行将公共数据与内部自有数据有机结合，依靠机器学习、知识图谱等大数据处理技术，构建风控预警模型40余个。

大数据普惠金融应用的溢出效应，在上海还将持续显现。

金融产品不断出新，比如，工商银行和上海农商银行推出的"政采贷"产品，就通过校验客户参与政府采购活动的合同成交数据，给予授信额度。

应用场景也在增多，不仅可用于贷前审批、贷中贷后管理，还拓展至挂牌上市审核、保险保障等多场景。

例如，上海股交中心就利用公共数据结合自身市场内部的结构化数据，进一步丰富企业的数据维度，有效提高上海股交中心对挂牌企业的甄别和监管能力，帮助企业精准匹配金融资源，加速企业孵化培育，促进转板上市。

打开上海普惠金融顾问综合服务平台的网站，可以看到几百位银行、证券和保险行业的金融专家，开通了线上"问诊"。

普惠金融顾问制度着力扶持中小微企业群体，为量大面广的实体企业提供公益顾问服务。

这项在全国领先的特色制度，依托着上海丰富的金融资源优势，以及顺畅的行业交流窗口和平台，具有先试先行的优先性。

这项金融创新举措，于2022年启动。这一年8月，上海市地方金融监管局、上海市工商联、上海金融业联合会等部门共同印发《上海普惠金融顾问制度实施办法（试行）》，建立普惠金融顾问制度。9月，该制度正式启动。

作为上海金融业唯一的综合性品牌展会，上海金融服务实体经济洽谈会（以下简称"金洽会"）已经成功举办了十八届。2007年至今，每届金洽会都会讨论中小企业融资现状的话题，聚焦服务中小企业投融资，助力实体经济高质量发展。

不难看出，上海金洽会可谓普惠金融的忠实守望者、见证者以及积极推动者。

企业有所呼，金融有所应。正是在普惠金融顾问制度、"万企千亿"行动、"政会银企"四方合作等机制共同合力下，上海普惠金融质效有力提升。

在2024年3月召开的上海普惠金融顾问制度工作推进会上，上海市委金融办常务副主任、市金融工作党委常务副书记周小全指出，要进一步提高站位，奋力做好普惠金融大文章，大力推进顾问服务网络建设，全力做好企业全生命周期金融服务。

这项工作还在不断深化，扩面提质不断进行中。

2024年4月，上海市委金融办推动首批5个"融资服务中心"在静安、闵行、浦东、徐汇等区行政服务中心和闵行"大零号湾"创新策源功能区挂牌成立。

设立企业融资服务中心，是上海汇聚各方力量，持续优化金融营商环境，共同破解科技型和中小微企业融资瓶颈问题，满足各类经营主体多样化融资需求的一次积极探索。

3.3.3 提升产品服务供给

2024年3月，国家金融监督管理总局发布《关于做好2024年普惠信贷工作的通知》，部署落实今年具体工作，并首次提出"普惠信贷"概念。

与此前普惠金融"增量、扩面、提质、降本"的目标相比，2024年普惠信贷的目标发生了变化。

普惠信贷工作将小微企业、涉农经营主体、个体工商户以及重点帮扶群体等均纳入其中。这是做好普惠金融大文章的务实举措。

普惠信贷是商业银行践行社会责任的重要体现。广发银行2024年的一项调查显示，银行是82.4%的小微市场主体首选的贷款渠道。

长期以来，在上海金融监管层的规范引导下，上海金融机构围绕普惠信贷这一领域，精准聚焦特殊人群的金融需求，持续开发优质的金融产品。

中央一号文件，原指中共中央每年发布的第一份文件，现在已成为中共中央重视农村问题的专有名词。

"三农"问题在中国社会主义现代化时期，具有"重中之重"的地位。

金融服务是乡村发展的薄弱环节，也是补齐发展不平衡短板的重要突破口。

一直以来，融资难、融资贵一直制约着农业和农村经济增长。农村地区信贷有效需求与供给保障呈现双重不足的局面。

农户和农村小微企业等新农主体缺乏完善的财务制度，也大多不具备可用于抵押担保的资产，故金融机构无法进行有效的信用评估，从而难以给予融资支持。农户很可能因"信息鸿沟"耽误了发展。

农民是普惠金融的重点服务对象，需引导金融资源下沉农村。这一点，沪上金融业深以为然。

作为唯一总部在沪的中管金融机构，交通银行积极发挥主场优势，发力提升普惠金融供给。

交通银行通过数据化赋能完善农村信用体系建设，探索对小微新农主体的无押、无保纯信用贷款新模式，实现了农业数据资源变资产的众望所归，填补了行业空白。

在上海市农业农村委员会和人民银行上海总部的指导下，交通银行上海市分行探索政银合作等多种新型模式，在上海推出针对农林牧渔业客群的线上融资产品"神农e贷"。该产品作为"新型农业主体信用体系建设及金融创新试点"项目，在业务流程打造、评价体系建立等方面进行了大胆突破，属于市场首创。

借助交行开放银行，这款产品对接了上海市农业生产信息直报系统，获取了农户真实可靠的农业生产经营数据。

产品通过数据专线对接征信平台，获取定制版新农主体征信报告，获取客户多维度信息，帮助银行完善信贷评价，有效跨越了"信息鸿沟"，建立农户与银行信用评估的桥梁。

在没有核心企业提供采销数据的背景下，通过征信平台、发展改革委、统计局等方面的数据实现了对上海全域种植业合作社及农户进行授信准入，数据源独立、客观，精准还原和预测农户及合作社的销售情况。从客户申请准入、审批、提款、贷后各个环节均与专线进行数据交互，实时执行规则，更加有效保护资产安全，降低风险定价。

普惠金融"大文章"，不仅关乎农村农民，也关乎小企业的小生意、创业者的小日子。

在上海，狮尾智能化、多羽信息等一批小微企业在初创最缺钱时，感受到来自银行的"雪中送炭"。

上海银行自2000年起，就与市人社局合作小额创业担保贷款业务；2019年，业务范围扩大到本市各类小微创业组织，贷款最高金额提高到300万元；2023年又与市就业促进中心、市融资担保中心联合推出了"创业担保批次贷"。

截至2024年3月末，上海银行累计发放创业担保贷款37.55亿元，服务创业组织与创业个人共计2.37万户，帮助解决近4万人就业。

在坚守小微初心这条道路上，还有一家银行不得不提。

2008年，民生银行率先提出小微金融概念。

多年来，民生银行始终将小微金融作为战略业务深入推进，勇当支持小微企业发展的主力军，已先后经历四次模式转变与迭代优化。

2023年，民生银行上海分行重点推进"小微蜂巢计划"项目，探索实现供应链场景批量获客。着眼上海重点行业领域，开发特色重点客群，其中酒店加盟商客群、广告行业客群、快递客群等开发项目都已取得突破性进展。

随着普惠金融服务的推进和普及，越来越多的人享受到了保险带来的便利和实惠。

根据原银保监会关于《推进普惠保险高质量发展的指导意见（征求意见稿）》，普惠保险包括普惠性质的保险和专属普惠保险两种保障形式。

重点关注的人群主体有如下几类：老年人、妇女、儿童、残疾人、慢性病人群、新市民等九大群体，小微企业、个体工商户，新型农业经营等。

当前，我国人口老龄化进程加快，加之医药费用上升，以及老百姓的健康意识增强，健康保险发展前景广阔。

四年前，作为普惠型商业补充医疗保险，城市定制型商业医疗保险（俗称"惠民保"）因"政府背书、低门槛、低保费、高保额"等特点，一跃成为保险业顶流，弥合了社会保险与商业保险之间的断层，满足多样化医疗保障需求。2020年也因此被称为惠民保元年。

在抢抓惠民保机遇中，上海在全国拔得头筹。

2021年4月27日，上海城市定制型商业医疗保险"沪惠保"上线，成为惠民保中的爆款。

中国太保寿险作为主承保单位牵头各共保体保司，聚焦上海新老市民健康需求，坚持普惠金融定位，不断丰富普惠型保险服务内涵。

"沪惠保"是上海多层次医疗保障体系中的一块重要拼图，通过与上海医保政策、医保操作方式紧密衔接，真真正正地做到普惠于民。

"沪惠保"与商业保险定位差异明显，互为补充。"沪惠保"将每位参保人的力量汇集，实实在在帮助贫弱家庭减轻患病医疗负担，提升每个家庭的安全感。据"沪惠保"官方数据，截至2024年7月31日，"沪惠保"已累计参保超2600万人次，累计赔付达18亿元，单人累计最高获赔243.6万元，累计惠及数十万家庭。

新时代的普惠金融，正续写着新篇章，涌动着热情与温度。

上海金融业将坚持金融为民理念，加强对小微企业与实体经济金融支持，提升普惠金融覆盖面和可得性，坚实走出具有本地特色的普惠金融之路，推进普惠金融高质量发展。

3.4 养老金融：银发经济的力量

人口老龄化，可能从来没有像今天这样处于时代的风口浪尖。

一般认为，当一个国家或地区60岁以上老年人口占人口总数的10%，或65岁以上老年人口占人口总数的7%，就意味着这个国家或地区处于老龄化社会。

1979年，改革开放初期，上海就率先步入老龄化社会，早于全国整整20年。不过在那时，对绝大多数人来说，老龄化还是一个很陌生的概念。

随着时代的变迁，截至2023年末，上海市户籍人口中，60岁及以上老年人口达568.05万人，占总人口的37.4%。也就是说，每3个上海人中就有1位是老年人。这座城市不可避免地走向了重度老龄化阶段。如何让老年人有保障、有尊严地度过晚年生活，成为摆在上海面前的一道考题。

而这不仅仅是一个民生问题，更是一个实实在在的金融命题。

当人口老龄化成为一种社会常态，老年人多元化、差异化、个性化的需求，正变得越来越旺盛和迫切。有缺口，自然也意味着有市场机遇。

"重度老龄化城市"和"国际金融中心"双重身份的叠加，让养老金融要素在上海充分集中。

面对养老这片巨大的新蓝海，上海同样拿出了敢闯敢试的劲头，鼓励各类金融机构从国家发展战略出发，创新养老金融产品和服务，将这场汹涌而至的银发海啸，转化为银发经济红利。

3.4.1 养老金金融：让养老"钱袋子"鼓起来

15年前，赵本山在小品《不差钱》里有这样一句经典台词：人这一生最最痛苦的事，是人活着，钱没了。这个道理在养老问题上，同样适用。

养老的本质就是花钱，如果兜里没钱，一切都无从谈起。而想要兜里有钱，最重要的，就是靠养老金制度的积累效应。

在我国，普通人的养老金主要由三部分构成，也就是所谓的"三支柱"体系：

第一支柱即基本养老保险，分为城镇职工基本养老保险和城乡居民基本养老保险两类，由国家强制实施，以保障大多数老年人的基本生活需求。

第二支柱即企业/职业年金，是用人企业或机关事业单位，为员工所构建的补充性养老金制度，目前覆盖率较低。

第三支柱包含个人养老金制度和其他个人商业金融养老服务，主要由政府给予政策支持，个人自愿参与，产品市场化运营。此前没有全国统一的制度性安排，是多层次养老保险体系的短板。

说起养老，人们最关心的话题，莫过于退休后可以领到多少钱。这就涉及一个重要的概念——养老金替代率，它也是反映养老水平最直观的指标。

所谓养老金替代率，是指人们退休时养老金领取水平与退休前工资收入水平之间的比率。简单来说，替代率越高，能够领到的退休金也越多，退休后的生活也就越好；替代率越低，退休后的经济条件越差。

根据国际劳工组织发布的《社会保障最低标准公约》，55%是养老金替代率的警戒线。世界银行建议，如果希望退休后生活水平与退休前相当，养老金替代率需要达到70%以上。

现实却是，我国城镇职工养老金的平均替代率仅为43.6%。对普通退休人员而言，这样的收入水平也能满足基本生活需求。但问题在于，我国的基本养老保险制度主要采用现收现付模式，也就是通过在职一代的缴费，支付已退休一代的养老金。

而随着老龄化加速和少子化加剧，退休人口比例持续上升，在职人口比例不断下降，养老金收支缺口就将面临很大的压力。

那等我们退休之后，还能领取到现在这么多的养老金吗？这个时候，"第三支柱"在养老金体系中的重要性就体现出来了。

2018年4月12日，财政部等五部委联合发布《关于开展个人税收递延型商业养老保险试点的通知》，并将试点地区选在了上海市、福建省（含厦门市）和苏州工业园区。

个人税收递延型商业养老保险（以下简称"税延养老险"），是一种由保险公司承保、运营的商业养老保险，主要面向缴纳个人所得税的社会公众。

纳税人投保该保险，缴纳的保费允许税前列支，养老金积累阶段免税，等到将来领取时再缴纳相应的税款。

虽然看起来都是缴税，但退休后，人们的收入通常大幅低于退休前收入，因此边际应税收入发生了比较大的变化。对投保人来说，还是有一定的税收优惠的，是可以激发个人购买商业养老保险积极性的。

选择在上海开展税延养老险试点，无疑是对上海长期在养老保险领域积极探索和创新的肯定与支持。上海保监局高度重视这项工作，马不停蹄地开始制订试点方案和实施细则。

很快，2018年6月7日，中国太保在上海签发我国首张税延养老险保单，投保客户正是我国首架国产大飞机C919首飞机长蔡俊，他也是"大飞机功勋奖"、上海市五一劳动奖章、"2017感动上海年度人物"等荣誉获得者。

当蔡俊接过保单的那一刻，酝酿了10余年的税延养老险试点也完成了属于自己的"首飞"。被寄予支撑起中国养老保险体系"第三支柱"厚望的个人商业养老保险，就此踏上崭新的征途，迎来了更加广阔的发展空间。

对上海而言，首单落地同样具有里程碑式的意义。

时任上海市金融办副主任解冬在现场见证了这张保单的签发，在她看来，在沪开展税延养老险试点，不仅有利于健全和完善社会养老保障制度，在实践中探索出一套可复制、可推广的经验，还能营造良好的金融发展环境，进一步推动上海保险业创新突破，加快上海国际保险中心和上海国际金融中心建设。

税延养老险在上海等地的试点，既为保险公司积累了充足的实务经验，也让社会公众对于"第三支柱"养老的理念和养老储备的重要性有了更深层次的了解。

在此基础上，万众瞩目的个人养老金终于迎来"叩门声"。

2022年11月25日，个人养老金作为国家关于"第三支柱"的制度性安排，在上海等36个先行城市（地区）实施。

什么是个人养老金？简单来说，就是一种政府政策支持、个人自愿参加、市场化运营、实现养老保险补充功能的制度，参加基本养老保险的劳动者都可以参加。

具体来看操作流程。个人养老金实行个人账户制，缴费完全由参加人个人自行承担，每年缴费上限为1.2万元，可以按月、分次或者按年度缴费，缴费额度按自然年度累计，次年重新计算。

资金账户里的资金，参加人可以自主选择购买符合规定的储蓄存款、理财产品、商业养老保险、公募基金等个人养老金产品，实行完全积累。

与税延养老险一样，个人养老金在税收上给予优惠。个人在累积养老金时不需要缴税，在取出资金时按3%的税率征收所得税。

这样，参加人既可以在国家和雇主的支持下享受相关养老金待遇，又可以通过"第三支柱"增加额外的养老资金。

可以算一笔账。如果一个人在20岁建立个人养老金账户，每年向账户投入3000元，40岁后每年投入6000元，50岁后每年投入12000元。在专业机构的管理下，60岁时账户中将有66万元，若复利达到5%则可能有80多万元。

这笔相当可观的数字，将在衰老一步步逼近时，给你我打足底气。

截至2024年6月末，全国已有超6000万人开立个人养老金账户。产品方面也未停下扩容的脚步。国家社会保险公共服务平台数据显示，截至2024年11月底，个人养老金产品增加至836只，包括466只储蓄类产品、200只基金类产品、144只保险类产品、26只理财类产品。

尽管如此，业内对于个人养老金落地以来的表现，仍给出了"并未达到预期"的评价。

这主要反映在,"先看看"和"再等等"的观望情绪较为普遍。目前个人养老金缴存人数仅占开户人数的22%,人均缴存金额约2000元,远远低于1.2万元的缴存上限;实际投资人数为682万,仅占缴存人数的62%。

个人养老金政策制定事权在中央,但上海作为先行试点城市,面对"开户热投资冷、缴存意愿不高"的现象,理应积极发挥国际金融中心优势,加快推动个人养老金的发展步伐。

中国太保董事长傅帆给出了几点建议。

他认为,一方面可以充分利用上海国际金融中心和国际资管中心建设的机遇,在上海先行先试,进一步扩容个人养老金产品。例如,保险产品类别可以扩展到重疾、护理、失能、定额终生等保障类产品;同时增加对长护险的支持力度,对于与医疗、养老、护理等优质服务资源对接的养老金融产品,尝试给予税收方面的优惠政策,允许同业或者跨业资源共享。

另一方面,推进全球养老金融平台建设,为开展全球化养老保险、养老资管以及产业投资搭建平台,允许更多国际优秀的养老金管理公司受托管理养老金基金,提供全球资产配置的专业服务,同时引入海外先进产品和服务规范,反哺国内养老产业的发展。

学界也有声音认为,金融机构资源富集是上海发展个人养老金的有利条件。应当通过市场化机构间的产品竞争与优势互补,加速产品迭代,针对不同群体设计不同类型的产品,给予个人养老金参与者更多选择。

在国内一线城市中,上海的工资水平整体较高,聚集了大量优质国有企业、外资企业和重点行业头部民营企业,使收入达到1.5万元以上的群体规模基数相对较大。

因此,上海要将达到中高等收入水平的群体作为重点动员对象。这部分群体可以享受到税收优惠，参与个人养老金的积极性容易被充分调动起来，工作也就更好开展，有望在短期内达到一定的参与规模，凸显上海落实国家政策的成效。

以自身为牵引，为国家闯新路。

在36城"试水"一年有余后，2024年《政府工作报告》提出，下一步将在全国范围内实施个人养老金制度，开户人数有望破亿。

而作为开路先锋的上海，并没有因此就停下破浪前行的脚步。这座城市正着眼于更长远的未来，为养老这道时代之问交出"上海答案"。

2023年元旦，商业养老金业务试点作为养老金融的重要创新，在上海等10个省市率先开展，"第三支柱"养老保险产品供给进一步丰富。

与个人养老金不同的是，商业养老金是养老保险公司经营的新型商业养老保险业务，主要依托保险经营规则创新产品和服务，向客户提供养老账户管理、养老规划、资金管理、风险管理等一站式服务，满足客户生命周期内多样化养老需求。

个人养老金每年有1.2万元的递延纳税优惠额度，而参与商业养老金业务，不享受相关个人所得税税收优惠政策。

不过，商业养老金的参与人群更为广泛。年满18周岁的个人即可通过商业养老金账户长期积累养老金，并不局限在参加城镇职工基本养老保险或者城乡居民基本养老保险的劳动者。

试点一年多以来，商业养老金累计开户超59万个，业务规模约达180亿元。

通过深化养老金制度改革，构建多元化的养老金体系，并以金融手段为之提供支撑，养老金制度在可持续发展的道路上迈出了新的步伐。

更重要的是，对上海而言，要建设国际金融中心，就必须依托于一个强大的资本市场。而资本市场对长期资金的渴求显而易见，积累型养老金恰恰能够提供这类资金，从而对资本市场的稳定和发展起到重要作用，为增强上海国际金融中心的竞争力和影响力注入新的活力。

3.4.2 养老服务金融：养老，仅仅有钱还不够

"三支柱"的这一套组合拳，让人们距离体面养老更近了一步。

接下来需要考虑的是，在基本制度之外，老年人经过大半辈子的辛苦打拼，或多或少也积累了一定的财富，该如何把这笔年轻时积累的财富，安全、平稳、顺利地转化为有效的养老资产或者服务，真正实现老有所"养"呢？

这就需要先来了解一下我国的养老模式。

2005年，作为我国最早进入人口老龄化且老龄化程度最深的城市，上海在全国范围内率先提出构建"9073"养老服务格局——90%的老年人居家养老，由家庭自我照顾；7%的老年人依托政府福利政策支持的社区获得养老服务；剩下3%的老年人则入住机构养老。

如今，这样的养老格局已然形成。特别是在"养儿防老"等传统观念的影响下，家庭，自然而然地成为最主要的养老场景。

但其中暗藏着一个矛盾。对大部分老年人来说，房产无疑是最大的一笔财产。"储蓄少，房产多"，让他们往往缺乏足够的现金或其他金融资产来支付养老费用。

尤其是在上海这样房价偏高的一线城市，坐拥市中心房产却不敢花钱的"富屋贫人"现象并不少见。

银发一族怎样用好这笔财产，换取较好的养老服务，提高自身晚年生活质量，成为一个值得探讨的新课题。

2014年6月，中国保监会发布《关于开展老年人住房反向抵押养老保险试点的指导意见》，宣布在上海等四地开展住房反向抵押养老保险试点，为有房产但没有足够养老金的老年人提供一种养老选择。

住房反向抵押养老保险，俗称"倒按揭"，是一种将住房抵押与终身年金保险相结合的创新型商业养老保险业务。

拥有房屋完全产权的老年人，将其房产抵押给保险公司，继续拥有房屋占有、使用、收益和经抵押权人同意的处置权，并按照约定条件领取养老金直至身故。

老人身故后，保险公司获得抵押房产处置权，处置所得将优先用于偿付养老保险相关费用。

不过，尽管试点至今已有10年，但从业务规模来看，住房反向抵押养老保险可以说是"雷声大，雨点小"，实际批量开展相关业务的仅有幸福人寿一家险企。截至2023年11月底，共有来自147户家庭的214位老人完成了承保手续。

问题出在哪里？

作为一个舶来品，住房反向抵押养老保险最大的拦路虎，莫过于房屋产权的继承问题。对老年人来说，房子总归要留给儿女或者孙辈，否则将有损亲情，这就大大降低了"以房养老"的接受度。

供给侧方面，对保险公司来说，住房反向抵押养老保险业务不仅需要承担传统的长寿风险和利率风险，还需要考虑房地产市场波动风险、房产处置风险、法律风险等，风险因素更为复杂，风险管控难度较大，这也导致机构参与试点的动力不足。

作为先行者，摸着石头过河的过程，总是充满着太多不可确定性。面对"以房养老"陷入的僵局，以改革立身的上海展现出了一如既往的创新魄力。

2023年10月下旬，周末，位于上海市青浦区华志666号的海玥金茂悦小区迎来超百人的大型"看房团"。来自中心城区多个居委的工作人员先后踏勘了嘉定、青浦、松江等新城区的"趸租"对口项目。

趸租，字面意思就是整批租赁。

为探索上海作为特大型城市的中心城区更新模式，在市委、市政府的大力支持下，建行上海市分行携手旗下上海建信住房服务有限公司

（以下简称"建信住房"），探索出了一条中国老百姓更易接受的道路，即"租赁＋养老"。

与保险公司推出的"以房养老"不同，趸租模式不需要办理产权转移和房产抵押，老年家庭趸租后现有房屋权属不变，现有居住户口不迁。

通俗来说，就是用市区"老破小"换郊区二室户。老人把房屋租赁给建信住房，再根据自身需求选择小区和房型，以折扣价租赁新城区内配建的一套保障性租赁住房（保租房），建信住房采用差价结算的方式向老人支付租赁价差款。

为保障老人的基本生活所需，新居住地明确要求在周边五公里范围内，具备完善的医疗资源和生活配套设施。

另一边，租下老人的房屋后，建信住房将免费对房屋进行简单装修，并将房源纳入保租房管理，以优惠价格（一般是市场价的九折）向中心城区就业的新市民、青年人和各类人才出租。趸租合同到期后，房屋的装修成果将留给老人家庭。

和住房反向抵押养老保险业务一样的是，老年人的意愿是该模式是否行得通的基础。那么，老人愿意离开自己熟悉的生活环境吗？

对于没有经济实力改善住房，长期蜗居在没有电梯的"老破小"中，特别是与子女共同生活的老人来说，答案是显而易见的。

2023年11月，徐家汇街道完成上海首个趸租项目签约。乐山四五村居民张阿姨与女儿成为趸租试点的首批受益者。

未来五年，母女俩将从34平方米的徐汇区"老破小"，搬进嘉定新城区80多平方米的精装两居室，每月还能收到承租方给予的两处房源的租赁差价。

思路一变天地宽。趸租模式的出现，不仅为有住房但居住环境不佳且无力改善的老年人群提供了一条政府兜底路线，让他们得以拥有更加舒适安心的养老环境，也为市场提供了更多的租赁房源，进一步促进公共资源配置的高效利用和均衡发展。

宽敞明亮的新居和租金差额带来的收益，让"养老"朝着"享老"迈出了主动的一步。

不过，需要意识到，养老究极来说，不仅仅是钱和房子的问题，还有谁来提供养老服务的问题。

目前，围绕居家养老，仍有许多不可回避的现实难题尚待解决。其中最突出的，当属看护难与照料难。

我国第一代独生子女的父母正在大量步入老年，"421"家庭模式（4个父母长辈、夫妻2人以及1个孩子）作为今后几十年的主流家庭模式，是一个风险型的家庭架构。

从养老角度讲，无论经济来源、生活照料还是亲子交往、亲情慰藉，老人能从唯一的孩子身上得到的都很有限，一些老人不得不面临关怀不足等带来的失落感。

以洗澡为例。对大多数人而言，这是不起眼的日常小事。可是对那些年迈且失去生活自理能力的老年人来说，却是内心难以触及的渴望。家属即便想要帮忙，却往往因为缺乏专业的照护技巧而力不从心。

北京大学一项人口学研究显示，到2030年，我国失能老人规模将超过7700万，失能老人将经历7.44年的失能期。一旦像洗澡这样最隐秘而私人的日常活动都出现失控，谁来帮助他们维系最后的体面与尊严？

在这方面，提前进入深度老龄化社会的日本积累了不少有益经验。

20世纪70年代，日本社会开始实行"到宅沐浴"服务，由3~4人一组的专业服务团队携带助浴设备，为有需求的老人上门洗浴。发展至今，这一服务已有50余年历史，成为日本高龄照护产业的重要一环。

2016年，"上门助浴"在上海悄然兴起。而这背后，主要得益于长护险的实施。

长护险，全称"长期护理保险制度"，是一项以社会互助共济方式筹集资金，为长期失能人员的基本生活照料和医疗护理提供服务或资金保障的新型社会保险制度，俗称社保"第六险"。

早在2013年，上海就在基本医保制度框架下，将居家医疗相关护理费用纳入医保报销范围，推动建立护理需求评估体系和护理服务供给体系，为长护险制度的落地积累了一定的实践经验。

2016年，"十三五"规划纲要明确提出，探索建立长期护理保险制度，开展长期护理保险试点。同年6月，上海入选全国首批长护险试点城市。

政府主导，是上海长护险制度的鲜明特色。长护险的实施与经办均由政府独立完成，而不依靠其他专业的保险机构。

那么，钱从哪儿来？

在筹资渠道上，上海从职工医保和居民医保统筹基金中调剂资金作为长护险基金，覆盖职工医保参保人员及60周岁以上城乡居民医保参保人员，为其提供居家上门照护、社区日间照护和养老机构照护三种服务形式。

而在费用支付上，上海建立起了个人与长护险基金分担机制，由长护险基金承担85%~90%的护理服务费用。

以居家上门照护为例，最高一周服务7次，每次1小时，每次服务价格为65元。可以算一笔账，失能老人每月护理仅需支付182元，有效减轻了家庭的经济负担。

"一人失能，全家失衡"，道出了无数失能家庭的辛酸。对老人来说，每天与护理员打照面的一小时，是他们对抗高龄与失能的特殊"缓冲垫"。

目前，长护险已经成为上海居家养老护理的最大支付方。放眼全市，有近500家长护险定点居家护理服务机构，近6.8万名长护险护理员，服务约40万名失能老人，全市长护险居家照护服务达273.34万人次。

凭借专业的服务与较低的价格，长护险在极大程度上改善了失能老人的生活质量，从根本上刷新了老百姓的幸福感和获得感，同时也打开了上海养老服务产业的支付瓶颈，培育壮大了一大批连锁化、品牌化、规模化的长护险服务机构，推动上海养老产业朝着健康、规范、可持续方向发展。

诞生于虹口区的福寿康是上海市首批长护险试点机构之一，依托上海的率先试点，目前已经在36个城市开展长护险服务，将先进经验推向全国。

更值得一提的是，尽管长护险基金是从医保基金划拨而来，但开展长护险试点后，上海市重度、中度、轻度失能老人的人均医疗费用分别较试点前下降了17%、8%、3%，在不同程度上减少了医保基金支出，优化了医疗资源配置。

以创新思路解民忧、纾民困、暖民心，作为一项应对人口老龄化挑战的重要制度创新，长护险正在探索与实践更多可能。

2021年1月，上海试点养老机构长护险费用向长三角区域延伸结算，实现"异地通关"的又一次先行先试。

这一突破性尝试，既确保了长护险服务及待遇的延续性，为上海老人选择异地养老提供了有力的政策保障，也推动了长三角区域养老服务资源的共建共享，上海国际金融中心服务长三角更高质量一体化发展自此焕发新的气息。

3.4.3 养老产业金融：最优解的现代多样化选择

时任上海市民政局社会福利处副处长任炽越记得，20世纪80年代，自己曾在报纸上看到过一篇报道，批评"不孝子女"把老人送到高墙深院的养老院养老，这让他记忆犹新。

当时的社会养老服务，政府只是对孤寡、"五保"（保吃、保穿、保住、保医、保葬）老人等特殊群体给予经济供养与生活保障，是一种补缺保本的福利性保障，绝大多数老年人还是选择在自己家里颐养天年。

改革开放40余年间，社会发生了翻天覆地的变化，人们的养老观念也随着改革的浪潮不断前进。尤其是从现在开始至未来10年间，我国将迎来史上最大"退休潮"，60后正以平均每年2000万人的速度退休，开启人生后半场。

相比前代，60后在教育程度、收入水平和消费意愿上均有大幅提升，因此往往更愿意尝试新型的养老产品与服务。特别是对沪上洋气的阿姨和"老克勒"而言，依靠子女养老已不再是唯一的最优解。

于是，养老机构变成了老人愿意、子女放心的一种社会化养老选择。不少养老机构也开始有意识地为入住老人开展形式多样的个性化服务，而不仅仅满足于"三等"（等吃、等睡、等死）的消极养老生活现状。

但目前，养老机构普遍存在规模体量小、运营模式单一、盈利能力较低的情况，养老产业尚未形成稳定可持续的运营模式，加之养老产业往往投资回报周期较长，难以满足银行授信要求，金融机构进入养老产业的意愿较低，融资难问题依然存在。

为了突破这样的瓶颈，2022年10月，上海市民政局与上海市中小微企业政策性融资担保基金管理中心合作推出"养老服务批次贷"担保业务：由合作银行在协议约定范围内，对融资需求名单内的机构单户授信额度在1000万元（含）以下贷款申请自行审批、放款，市融资担保中心采用事后备案方式提供担保，并对不超过代偿上限部分承担保证责任。

一个月后，交行上海市分行向扩伦福利院一次性发放担保贷款250万元，这也是"养老服务批次贷"在上海的首单放款。

扩伦福利院成立于2006年，坐落在闵行区江川路1565弄，是中国养老行业第一家获批具有康复学科的福利院，也是闵行区首家残疾人养护基地。

福利院由南北两幢五层建筑组成。其中一幢于2019年批准升级改造，但因为新冠疫情等外部情况变化，工期延长，资金压力倍增，在2022年更是面临工程垫资、日常运营等资金周转的困境。

"养老服务批次贷"担保业务一经推出，扩伦福利院成功在第一时间进入了交行上海市分行首批融资需求审批名单，仅用3个工作日就完成了授信上报、审批及放款。

这笔"及时雨"资金，不仅解决了扩伦福利院的燃眉之急，更对其采购专业化设备设施，开展"一老携一残"养老、临终关怀等新业务提供了切切实实的助力。

要想促进养老产业发展成熟，政府部门的扶持引导、金融资源的配置与倾斜至关重要。作为国际金融中心，上海有责任也有义务积极培育壮大服务养老的金融中介体系，以政府性融资担保为起点，引导各类融资担保机构加大对养老产业的支持力度，由点及面，支持融资模式探索创新。

"养老服务批次贷"担保业务正是政策性支持养老金融的上海突破，通过搭建"政府＋担保＋银行"政策性融资服务联动平台，为养老服务企业和社会服务机构提供纾困帮扶，帮助其降低综合融资成本，实现健康持续发展。

从"夕阳事业"到"朝阳产业"，沪上金融力量正在重塑养老产业格局，多层次养老金融服务体系随之逐步构建起来。这当中，保险机构的身影同样活跃。

保险资金规模大、投资周期长、回报要求低，而养老产业经营稳定、周期波动小、现金流稳定，两者具有天然的契合性。

特别是"保险＋养老社区"模式，在近些年迅速升温。

从现有的养老社区项目来看，险企在投资模式上存在较大差异，总体上分为重资产、轻资产、轻重资产结合三种模式。

重资产模式一般是自建社区，早期进入养老社区领域的大型险企大多采取重资产模式；轻资产模式一般是与第三方签约合作或股权投资养老机构。中小险企大多采取轻资产或轻重资产结合模式。

模式不同，养老社区的定位也不同。重资产项目多为高端养老社区，准入门槛也相对较高，需达到的保费规模在百万元以上；轻资产模式下的养老社区门槛则相对较低，保费门槛通常在几十万元左右。

那么，保险业持续发力养老社区的原因何在？

一般来说，保险公司建设运营养老社区，大多通过保险产品来实现对接。这就给保险公司带来了两笔收益：

不仅可以通过吸引老年客户入住，获取运营收益，还能带动保险主业的发展，促进养老保险产品及其他相关保险产品的销售，拉动寿险保费增长。

向上连接医疗险、长护险、养老险等产品，向下连接慢病管理、医疗护理、养老服务等健康养老产业，一站式的综合服务也有助于增强客户黏性，打造养老与保险主业协同发展的新格局。

一时间，中国太保、中国平安、泰康保险、大家保险、国华人寿等多家险企的养老社区在上海拔地而起，保险产品附加的各类康养服务俯拾皆是。

无独有偶，各家险企不约而同地将目光聚焦在了城市中心养老。

事实上，我们此前熟悉的养老社区大多设在风景秀丽、人烟稀少的城市郊区。那里土地资源丰富，建设成本也相对低廉。

之所以走向城心，从短期来看，是因为大部分郊区康养机构的入住率普遍不及市区康养机构。城区机构一床难求，郊区机构一客难求，康养机构自然有向市区迁移的动力。

业内透露的数据显示，部分险企的郊区康养机构入住率甚至不到40%。这样的数据如果放置在酒店行业，大抵是分分钟要关门的概念。

从长期来看，则是为了更好地匹配客户的养老需求。城心康养机构，最突出的核心就是"近"。

一方面，在城市生活多年的老人，有自己比较固定的交际圈。城心社区能够最大限度提供便利，满足子女和朋友这两个最重要的情感来源。

另一方面，大量的城市医疗资源在城市核心区聚集，城心社区往往临近专业的三甲医院和医疗机构，方便有效利用优质公共医疗资源为社区老人服务。

从日常的衣食住行到专业的医疗照护，老人虽然选择了养老机构，但不会因此改变熟悉的生活方式。既能和家人保持"一碗汤的距离"，又能拥有独立的空间和社交生活，享受到全面、便捷的照顾与服务。

大隐隐于市。可以说，城心社区的出现，为老人拥抱幸福晚年提供了多一种选择。

而对上海来说，这一创新养老方式，不仅仅意味着城市空间结构的优化调整。更重要的是，愈加丰富的养老产品供给，将稳定上海居民的消费预期，提高上海居民的消费倾向，促进上海经济加快构建以内需为主的新发展格局，推动上海经济持续、健康发展，为国际金融中心建设迈向更高能级做好长远打算。

3.5 数字金融：重在破解信息不对称

2020年12月10日，正当市民忙于辞旧迎新之时，一个新的领导小组在上海正式亮相，由时任上海市委书记李强、市长龚正担任双组长。

小组全称叫作"上海市城市数字化转型工作领导小组"，首次会议就向外界传递出了一个强烈信号——上海正以前所未有的决心和紧迫感，全面推进城市数字化转型。

毕竟，在新一轮科技革命和产业变革方兴未艾的今天，谁掌握了数字化发展的主动权，谁就占领了未来发展的制高点。

很快，2021年第一个工作日，上海正式打响建设"具有世界影响力的国际数字之都"的发令枪。

在这段充满机遇与挑战的新征程中，一个制度健全、功能完备、产品丰富的金融系统不可或缺。

作为上海的支柱产业之一，金融业的数字化变革，不仅意味着一场自我重塑，也势必将为整个社会的数字化转型聚力蓄势。

于变局中开新局，数字金融在这座城市就此迎来发展的黄金期。

技术为桨、数据为帆、监管为舵，四年来，上海一路破浪先行，数字金融创新应用深入推进、产业生态持续完善、重大试点有序开展、营商环境日益优化，不断续写着弄潮时代新的传奇。

3.5.1 金融科技打开无限想象

在"数字金融"之前，我们更常听到的一个词是"金融科技"。

首先需要厘清一个概念，与前文提到的科技金融不同，金融科技是技术驱动的金融创新，科技只是工具，金融才是目的。

如果用一个公式来表达，就是金融科技=ABCD+F。

人工智能（AI）、区块链（Blockchain）、云计算（Cloud）、大数据（Date）等领先科技切入金融领域（Finance），进一步提升金融配置资源效率，突破金融服务边界，使得金融发展的业态和模式更加丰富多元。

可以说，在实现数字金融发展目标的过程中，金融科技是重要的推手和支撑。

其实一直以来，金融和科技都是相互依存、相互促进的孪生体。

金融史学家威廉·戈兹曼在《千年金融史》里这样形容金融与科技的关系：金融的故事其实就是一部技术的故事。像其他技术一样，金融通过不断提高效率的创新得以发展。

的确，回望发展历史，面对科技进步的最新成果，金融业总是能以十分的热情去接纳并应用，这也决定了金融业始终是科技含量比较高的行业。

单就支付而言，从押运金银财宝而充满传奇故事的镖局，到银票、电报、电话、支票、银行卡、ATM、POS机、移动支付等，无不与科技进步，尤其是信息科技进步息息相关。

正是因为如此，国际金融中心的命运也和技术创新紧紧绑定在了一起。

从纽约、伦敦等老牌国际金融中心的经验来看，成熟的资本市场体系、金融产品及服务为科技创新注入了"源头活水"。反过来，科技创新也极大地提升了国际金融中心的全球竞争力。

未来已来。当金融插上科技的翅膀，新场景、新生态也将为上海国际金融中心的能级提升打开弯道超车、后来居上的新空间。

2020年1月8日，在上海国际金融中心建设的最后冲刺期，《加快推进上海金融科技中心建设实施方案》（以下简称《实施方案》）重磅发布，提出力争用5年时间，将上海建设成为具有全球竞争力的金融科技中心。

一个有趣的细节是，在发布现场，中国银联、蚂蚁金服的相关负责人主动走到一起，亮出手机互加微信，并不约而同地表示，发展金融科技，上海是首选之地，这里集聚着金融市场、基础设施和研发人才，更有广阔的应用场景。

作为《实施方案》的一项重要举措，2020年，"外滩大会"首次召开并永久落户上海。

这场全球顶级金融科技大会的举办地——龙华东路68号，浦西世博园区的中国船舶馆，对许多上海人来说并不陌生。

历史上，这片区域曾是江南制造总局所在。150多年前，这里诞生了中国第一艘铁甲兵轮，中国的工业由此出发，奔赴星辰大海。

而今，外滩大会在此地召开，则是在金融与科技的交融中与世界对话，推动上海国际金融中心与科创中心建设联动发展，向人们展示未来的方向。

相较于政策，市场总是先行一步。

黄浦区九江路303号，中国建设银行的一个网点掩映在树荫中。从外观上看，这个网点和建行其他网点并没有太大区别。2018年4月9日，这里成为国内首家"无人银行"网点。

林立的高低柜台、忙碌的工作人员、拥挤的排队人群，都成为过去式。取而代之的，是智慧柜员机、VTM、外汇兑换机和各类多媒体展示屏，由它们承担起90%以上传统网点的现金及非现金业务。

智能服务机器人"小龙人"则肩负起了大堂经理的角色，通过自然语言与客户交流互动，引导客户进入不同服务区域完成所需交易。

这些新奇体验，让"无人银行"赚足了眼球，一盘更大的棋局也随之浮出水面。

9天后，建行旗下金融科技子公司建信金科在浦东正式亮相。这是国有大行设立的第一家金融科技公司，也是国内商业银行内部科研力量整体市场化运作的第一家。

从这一动向中足以窥见，银行对金融科技的重视前所未有。金融科技将不再是大型互联网公司的"专利"，传统银行奋起追赶的势头同样迅猛。

尤其是对大型商业银行来说，资金和人才都不稀缺，迫切需要的是体制机制上的转变。那么，金融科技子公司便是一个新的尝试。

紧跟建信金科的脚步，中银金科、交银金科、浦银金科等银行系金融科技子公司，如雨后春笋般在上海涌现。2020年，作为国内首家外商独资金融科技公司，汇丰金科的出现更是为上海的金融科技生态注入了新的活力。

另一边，太平、平安、太保、人保等国内主要保险集团纷纷在沪设立金融科技子公司，推动保险行业与科技深度融合，提升业务效率和客户体验。

金融基础设施也在不断完善。外汇交易中心、中债登、上交所、上期所、中金所、央行数研所等重要金融基础设施和要素市场的科技子公司，都不约而同地落户上海。

同样引人瞩目的，还有支付领域的突破。一头承载着科技创新，一头连接着各类金融活动，移动支付是我国金融科技走在世界前列的重要标志之一。

其中，中国银联和支付宝这两大行业巨头均在浦东安家，二者共占据了全国50%以上的市场份额，进一步巩固了上海在金融科技领域的领先地位。

当然，硬科技方能打造硬实力。在上海，中电金信、蚂蚁链、万向区块链、零数科技、优刻得、云轴科技、冰鉴科技、数库科技、商汤科技、依图科技等一系列细分领域龙头科技公司持续汇集，为金融科技发展提供了强大的技术支持。

各方的共同努力，让上海有信心、有能力、有条件、有底气建设具有全球竞争力的金融科技中心，五年之约，目标可期。

虽然最终的成绩单尚未交出，但可以想见，数字人民币必将是其中最亮眼的一项。

所有金融活动的本质都是跨期交易，货币与利率是核心。既然要推进数字金融，不可避免地就要说到货币的数字化，这也是金融科技发展至今的重要成果。

数字人民币是中国人民银行发行的数字形式的法定货币，与实物人民币等价流通，主要用于满足公众对数字形态现金的需求。通俗来说，就是纸币的"电子版"。

不过，数字人民币虽然也是移动支付，但是和我们现在常用的支付宝、微信支付等有着本质上的区别。

可以这样理解，数字人民币是钱，支付宝和微信支付是钱包，它们并不在一个维度上。

作为钱包，支付宝和微信里的钱是需要充值的。充值的来源，则是我们所绑定商业银行账户里的存款货币，所以这些钱本质上对应的还是传统的实体货币。而未来，钱包中会多出一个选项——数字人民币。

在支付体验上，数字人民币支持双离线支付。也就是说，即使收款方和付款方双方都没有网络，数字人民币仍可以完成支付功能，而支付宝和微信支付则需要网络支持。

2019年底，数字人民币试点与测试相继在深圳、苏州、雄安、成都四地及北京冬奥会场启动。上海紧随其后，在第二年10月正式加入"尝鲜"的行列。

不论是应用场景的拓展，还是数字钱包的开立，凭借超大人口规模和经济体量，上海在数字人民币的各项指标方面都名列前茅。

如今，从乘坐地铁、缴纳电费，到家门口的便利店、小吃店，抑或是参加"五五购物节"消费，使用数字人民币支付已经深度嵌入到这座城市当中。

作为国际金融中心和贸易中心，上海更是主动参与数字人民币国际贸易应用。

采用数字人民币跨境结算，益处颇多。从结算方式来看，可以降低支付成本，提高跨境结算效率；从交易性能来看，可以提升交易透明度，提高跨境支付的安全性。

2023年10月，在上海石油天然气交易中心平台，中国石油国际事业有限公司达成进口近100万桶原油的交易，并首次采用双边模式数字人民币跨境支付，金额近6.7亿元。

这不仅是数字人民币在我国油气贸易领域跨境结算的首次突破，也进一步增强了人民币在国际油气贸易中的影响力。

同年12月，中国银行上海市分行联动上海黄金交易所，完成贵金属交易数字人民币跨境结算1亿元，这也是金融要素市场领域跨境数字人民币支付的"首单"。

小到居民日常，大到国际贸易，数字人民币正在快速生根，飞速发展。截至2023年底，上海已落实数字人民币试点应用场景超过140万个。

一系列的发展与尝试，不仅展示了数字人民币在实际应用中的便捷性和安全性，也彰显了上海在推动金融科技创新和数字经济发展方面的积极态度和领先地位。

3.5.2 数据要素的"艰苦一跃"

数字经济时代，数据是基础性资源和关键生产要素。

如果说金融科技在为数字金融立柱架梁，那么释放数据要素价值就是助力数字金融积厚成势的关键所在。而当前，数据要素价值释放面临的最大困境，在于没有流通，缺失市场。

毕竟，数据只有被越来越多的外部机构使用，价值才会越来越大；那些不向外流动、不被其他人使用的数据，也就不能被称为数据要素。

2023年3月，中共中央、国务院印发《党和国家机构改革方案》，明确提出要组建国家数据局，负责协调推进数据基础制度建设，统筹数据资源整合共享和开发利用，统筹推进数字中国、数字经济、数字社会规划和建设等。

七个月后，10月25日，国家数据局正式挂牌。从中央到地方，改革大幕迅速拉开。

2024年1月，上海市数据局揭牌亮相，围绕现代化发展过程中，数据资源价值释放所核定和规划的职能展开工作，比如，组织协调数据管理、推动与数据有关的基础设施建设，以及促进城市数字化转型、数字经济和数字产业发展、相关数据制度的建立等。

在国家数字治理的宏观架构中，省级数据管理机构处于承上启下的关键位置，对完善地方政府数据治理体系意义重大。早在国家数据局挂牌之前，各地已从实际发展需求出发，陆续成立了不少数据管理机构。

在重要领域开展先行先试的探索，积累可复制可推广的经验，这是上海肩负的重要使命，也凸显出这座城市的价值。

2021年11月25日，上海数据交易所（以下简称"上数所"）在浦东张江国创中心正式成立，目的就是要帮助数据要素实现从使用价值到交换价值，再到资产价值和社会价值的转变。

当日完成挂牌的，共有八类数据产品，涉及金融、交通、通信等。巧的是，31年前，也就是1990年11月26日，上海证券交易所开业时挂牌的股票恰好也是八只。

如果说"老八股"开启了中国资本市场的新纪元，那么这八类挂牌数据，完全有机会和上数所一道，开创同样令人激动的历史篇章。

由国网上海电力自主开发设计的"企业电智绘"，成为首单成交的数据产品，卖给了工行上海市分行，这也是国内首宗在交易所平台实施的数据产品交易。

用电数据，是分析企业运行状况的一项重要指标。在收到工行提供的授权证明后，国网上海电力将对合法采集到的企业用电数据，进行脱敏和深度分析，最终形成涵盖企业用电行为、用电缴费、用电水平、用电趋势等特征内容的数据产品。

这些数据，不仅能在贷前、贷中、贷后全流程有效降低工行甄别客户时的信息不对称风险和时间成本，也可以为企业申请信贷业务、享受普惠金融提供信用支撑，对促进金融资源合理配置起到积极作用。

我国最早的数据交易产业，起于2015年。

这一年，全国首家大数据交易所——贵阳大数据交易所挂牌运营，此后又有其他省市10余家数据交易平台陆续开张。

在成立之时，贵阳大数据交易所曾宣布，未来3~5年，将诞生万亿元级别的交易市场。但此后数年，该交易所的目标从"日交易额突破100亿元"，缩水到了"全年力争突破亿元"。

究其原因，数据确权难、定价难、互信难、入场难、监管难等，都是制约因素。

"商品到货币是一次惊险的跳跃。如果掉下去，那么摔碎的不仅是商品，而是商品的所有者。"在上数所的成立仪式上，时任上海国家会计学院院长李扣庆引用了马克思《资本论》中的这句话，并将数据从资源到资产的转换，也比喻为"非常艰苦的一跃"。

那么，上海为何能率先完成这"艰苦的一跃"呢？关键就在于，着眼于前车之鉴，上数所进行了一系列旨在超越痛点的顶层设计。

数据确权是基础，也是一道世界级难题。为了解决后顾之忧，在上数所成立当天，上海市人大表决通过《上海市数据条例》。作为国内首部省级人大制定的数据条例，《上海市数据条例》中突破性地明确了信息处理者的财产权益和交易权益。

此外，上数所还要求所有数据产品在挂牌前，必须通过第三方服务机构的合规性审查。也就是说，数据产品"不合规，不挂牌"。

审查通过的产品，可以获得上数所颁发的"数据产品登记凭证"。该凭证也是上海在全国率先尝试的创举，从最前端入手，提振供需双方对数据交易合规的信心。

"无场景，不交易"，同样是上海的创新智慧。数据不仅要合规，还要说明用途。国网上海电力之所以敢迈出数据"商用"的第一步，就是因为打消了数据外泄的顾虑。

在上数所，电力公司必须针对具体的使用场景，对数据进行深度加工，再提供分析报告，而不是直接将用户数据拿出去卖。这样既符合买方需求，又能确保数据产品本身的单一用途，保证用户的明细数据不会被扩散。

当然，要想数据交易蓬勃发展，离不开"数商"的跑步进场。

正如电子商务时代有电商，证券时代有券商，数字经济时代，数商也应运而生。2021年，上海数交所在创立初期就首次提出了数商的概念，后来被全国各地接纳和采用。

通俗来说，数商就是以数据为生产经营关键要素的企业。

数据资源本身每天都在产生，但是数据价值的发挥始终比较有限。数商的意义就在于，通过参与数据基础设施建设、数据开发治理、数据应用、数据共享流通等各个市场环节，真正实现数据要素价值化。

相对地，上数所反而处于一种超脱的地位。不碰数据，不碰资金，亦不涉交易，而是扮演裁判员的角色，让数商各显其能、各尽其才。

以上种种前瞻设计，其实都瞄准了同一个方向，就是让数据资源得到合规、有序、高效率的配置。

放眼未来，上海的雄心不止于此。

"上海金""上海油""上海铜"等"上海价格"的成功经验在前，如何让"上海数"也形成同样的国际影响力，为我国在数字经济时代赢得规则话语权和资源定价权，是新的使命征途。

立足于这样的目标，上海开始聚焦有基础、有场景的行业领域，拓展数据要素应用场景的广度和深度，推动数据要素发挥乘数效应。

身处国际金融中心城市，金融业自然成为上海的首选。作为典型的数据密集型行业，金融业对于数据一直有着海量的需求，大量金融服务都需要借助数据产品来拓宽边界。

2022年9月29日，黄浦滨江、望达路边，上海数据集团揭牌成立。这是我国省级层面首家以数据为核心业务的地方国企，承担了上海市公共数据和国企数据的授权运营职能。

作为先行者，上海数据集团聚焦主责主业，积极开展公共数据授权运营，目前已上线13类应用场景，普惠金融便是其中之一。

对金融机构来说，要对客户进行精准画像，除了央行提供的征信数据，个税、社保、公积金等公共数据无疑是最客观有效的。如果一个人在银行没有借贷记录，也就是所谓的"征信白户"，金融机构就很难判断其信用风险，但倘若有了基于公共数据的个人征信产品，就能更好地开展普惠金融服务。

在上数所的十大主力板块中，金融板块也是数据产品流通最为活跃的一个。

2024年2月，建行上海市分行成功发放首笔数据资产质押贷款，而质押凭证正是基于上数所推出的"数易贷"。

在传统的贷款模式中，银行通常要求借款企业提供物质性资产作为抵押或质押。而"数易贷"作为一款数据资产信贷服务产品，最大的亮点就是将数据资产作为企业融资的重要考量因素，为银行提供一个创新、高效且风险可控的贷款投放渠道。

上海寰动机器人有限公司是此次首笔贷款的服务对象。该公司成立于2021年，是典型的"轻资产、重数据"企业，面临融资渠道狭窄的困局。

好在，寰动旗下子公司上海四卜格网络科技曾在上数所完成了"数据中心运维大数据"系列数据产品的挂牌，并达成场内交易。

这一"履历"，为寰动数据资产登记认证及价值评估提供了依据，让其发现数据资产也能作为质押物进行融资。

首单的落地，不仅体现了数据资产在银行信贷业务中的关键价值，也为数据要素型企业破解融资难创造了一种全新的解决方案。

不过，数据资产作为新型标的物，如何评估其价值、确保其安全性，是金融机构一直在思考的问题。

这就要说到"数易贷"背后的重要载体——DCB（Data-Capital Bridge）数据资产凭证。从字面意思上来看，就是连接数据要素和资本要素的桥梁。

具体来讲，DCB数据资产凭证就是基于数据交易链，记录数据资产的权属、标的和合约等信息的凭证，承载一段时间内企业数据资产的资产信息、产品信息和交易信息。

正是这些信息，能够帮助银行在贷前阶段快速准确地进行数据资产的权属确认和价值评估，支撑银行尽职调查和授信额度确认，并在贷后阶段帮助银行进行持续的风险监测。

DCB的出现，让数据资产转化为可流通交易通证更进一步。

或许我们可以期待，在未来，数据资产能像股票、债券一样，在交易市场上流通交易，这必将给上海国际金融中心建设增添新的引擎。

从企业自发的数据交易，到上数所的扎根与繁荣，在数字金融顺潮而上的今天，浦东仍旧以一骑绝尘的姿态，凸显了引领区的"王牌"作用。

2021年7月27日，一场特殊的开港仪式在张江鑫智汇金融科技产业园举行。

室外，台风"烟花"带来的狂风骤雨未歇。室内，我国首个金融数据港为金融数据筑牢了安全港湾。

浦东金融数据海量、应用场景丰富，该如何利用这些优势，更好地服务实体经济，为上海国际金融中心建设提供支撑？

金融数据港给出了答案。

其重点聚焦支付、清算、征信、监管、安全、标准六大功能，注重挖掘数据的金融价值，提升数据资产在资源配置中的作用，抢占金融数据产业的高地。

虽然开港时间短，但金融数据港的"资历"很丰富，是在张江银行卡产业园的基础上转型升级而来的。

经过近20年的建设，这里已经成为全国范围内金融科技研发能力最强、金融数据能级最高、金融科技人才最集聚的区域，具备了金融数据港建设的产业基础。

张江集团董事长袁涛坦言，希望能够通过金融数据港建设，把原来的数据仓库变成数据工厂，再将数据工厂建设成为数据交易市场，在产业数字化升级方面翻开崭新的一页。

这充分表明，畅通数据交易，其意义并不仅在于数据本身，还要起到牵一发动全身的撬动作用。

在《关于全面推进上海城市数字化转型的意见》中，有这样一句表述让人过目难忘："使人人都成为数据的生产者、治理者、使用者、获益者，以数字化激发城市生命体每一个细胞的活力。"

对金融机构而言同样如此。"汇天下数据而通之，聚天下数据而用之"，这既是上数所的美好愿景，也是金融机构数字化转型的灵魂所在。

而以开放、创新、包容著称的上海，必将继续以先行者身份，挖掘数据要素的价值潜能，不断探索数字金融新疆域。

3.5.3 创新与监管不是"二选一"

如果你问金融的核心是什么，严谨的金融从业者一定会说，是风控。

数字技术的发展为金融业带来了无限可能。但有一点需要强调，数字金融改变的只是金融服务的业态场景和方式，金融的本质并没有发生变化。

也恰恰是数字化时代所具有的开放性和互动性，使得数字金融领域更容易叠加业务、技术、数据、网络等多重风险，给金融机构和监管部门带来全新的风控挑战。

北京大学数字金融研究中心主任黄益平认为，判断数字金融业务做得好与不好、数字金融创新成功与否，主要有两个分界点：一是能否解决传统金融机构不能很好解决的经济痛点；二是能否同时管住风险。

在他看来，只要其中一个问题没有解决，数字金融就很难持续发展下去。由此可见风控之于数字金融发展的重要性。

但问题在于，管得太紧，行业就会缺乏活力；管得太松，又可能出现各种风险与乱象。

那么，监管政策该如何做，才能在创新与风险之间求得平衡，不至于陷入"一管就死、一放就乱"的两难境地呢？

"他山之石，可以攻玉。"在这方面，新加坡的经验值得上海乃至全国借鉴。

近年来，新加坡的数字金融行业迅速崛起，已经成为辐射整个东南亚甚至整个亚洲的数字金融中心，并在成为国际数字金融中心的道路上加速前进。

对一个缺乏原创技术和市场规模的国家而言，这样的成绩从何而来？

充分利用来自中国的技术、人才、资本和已经成熟的商业模式，是新加坡突围的关键之一。科学合理的监管模式，则是另一个关键所在。

展开来说，新加坡在数字金融方面的监管哲学可以归纳为"三位"：

其一，监管不能"越位"。

金融本身就是一个风险行业，任何创新都伴随着风险。过早引入监管可能扼杀创新的潜能，阻碍前沿新科技的应用，使得行业趋于保守。因此，新加坡金管局始终确保监管不能领先于创新，不能过度强调"防患于未然"。

其二，监管不能"缺位"。

金融安全关系到国计民生，监管如果落后于创新，就有可能出现较大的金融风险。监管"缺位"的原因或许多种多样，但后果大都如出一辙，比如，经济秩序被破坏、国民资产安全得不到保障、造成重大财产损失等。

其三，监管应该"到位"。

在这个理念上，新加坡金管局采用了实质性和适配性原则，当新科技带来显著与重要风险时，就要当机立断采取执法行动。此外，针对特定行为的监管行为，必须与特定行为所构成的风险成比例，保证监管不过度。

基于这些经验，"监管沙盒"的概念得到了广泛讨论。

作为一种监管程序，"监管沙盒"（Regulatory Sandbox）最早由英国在2015年提出。通俗地说，就是一个"安全空间"。

在这个安全空间内，会适当放松监管约束，让创新的金融产品、服务、商业模式和营销方式在真实的市场环境中得到验证，以此实现创新和风控的双赢局面。

这其实与我国改革开放的一贯思路——试点，不谋而合。而作为将先行先试镌刻进基因的城市，上海再次迎来新的机会。

毕竟在数字金融领域，上海已经在全球国际金融中心竞争中占据先发优势。至于能否保持领先地位，一方面要看企业的创新能力，另一方面，政策环境的开放性、灵活性和友好度也起着决定性作用。

2020年5月，人民银行上海总部宣布，启动上海金融科技创新监管试点工作，这也意味着上海版"监管沙盒"就此落地。

在参与主体上，上海鼓励多种主体共同参与，包括持牌金融机构和符合条件的科技公司。

其中，科技公司须由持牌金融机构为其提供科技产品的金融场景支撑，申报项目可以是金融服务，也可以是科技产品，但项目必须具有业务普惠、技术创新、风险可控及监管支持等特点。

在设置创新应用刚性门槛的同时，上海也设置了柔性边界，利用信息披露、公众监督等柔性监管方式，让消费者参与到金融科技的产品创新中。

时隔仅两个月后，2020年7月，首批8个创新应用正式向社会公示。

多元融合、多向赋能，是这份名单最突出的特点。

商业银行一面与电信运营商、科技公司建立起了伙伴关系，一面又积极发挥内部资源优势，与旗下金融科技子公司紧密协同。不仅如此，清算机构的身影也出现在了合作网络里。

各方的广泛参与，让人工智能、区块链、大数据、多方安全计算等前沿技术在这里交织碰撞，数据要素对金融业其他要素效率的倍增作用得以充分发挥。

截至2024年10月，上海总共开展了7个批次共27个金融科技创新监管工具创新应用，示范引领作用持续凸显。

另一边，资本市场也不甘落后。

2022年12月，首批入围资本市场金融科技创新试点（上海）的26个项目，正式揭开神秘面纱，数量居全国首位。

因为肩负着促进资本市场数字化转型、完善资本市场金融科技监管机制的重要使命，这项工作在业内也被称为"证监会版"监管沙盒。

60家牵头单位、114个申报项目，试点启动伊始，金融要素市场、证券、期货、公募基金、商业银行等在沪金融机构和科技企业，就表现出了极大的参与热情。

数量"多"只是一方面。这些项目在技术层面上还很"新"，人工智能、大数据、云计算、区块链等新一代信息技术均有涉及。

业务范围同样广泛，客户服务、业务管理、投资研究、登记结算、风险监管等领域无不涵盖其中，充分凸显了上海数字金融的实力。

学界则寄予了更大的期许。有声音认为，可以将上海自贸试验区或临港新片区定为数字金融创新试验区，对孵化创新业务的"监管沙盒"机制进行空间扩容。

也有专家表示，上海在开展"监管沙盒"工作时，可以加强对监管科技的投资。借助科技手段，对相关创新产品和服务进行监督、跟踪、测试、评估等，进一步提升监管能力和效率。

另外，考虑到可纳入试点范围的项目比较多，建议主要围绕上海国际金融中心建设来推进工作。特别是在加大金融对外开放方面，可以试着将外资机构也纳入试点范围。

听完这些分析，你可能已经意识到，监管和创新其实是并行不悖的，二者相辅相成，共同构成了数字金融行稳致远的基础。

真正有效的监管机制，能够在促进创新和业务发展的同时，防范和化解金融风险。

对上海而言，这一点表现得尤为明显。

因此，我们有理由相信，在国际金融中心辐射效应下，将会有越来越多的创新主体加入监管试点，不断增强监管包容性，释放金融创新动能，最终打造一个开放、合作、共享、共赢的数字金融生态圈。

第四章

上海：引领中国对外开放的先行者

与其说是突围，不如说是中国方面的主动宣示。上海自贸试验区既是全国改革的成功实践，又是地方创新的绝佳样本。一项项颠覆性的制度推出，一系列首创性、引领性开放项目实施，上海向世界展示了中国姿态。

这个姿态就是，中国对外开放的方向没变，中国融入世界的步伐没变。开放的中国是世界的机遇，构建多元包容的世界也是中国的责任。有着独特海派文化的上海，就是这样的一扇窗口。

上海作为中国对外开放的重要窗口和国际金融中心，一直在积极推动对外开放政策和金融中心建设，其开放历史充满了深刻的变革和发展故事。比如，全国首个自由贸易试验区——上海自贸试验区，目前已经步入下一个10年的发展阶段，并且带动中国其他地区形成了21个自贸区以及海南自由贸易港的"雁阵"，构建起覆盖东西南北中的改革开放创新格局。上海在A股市场最先开创了"沪港通"这一极具开创性的尝试，打通了沪市和香港市场的连接通道。凭借着自古以来的地理位置优势，以及如今国际金融中心这一重要地位，上海在"一带一路"倡议中扮演着重要角色，不仅促进了共建"一带一路"国家的金融合作，还展现了上海在"一带一路"建设中对国家对外开放和国际合作的重要作用。此外，上海在加快推进人民币国际化进程中起到了举足轻重的作用，上海积极推动人民币在跨境交易中的使用，提升了人民币在国际贸易和投资中的比重。

　　作为中国改革开放的前沿阵地，上海的开放历史也是一部文化交融史，在这里，不同国家和地区的人们带来了各自的文化，与本土文化相融合，形成了独特的海派文化，而海派文化的核心就是海纳百川，不断追求卓越和进步。

4.1　自贸区：离世界最近的地方

2013年8月17日，国务院正式批准设立中国（上海）自由贸易试验区，同年9月29日，中国（上海）自由贸易试验区（以下简称"上海自贸试验区"）在上海外高桥基隆路9号正式挂牌成立，掀开了改革新篇章。

这是中国首个自贸试验区，标志着中国在新时期加快政府职能转变、积极探索管理模式创新、促进贸易和投资便利化的重要一步。成立10余年来，上海自贸试验区带来了很多先行先试的经验和成果。比如，推出了中国第一张自由贸易试验区外资负面清单。这一制度的推出，是中国在投资管理制度改革中的颠覆性创新，也是自贸试验区标志性的制度创新，目前这个清单数量还在不断缩减。上海自贸试验区在金融领域开展了一系列首创性、引领性开放项目，吸引了包括外商独资券商、外商独资公募基金管理公司、外商独资保险控股公司等金融项目落户。2019年，上海自贸试验区增设了临港新片区，这不仅是物理面积的扩大，更是功能的扩区，目标是打造特殊经济功能区。上海自贸试验区的建设和发展背后，离不开复杂多变的国际形势，其中有许多难忘的故事和花絮，上海自贸试验区不仅加强了上海国际金融中心建设的地位，也为中国的改革开放和国际合作提供了宝贵的经验，成为推动中国经济高质量发展的重要力量。

4.1.1　中国的"试验田"

1979年的春天，邓小平在中国的南海边画了一个圈。30多年后的夏天，中国政府想要在东海之滨再画一个圈。

2013年3月底，时任国务院总理李克强在上海调研期间考察了位于浦东的外高桥保税区，并表示鼓励支持上海积极探索，在现有综合保税区基础上，研究如何试点先行在28平方千米内建立一个自由贸易园区试验区。

2013年7月3日，国务院通过《中国（上海）自由贸易试验区总体方案》。方案强调，在上海外高桥保税区等4个海关特殊监管区域内，建设中国（上海）自由贸易试验区，这是顺应全球经贸发展新趋势，代表着中国更加积极主动对外开放的重大举措。

这一消息很快传到了大洋彼岸的美国。2013年7月11日，第五轮中美战略与经济对话在华盛顿举行，这段对话的成果情况说明中有这样一段：

"中方重申在第四轮中美战略与经济对话中关于实施更加积极主动开放战略的承诺。中方正积极研究进一步主动扩大服务业开放的措施，包括建立中国（上海）自由贸易试验区，该试验区将试行新的外资管理模式，并营造各类国内外企业平等准入的市场环境。"

中美两大经济体的谈判，一直是全世界关注的焦点。中国在1999年加入世界贸易组织的前夜，曾与美方展开了几十轮谈判，第25轮谈判更是持续了六天六夜，这轮谈判最终也以美方让步同意达成，这是中国对外开放史上的重要一笔。自2001年中国"入世"后，国内经济总量逐渐从世界第六位冲到第二位，中国也被赋予了"世界工厂"的称号。

然而，美国人总爱做搅局者，他们一直忌惮东方有一头正在苏醒的雄狮。时间回到21世纪初，彼时中国"入世"的红利正在被淡化，原因是各国贸易保护主义正在出现。美国人想主导新的世界贸易游戏规则，一时间，TPP（跨太平洋伙伴关系协定）、TTIP（跨大西洋贸易与投资伙伴关系协定）等新的词汇开始流行。尽管美国已于2017年宣布退出TPP，TTIP如今也没有了实质性的后续，但在当时，作为世界最大的贸易国，中国显然感受到了来自全球的贸易挑战压力。

回忆起当时的情景，全国政协常委、上海公共外交协会会长周汉民认为，TPP谈判到2013年即将成功时，中国有意参与其中，却被拒之门外，因为"不接受任何一个新成员的计划"。彼时，国际经济贸易的规则在发展过程中出现了一个重要变化，也就是全球国际经济贸易的多边规则谈判没有达成任何的结果，"但是世界经济贸易发展不可能没有新的规则来因应新的变化，而区域性的谈判在不断地推进，中国就必须加入区域性的谈判"。

TPP 从 2002 年开始酝酿，是重要的国际多边经济谈判组织，由新西兰、智利、新加坡和文莱四国发起，也被称为"P4 协议"。2009 年 11 月 14 日，时任美国总统奥巴马宣布美国将参与 TPP 谈判，同时秘鲁、越南和澳大利亚也宣布加入 TPP 谈判，使得 TPP 谈判从"P4"扩展到"P8"。

周汉民回忆说，"对国家经济贸易规则的发展和演变，中国始终是处在观察熟悉研究进而决策加入的过程中"，中国愿意加入 TPP 的谈判，但美国在当时已经显露出在制定新规则时不与中国为伍的策略。后来的 TTIP 谈判，更加凸显贸易和投资的关联性，这一谈判对中国的影响也是巨大的。中国当时最大的贸易伙伴就是美国，最大的区域贸易伙伴就是欧盟，所以中国对于谈判的走向也格外关注。

2013 年，美国在 WTO 内部发起了国际服务贸易协定（以下简称"TISA"），而当时 WTO 内部原本就已经有服务贸易组织（GATS）。这其实是美国想另起炉灶，从而促进美国服务业能够在全球更具竞争力。

TISA 对全球服务贸易格局的影响是深远的，它不仅推动了服务贸易的自由化和规则制定，还可能改变全球服务贸易的权力结构和竞争格局。

2013 年 9 月 30 日，中国正式提出要加入 TISA，却被美国告知不符合加入这一协议的众多条件。美国"排斥"中国的意图明显。由于美西方在与中国的谈判进程中渐行渐远，所以多边谈判停滞不前。

这些都是推动上海自贸试验区设立的外部环境。同时，上海自贸试验区的诞生也有我们的内因——党的十八届三中全会明确提出全面深化改革的要求，上海自贸试验区的设立正是全方位深化改革的需要。

时任上海市政府参事室主任王新奎参与了中国（上海）自由贸易试验区总体方案的设计。在他看来，建立自由贸易试验区，就是要抓住全球贸易与投资体制重构的窗口期。

在中美第五轮战略与经济对话结束仅两个多月后，中国正式建立中国第一个自由贸易试验区——中国（上海）自由贸易试验区。

其实，决定要建立自贸区前夕，依旧有不同的声音，但当时的中国，已经站在了"非试不可"的关口。经过上层的多方审慎考量，最终决定在上海开出一块"试验田"，兼顾安全的同时推进一系列大胆的制度创新。

2013年8月27日，习近平总书记主持召开的中央政治局会议，听取了上海自贸试验区筹备工作汇报。会议指出：建立上海自贸试验区是党中央从国内外发展大势出发，统筹国内国际两个大局，在新形势下推进改革开放的重大举措，对加快政府职能转变、积极探索管理模式创新、促进贸易和投资便利化，为全面深化改革和扩大开放探索新途径、积累新经验，具有重要意义。

2013年9月29日，在一片蒙蒙细雨中，一个特殊的经济区域在中国出现了，众多企业、专家、媒体人士围在上海浦东外高桥基隆路9号门前，见证了中国第一个自由贸易试验区的揭牌仪式。9月29日这一天，对上海而言也有着重要的历史意义，它意味着上海在高水平对外开放的道路上迈出了至关重要的一步，也意味着中国将在新的国际投资规则坐标系下，实践更高水平的开放。更多自贸试验区按照上海经验推动建设，中国也将会更主动参与全球市场竞争，吸引更多外资机构加入。

作为中国的"试验田"，习近平总书记在2016年对上海自贸试验区建设提出了明确要求：对照最高标准、查找短板弱项，大胆试、大胆闯、自主改，进一步彰显全面深化改革和扩大开放试验田的作用，亮明我国向世界全方位开放的鲜明态度。

4.1.2　离世界最近的地方

中国首个自贸区为何要选在上海？

时任商务部部长高虎城在上海自贸试验区挂牌的当天说，有三方面的原因，可大致概括为：上海开放型经济体量大，内外经济联系面广，能够聚集国际化企业；上海具有较为成熟的监管制度和管理经验；上海地处长三角较好的区位优势。

上海作为中国首个自贸区的设立地，通过先行先试，能够为中国的改革开放和经济发展探索新路径、积累新经验。这和中国改革开放历史进程以及上海的地位和作用完全吻合。邓小平曾说，上海浦东是中国的一张王牌，要把改革开放的旗帜打出去，所以1990年的浦东开发开放正是上海担起重大国家战略任务的起点。

早在上海自贸试验区设立之前，在中国的对外开放之路上，上海经验丰富。早在20世纪90年代，上海浦东就设立了中国第一家中央政府批准的保税区——位于东海之滨，黄浦江入海口南侧的外高桥保税区，如今还耸立着一座形似海鸥在展翅飞翔的拱门，门上雕刻着格外醒目的几个大字：中国（上海）自由贸易试验区。

外高桥不仅是中国第一个保税区，无论是经济总量，还是外贸收入、外资引进公司数量，都占据了全国14个保税区的半壁江山。外高桥保税区作为先行者，它在政策创新和功能开发上具有先发优势，并且在全球享有盛誉，是国际贸易和投资的重要平台。

外高桥保税区为上海自贸试验区提供了坚实的基础和动力，其推动了上海自贸试验区在多个领域的创新和发展。

在上海外高桥保税区成立自贸区之前，其英文译名背后还有一个小故事。外高桥海关5号门拱门上写着"China（Shanghai）Free Trade Zone"，其中的"Free Trade Zone"直译是自贸区的意思，懂英文的看到就知道这是自贸区，背后是时任国务院总理朱镕基的高瞻远瞩："中国的保税区，就是你们的自由贸易区，Free Trade Zone"。

中国的自由贸易试验区名字源自国际上通用的"Free Trade Zone"。放眼全世界，自由贸易区诞生至今已有60年的历史。1959年爱尔兰政府设立香农自贸区，这是被公认为世界首个真正意义上的自由贸易园区。至今，全球已建成自由贸易园区数量超过5000个，覆盖100多个国家和地区。

由于自由贸易试验区是中国首创的新名字，为了更加体现出上海自贸试验区的"试验"功能，后来，经过多方考量后，将上海自贸试验区的英文译名定为"China（Shanghai）Pilot Free Trade Zone"，这里的"Pilot"既有"试验"又有"领航"的意思。

"领航"一词还意味着飞行员不断地在天空翱翔探索。这也符合上海率先站在改革最前沿的寓意。

在货物贸易占全球贸易主流的时代，为方便监管，海关特殊监管区多半设有"铁丝网"这种物理围栏。而与传统货物贸易不同的是，上海自贸试验区没有围栏没有边界，它的服务贸易更加不受区域限制。说到自贸区，可能很多人不太理解其中的含义，但一说到保税仓库，大家都懂了，因为顾名思义，保税就意味着在里面买东西不交税，而现在的自贸区，比保税区的作用更广，除了买东西不用交税，还可以在里面开展更多贸易服务，未来甚至还将可能实现货币自由兑换和投资自由。

有一批机构投资者发现，在上海自贸试验区注册不需要太高的成本。按照自贸试验区企业准入规定，除银行、证券、基金、保险、直销等行业以外，大部分企业注册时改实缴资本为认缴资本，并且取消最低出资规定。这项规定在很多人眼里等同于"零元注册"。

上海自贸试验区内的外高桥还被称为"离世界最近的地方"，这里对外资也是非常友好，无论投资何种领域，外资机构均可申请100%控股的独资公司。位于上海浦东基隆路6号的外高桥大厦，是外高桥保税区的第一栋大楼，别看它现在的外观有些陈旧，自贸区成立之初，它吸引了众多外资机构来这里填表登记。

外高桥还处理了最难对付的对离岸贸易的监管。通过推出全国首个综合运用境内外数据以辅助银行开展贸易真实性审核的平台"离岸通"，上海自贸试验区破解了离岸贸易订单流、货物流和资金流"三流"分离带来的真实性审核难题。

外高桥之于上海自贸试验区意义重大，自贸区的设立也让浦东迎来了21世纪第二个重要的十年。"如果说21世纪第一个十年浦东的最大机遇是综合配套改革，第二个十年的最大机遇毫无疑问是自贸试验区。"时任上海市委常委、浦东区委书记沈晓明说。

4.1.3　金融开放的"自贸区经验"

上海自贸试验区十年蝶变，伴随着在金融开放领域的探索，对上海国际金融中心建设而言，弥足珍贵。

上海自贸试验区自成立至今，对金融改革的核心任务就是始终坚持金融制度创新。从自贸区成立前三年交出的"答卷"来看，金融，无疑是最具分量、最富有上海特色的改革试验领域之一。

2015年10月，中国人民银行联合多部门印发《进一步推进中国（上海）自由贸易试验区金融开放创新试点　加快上海国际金融中心建设方案》，该方案内容主要涉及率先实现人民币资本项目可兑换、进一步扩大人民币跨境使用、不断扩大金融服务业对内对外开放、加快建设面向国际的金融市场、不断加强金融监管，切实防范风险五大方面，共40条内容，因此也被称为"金改40条"。

"金改40条"被认为是加速推动上海自贸试验区和上海国际金融中心建设的纲领性文件。

"金改40条"中包含了多项金融创新试点，比如，备受期待的人民币资本项目可兑换。人民币资本项目可兑换是指一种货币不仅在国际收支经常性往来中可以本国货币自由兑换成其他货币，而且在资本项目上也可以自由兑换。其中的资本项目可兑换可理解为取消对资本和金融交易及汇兑的限制。这样做能够逐步提高资本项下各项目可兑换程度。

1993年，党的十四届三中全会首次提出要"实现人民币可兑换"。

中国自1996年开始，宣布实现经常项目可兑换，国内已经在对外贸易、投资及其他多方面为实现资本项目可兑换打下了基础。在此基础上，彼时才成立三年的上海自贸试验区就带来了巨大的开放政策红利：进行人民币资本项目可兑换的先行先试。

其实，这也在情理之中，原因是从2016年10月1日开始，人民币正式加入国际货币基金组织（IMF）特别提款权（SDR）货币篮子，人民币"入篮"意味着中国可以正式发挥稳定全球金融市场的积极作用，意味着将会有更多资本项目的开放义务。

除了人民币资本项目可兑换，上海自贸试验区在成立前三年内还开展了利率市场化、金融市场开放、人民币国际化等核心领域金融改革的先行先试机制，基本形成宏观审慎和风险可控的金融监管体系，金融开放创新措施的系统集成已初具规模。

高度开放和国际化，使得上海自贸试验区吸引了一大批机构的集聚，特别是境外的金融机构。因为上海自贸试验区的金融改革任务中，除了要推动资金自由流动，另一个重要使命是吸引外资金融机构，这意味着上海金融市场能够更好地配置国际金融资源。

如今的上海自贸试验区早已形成外资资管机构的聚集效应，注册在上海自贸试验区的外资资管机构包括但不限于：汇丰银行（中国），首批在上海自贸试验区开业的外资银行之一；渣打银行（中国），获国内公募基金托管牌照的外资银行之一；花旗银行（中国），获国内公募基金托管牌照的外资银行之一；贝莱德基金，全国首家外资独资公募基金管理公司；路博迈基金，全国第二家外资独资公募基金公司；施罗德基金；富达基金；等等。

2023年9月29日，这一天，不仅是中秋节，也是中国第一个自贸试验区——上海自贸试验区成立十周年纪念日。中国人民银行上海总部在"自贸区十周年金融改革成果"发布会上对上海自贸试验区成立十年来在深化金融改革、扩大金融开放方面先行先试等方面开展的一系列有益探索给予了充分肯定。

回顾这十年，伴随着上海自贸试验区的发展，一揽子开创性政策推出，制度创新不断。截至2023年6月末，上海自贸试验区内银行业机构数量达588家，保险业机构数量达135家。其中，片区内共有49家银行业金融机构建立了自由贸易账户核算体系，自由贸易账户资产总计1.06万亿元。

自由贸易账户是金融服务企业"走出去"和非居民企业跨境收支的重要载体。上海自由贸易账户启动服务近十年来，开立主体从自贸试验区区内企业扩展到全市符合条件的企业，各类主体共开立14万个自由贸易账户，累计发生本外币跨境收支折合人民币142万亿元，年均增长35%。该项指标位居全国首位，体现了上海与时俱进的离岸金融服务能力。

自由贸易账户体系的创设，对跨境金融服务功能有显著提升。在上海自贸试验区，跨境资金的流动更加便利，人民币跨境使用也有了众多新举措，包括经常和直接投资项下跨境人民币结算、个人银行结算账户、人民币境外借款、跨境双向人民币资金池等。在上海自贸试验区成立的前十年里，辖区内人民币跨境收支年均增长34%。

4.1.4 俘获投资者的心

上海自贸试验区设立初期，在这块28平方公里出头的土地上，迎接了各路热情的投资者。

2014年9月18日，时任国务院总理李克强在时任上海市委书记韩正等人的陪同下考察上海自贸试验区，李克强总理对围拢过来的群众说："要让在上海自贸试验区注册的企业，不但站得住，而且活得好，更要赢得大未来！"

浙商毛显阳早在2012年就在当时还是外高桥保税区的自贸区注册了公司，从事办公、文具、电子类产品的批发零售业务。毛显阳兴奋地说，没赶上第一次改革开放的红利，自贸区在他心里的意义等同于第二次改革开放。

上海自贸试验区让温州人陈曙的保险网梦想有了新的起点。从那天起，他和自贸区管委会的合影就成了他微信的封面照。让陈曙难忘的日子定格在2013年10月11日。当天上午，陈曙和其他4位温州商人投资的"阿礼尔（上海）网络技术有限公司"，将上海自贸试验区第一张具有范本意义的外资营业执照收入囊中。该执照核准号的尾号为1，注册资金300万美元，该公司也是拿到上海自贸试验区营业执照的首家网络企业。这个第一名在陈曙看来也是机缘巧合。10月8日早上8时，陈曙的合伙人方玉书就赶到现场递交了申请材料。"本来排在我们前面有7家企业预约，不过那天上海下大雨，那7家企业都没有去成。"

实际上，上海自贸试验区的发展机会被很多海外头部金融机构"盯"住了，设立10年多来，除了外商独资公募基金入驻，伴随着金融开放，首家外资全资控股证券公司、首家外商独资保险控股公司等一批首创性项目也纷纷落户上海自贸试验区。

2014年，新加坡人梁莹莹来到上海陆家嘴，加入施罗德投资集团。这成为她对自己人生的一笔"成功投资"。"当时，施罗德投资集团把我调派到上海，进一步扩展在中国的业务。通过在上海的工作，我拓宽了视野，深入了解中国这个全球关键的金融市场。"作为一家资产管理总值逾9000亿美元的国际资管巨头，施罗德投资集团与中国的缘分可以追溯到20多年以前——1994年在上海成立第一个中国内地代表处。受益于上海自贸试验区的金融开放政策，其开启了"顺势飞扬"的快速发展模式。2015年，施罗德投资正式进驻上海自贸试验区，成立全资子公司，并于2017年升级为外商独资投资管理公司（IM WFOE）——施罗德投资管理（上海）有限公司，并完成了私募证券投资基金管理人登记。

掌管超过8500亿美元的全球私募巨头汉领资本上海办公室在2023

年正式运营。汉领资本亚太投资联席主管、董事总经理夏明晨说:"上海是对我们来说最好的选择。我们对亚太地区的资本市场发展和投资机会长期保持信心,上海办公室成立后将充分利用上海自贸试验区的制度创新优势,进一步促进汉领资本中国业务的发展。"

2022年5月,汉领资本获批上海QFLP试点资质,并成为上海首家通过QFLP设立的S基金,进一步加强汉领资本国内业务发展。夏明晨透露,除了利用QFLP试点资质进行人民币基金的投资,后续还将进行基金管理人的登记,完成后可向境内投资人募资设立人民币基金。

作为一家1939年在美国成立的老牌华尔街机构,路博迈集团也在2020年4月1日申请入驻上海自贸试验区,这一天也是国内公募基金外资持股比例限制正式取消、行业实现全面开放的重要节点。考虑到资管行业的轻资本属性,以及海外金融机构在投资研究、产品设计和公司治理等多方面的成功案例,并借鉴亚洲成熟市场的开放发展经验,路博迈集团认为,"资管行业可能是中国金融开放浪潮中受益最大的子领域。外资机构基于各自的资源禀赋,或通过直接控股基金公司、与境内强势零售渠道或商业银行合作、创新产品形式等方式快速切入中国市场,对中国资产管理行业形成一定的鲇鱼效应"。

4.1.5 自贸区内独有的快

快,是大家对上海自贸试验区的第一感受。比如,一架满载服贸商品的外国航班在上海浦东机场降落,从卸货到通关出区,最快只要不到4小时的时间,而这在自贸区之外的区域至少需要1~2天的时间。海外进口的水果如果当天到港,更是可以在当天就送到消费者手中,显然,这都是自贸区之外其他区域远不能达到的速度。

不仅是贸易便利,简化流程的上海自贸试验区给跨境投资也带来极大的便利。

上海自贸试验区设立后,知名好莱坞制片人罗伯特·西蒙斯一开始还很焦虑项目能否顺利交割，美国人一直很担心中国买家的投资是否会因为中国政府的"审批"过程太长而耽误重要时机。此前中国内地投资者完成一笔境外股权投资的审批时间长达数月，而中国公司除了口头承诺很难提供实质性的保障，一旦审批失败，造成的后果往往令双方都很难受。

弘毅投资的项目负责人却不担心，反倒安慰起这位焦急的美国人，项目负责人的信心正是建立在上海自贸试验区的制度里：凡3亿美元以下境外投资一般项目，均由审批改为备案制，不再需要提交可行性研究报告，5个工作日内就能拿到境外投资项目的备案证书。弘毅投资的承诺最终兑现，整个项目备案只用了4天时间，好莱坞的电影市场首次迎来中国的投资者，这便是当年弘毅投资在上海自贸试验区实现的第一单闻名中外的"出海投资"，向外投资1.86亿元，联合苏宁电器共同收购PPTV。

"上海自贸试验区真是让我爱死了。"弘毅投资总裁赵令欢曾向媒体如此表达，"我们做国外投资时根本不会再有顾虑了。"也正是因为自贸区，赵令欢和他的弘毅投资得以与全世界的竞争者站在同一条起跑线上。

临港新片区"加速度"给不少制造业企业带来了便利。作为中国首家外商独资汽车制造企业，特斯拉在上海自贸试验区临港新片区创办的上海超级工厂占地面积达86.5万平方米，总投资500亿元。自2018年7月与上海市政府战略签约到开工建设到投产交付，特斯拉上海超级工厂仅用了一年半的时间，创纪录地打造了投资项目的"特斯拉速度"。

2019年12月30日，首批15辆国产特斯拉Model3在上海超级工厂正式交付给客户。在Model3交付仪式现场，特斯拉公司创始人兼首席执行官埃隆·马斯克特意向上海市政府送出感谢信："我深知没有中国政府特别是上海市政府的支持，我们无法完成这样一个奇迹，是我们共同创造了令人惊叹的上海速度，也创造了全球汽车制造业的新纪录。"

上海自贸试验区给企业准入带来的便利和快捷，就连中国足球界"教父"级人物徐根宝也嗅到了。2015年11月，身为上海上港集团足球俱乐部总顾问的徐根宝来到上海自贸试验区保税区片区，此行是为了领取"上海根宝投资发展有限公司"相关证照，紧接着就要飞往西班牙，收购西乙B联赛的洛尔卡足球俱乐部。这位足球名帅曾在上海崇明岛打造"根宝足球基地"，培养了众多现役国脚和知名中超球员，他想在欧洲再造一个足球基地，将精英球员输送到西班牙训练。

而在上海自贸试验区，企业准入便利化改革可以助他很快完成去西班牙收购洛尔卡足球俱乐部的手续。当天晚上，徐根宝就飞往了西班牙。自贸区的企业准入"单一窗口"延伸功能及企业住所集中登记试点，使得在自贸试验区办事变得更加方便。

4.1.6　持续扩区的辉煌

位于上海浦东港华路的上海集装箱外高桥码头，这里停靠着众多巨型轮船，无数货物每天被从这里运输离开长江入海口，驶向全球。这只是上海自贸试验区曾经的一角，经过10年多的发展，自贸区的面积和片区都在不断延展。成立初期，覆盖面积28.78平方公里，涵盖上海市外高桥保税区、外高桥保税物流园区、洋山保税港区和上海浦东机场综合保税区四个海关特殊监管区域。

2014年12月28日，全国人大常务委员会授权国务院扩展中国（上海）自由贸易试验区区域，将面积扩展到120.72平方公里。扩展区域包括陆家嘴金融片区、金桥开发片区和张江高科技片区。

2015年，上海自贸试验区正式完成扩容，实现了从最开始的28.78平方公里向120.72平方公里的大跨越。

自贸区在扩区之前是由海关特殊监管的，但上海自贸试验区的作用远不只让贸易变得便利，它还有一项重要使命就是试验金融开放。上海财经大学自贸区研究院秘书长陈波认为，上海自贸试验区是一个综合改革的概念。

2014年底，上海自贸试验区在讨论扩区时，选择了三大片区，分别是陆家嘴金融片区、金桥开发区片区和张江高科技片区。陆家嘴之于金融的作用不用说，作为国内金融要素最密集的区域，陆家嘴给上海自贸试验区的扩区带来了更多金融机构，让上海自贸试验区实现了从之前保税区的"仓库里"走出来的金融改革。金桥片区和张江片区又分别代表了中国的先进制造业和高新技术，这两大片区都弥补了原有自贸区的短板，并且在扩区之后，同属上海自贸试验区的陆家嘴片区也能为张江片区提供开展金融创新的更多可能，张江片区也能给自贸区的贸易发展带来更多创新要素。

上海自贸试验区扩的辉煌还在续写，临港是一个奇迹。

2018年11月5日，习近平总书记亲自谋划、部署、推动，在首届进博会开幕式上宣布增设临港新片区，为上海自贸试验区建设领航定向。

2019年7月27日，国务院印发《中国（上海）自由贸易试验区临港新片区总体方案》，决定在上海大治河以南、金汇港以东以及小洋山岛、浦东国际机场南侧区域设置新片区，先行启动区面积为119.5平方公里。

2019年8月20日，上海自贸试验区临港新片区正式揭牌，这意味着上海自贸试验区又迎来了一位新成员，临港也不再是那片荒滩海涂，它被时代赋予了更深刻的历史使命。

20多年前，"临港"并不存在，它只是适合钓鱼的滩涂边界，滩涂是长江泥沙经过岁月的冲积，以及钱塘江的浪潮顶托之后再不断沉淀才形成的。2002年，对临港来说是至关重要的一年，上海洋山深水港启动建设，至此，命运的齿轮开始转动。彼时，上海计划要在一片滩涂上打造一座新城，就叫"临港"，打造一座新城的工程极其浩大，"吹沙填海，滩涂造城"，当时的计划是利用深水港配套临港这块陆域来做国际贸易。临港建成之后，真正的转折点发生在2018年首届中国国际进口博览会上，习近平总书记给上海送上了一份"大礼包"，其中就有"将增设中国上海自由贸易试验区的新片区，鼓励和支持上海在推进投资和贸易自由化便利化方面大胆创新探索，为全国积累更多可复制可推广经验"。

临港新片区附带的洋山岛地理位置优越，水深足以满足建立一座世界级的港口。2020年5月16日，洋山特殊综合保税区正式揭牌。中国（上海）自贸区管委会官网公布相关示意图：临港新片区的范围在上海大治河以南、金汇港以东，以及小洋山岛、浦东国际机场南侧区域。临港新片区覆盖的陆地面积达873平方公里，将这一数字对比来看，相当于中国26个澳门特别行政区的陆地面积；马尔代夫近3倍的陆地面积；亚洲四小龙之一的新加坡，国土面积也不过才733.2平方公里。

面积广阔的临港有着更重要的使命和作用，它背负着"国家级战略"，不仅要助推上海国际金融中心的建设，打造国际航运中心，还要为上海带来新的战略增长点。

上海自贸试验区增设新片区具有国家"试验田"功能。而增设的临港新片区是可以直接对标国际上公认的竞争力最强的自由贸易区，这也直接反映出中国不断向更高水平开放迈进的决心。

2021年4月15日上午，上海外高桥港综合保税区颁证揭牌，标志着全国第一个保税物流园区——外高桥保税物流园区正式转型升级为外高桥港综合保税区。如今的上海自贸试验区范围涵盖五大片区：保税区片区、陆家嘴片区、金桥片区、张江片区、世博片区，之外再加一个临港新片区。其中，保税区片区又包含上海浦东机场综合保税区、上海外高桥港综合保税区、上海外高桥保税区。临港新片区内还专为洋山特殊综合保税区设立了物理围网区域。

作为中国深度市场化改革的"试验田"，截至2020年底，上海自贸试验区累计新设企业6.9万户，是前20年同一区域的1.7倍，其中新设外资企业1.2万户，更有328项制度创新成果从上海推广至全国。

4.1.7 临港新片区：众多新名片

临港新片区的设立是中国继深圳特区、浦东开发和自贸试验区之后的又一个里程碑式的决策，是中国改革开放逐步推进带来的产物，是中国进一步走向世界舞台中央的起跳板。

临港新片区不仅会加速推动金融开放创新发展，它的特点是制度型开放程度更广、更深，这套新体系更加注重投资自由、贸易自由、资金自由、运输自由、人员从业自由等。

临港新片区更进一步强化开放型经济制度创新和风险压力测试，它是中国跨境金融开放创新的重要窗口，"跨境金融""离岸金融中心"正是它的闪亮新名片。

外界对上海的第一印象是金融之城，谈到金融要素自然离不开陆家嘴金融城，但除了陆家嘴，位于上海东南方向的临港滴水湖总是会被遗忘，如今的滴水湖不仅适合游客周末去骑车和放风，金融湾也将是滴水湖大放异彩之地。

有过打造陆家嘴金融城经验的上海，选择在临港滴水湖再打造一张新的国际金融中心名片。

滴水湖金融湾是上海金融业发展的重要版图之一，也是统筹在岸与离岸业务、创新金融发展的重要功能承载地，目前已初具未来新兴金融中心雏形。国内首家中外合资理财公司汇华理财、首家外商独资金融科技公司汇丰金融科技等一批标志性跨境金融服务机构已相继落地滴水湖金融湾。

一个开放、创新的跨境金融生态环境正在临港滴水湖悄然诞生。目前，临港新片区已实现首单境内贸易融资资产跨境转让业务、首单探索取消外商直接投资人民币资本金专用账户试点、首单金融租赁自贸区SPV跨境设备租赁等一批示范性金融服务创新案例的先行突破。

上海临港新片区经济发展有限公司产业促进中心副总监陈明伽对

于临港的变化感触深刻，2019年临港新片区刚揭牌时，他比首批入驻的13家企业还要先拿到执照。陈明伽参与了滴水湖金融湾的建设，这是上海临港新片区经济发展有限公司的重点工作，未来临港新区希望能有一座可以比肩陆家嘴和外滩的金融城，滴水湖金融湾也将聚焦总部经济、跨境金融、国际贸易、金融科技、数字经济等重点产业。

"临港曾经是以制造业为主的。新片区成立后，要大力发展现代服务业，尽快实现产业升级。而金融能够渗透到产业的各方面，做好金融服务就像是修好了一条高速公路。只有路修好了，产业才能跑得又快又好，串联起一个完整的产业生态。"参与滴水湖金融湾建设后，陈明伽感触颇深。

以滴水湖金融湾为中心的临港金融中心的打造也在加快。国务院最新印发了《全面对接国际高标准经贸规则推进中国（上海）自由贸易试验区高水平制度型开放总体方案》。扩大金融服务对外开放是总体方案赋予上海对接国际高标准经贸规则、先行先试的重要任务，将为上海国际金融中心稳步扩大金融领域制度型开放提供有利条件。

2022年颁布的《临港新片区加快发展新兴金融业行动方案（2022—2025年）》中明确提出："力争到2025年，基本建成以智慧金融、开放融合、协同善治为特色的新兴金融中心，将滴水湖金融湾打造成为新兴金融集聚的新高地、金融科技发展的样板间、对接国际规则的试验田、海内外金融人才的首选地。"

2024年，中共中央办公厅、国务院办公厅印发的《浦东新区综合改革试点实施方案（2023—2027年）》中也提到要推动临港在金融领域的发展："推动中国（上海）自由贸易试验区及临港新片区在前沿产业发展、跨境和离岸金融、新型国际贸易等领域进一步深化改革、扩大开放，支持对接国际高标准经贸规则推进制度型开放，在若干重点领域率先实现突破。在符合相关法律法规规定的前提下，支持通过地方政府间协议等机制，与贸易中心城市开展高水平合作。开展国际高标准经贸规则相关条款压力测试，探索与更高水平开放相适应的风险防范体系。"

从上述众多政策文件可看出，临港要打造的金融中心是基于上海国际金融中心的整体布局而扩大的金融领域，临港的金融特色主要是跨境金融、离岸金融等。

与经济特区不同的是，独特的跨境特点，让临港离世界也很近。在上海财经大学自由贸易区研究院院长赵晓雷看来，临港是对标全球最高标准建成的特殊经济功能区——在资源要素流向上，从单一的引进外资为主向"引进来""走出去"双向流动转型。在产业结构上，从出口加工制造为主向具有国际市场竞争力的开放型产业体系转型。在核心功能上，从经济体制改革和对外开放试验向集聚配置全球高端资源要素转型。

以临港新片区为核心的离岸金融中心，其职能包括海外投资、离岸人民币定价、跨境贸易融资等，它能在在岸和离岸金融中心间建立适当的联系机制。

目前，临港新片区已经先行先试推出了离岸金融产品：2021年，临港集团在临港新片区成功发行首单在岸自贸临港新片区专项债；2022年6月30日，临港集团在临港新片区成功落地上海首单跨境离岸人民币权益融资产品；已向上海证券交易所申报的"国泰君安临港创新智造产业园REIT"，是上海市属国企、临港新片区首单公募REITs，也是全国首单以标准厂房为基础资产的产业园公募REITs……这些案例为后续在临港新片区打造更多离岸金融产品提供了实践经验。

如今，临港的离岸金融中心正在吸引越来越多国内外大型机构入驻，这背后离不开"诱人"的政策：支持境外金融机构参与设立、投资入股商业银行理财子公司；支持外资在片区设立由外资控股或全资持有的证券公司、基金管理公司和期货公司；支持在临港新片区设立由外资控股或全资持有的人身险公司；支持境外金融机构在临港新片区投资设立、参股养老金管理公司……

作为临港新片区揭牌成立后首批设立的金融机构，中国银行上海市分行聚焦新兴金融业务，为临港新片区高质量发展注入源源不断的金融力量：成立"新片区跨境金融联合工作室"，与临港跨境数科公司成立"跨境金融数据创新应用联合实验室"……

除了银行业，保险业也将目光放在了临港。2023年11月末，中国人寿与新华保险均发布公告称，双方拟分别出资250亿元，合计500亿元，共同发起设立私募证券投资基金。目前，该基金公司已落地临港。

投资人士自然也不会放过这片待开发的蓝海。全国首家外资控合资理财公司——汇华理财、全国第9家外商独资公募基金公司——安联基金、上海市首家余额管理制QFLP基金试点——毅峰投资，均选择落地临港。数据显示，近四年来，临港新片区无论是新设私募股权管理人还是私募证券管理人，新设企业数量都名列全市第一，在全市占比30%。

论实际开放程度，临港新片区是目前中国的"领头羊"，并且加上独特的地理优势，临港新片区更加有往自由贸易港方向发展的可能。

自由贸易港将会给临港乃至中国带来什么？

我们可以参考下19世纪就成为自由贸易港的香港。经过100多年的发展，对外贸易始终是香港经济发展之本，香港也曾是全球公认的最自由的贸易区，原因是资金流通顺畅、营运效率高。

临港新片区含洋山特殊综合保税区，这是国内目前海关特殊监管区中唯一的特殊综合保税区，未来发展潜力巨大，有望成为亚太地区最重要的中转港。

洋山特殊综合保税区中的小洋山岛区域，其定位是建设国际航运服务开放先行区。这里也许会是将上海航运中心和贸易中心提升至世界级水平的理想集聚地。

中央对临港新片区的规划是，到2025年，建立比较成熟的投资贸易自由化便利化制度体系，打造一批更高开放度的功能型平台；到2035年，建成具有较强国际市场影响力和竞争力的特殊经济功能区，形成更加成熟定型的制度成果，打造全球高端资源要素配置的核心功能，成为中国深度融入经济全球化的重要载体。

临港的未来更值得期待！

4.1.8 负面清单大缩水

上海自贸试验区成立后，就率先试点了负面清单制度，并在金融服务、跨境服务贸易、市场准入等多领域、多层面进行实践。

没过多久，2013年9月30日，《中国（上海）自由贸易试验区外商投资准入特别管理措施》发布，这是中国第一次用负面清单管理外商对华投资。

次年9月，正值上海自贸试验区成立一周年之际，时任国务院总理李克强在上海自贸试验区考察时，现场的工作人员用3张桌面向总理展示负面清单管理的探索：绿色桌面堆满改革前限制措施的186份文件，蓝色桌面摆着被调整的151份文件，橙色桌面上是目前留存的35份文件。李克强指着空出大半的橙色桌面说，要继续压缩负面清单，给市场"让"出更大空间！

李克强说，自贸区的负面清单，简政放权，减出来的空间给了市场，赋予企业更多的创业空间，而政府自身增加的是责任，要求有更精细化的管理和更高的工作效率，"法无授权不可为，法无禁止皆可为，法定职责必须为"。

时任上海市委书记韩正认为，上海自贸试验区最大的亮点在于负面清单管理，而最大的挑战来自政府的事中、事后监管。在"负面清单"出现之前，中国外商投资管理的主要依据是《外商投资产业指导目录》，指导目录分条列出了对外资的鼓励类、限制类和禁止类行业。

负面清单，一种国际通行的外商投资管理办法。简单来说，写在清单内的不能做，清单之外，"法无禁止皆可为"。一般而言，没有列入负面清单的外商投资项目，可以在4天左右拿到营业执照和组织机构代码。微软曾经一直想和中国企业合资在中国生产和销售游艺设备，但因为政策限制，微软的计划一直没有落地。直到2013年上海自贸试验区的成立，外资从事游艺设备的生产销售并不在负面清单之上，于是，微软可以先取得营业执照，再向主管部门申请营业许可，3个工作日就完成了备案和登记手续。

2015年，负面清单上的数字缩减到122项。同年9月，上海永远幸妇科医院以外商独资身份成功申请到工商营业执照，成为中国内地第一家外商独资医院。医院建在富特西一路477号，医院管理层对庞大的中国市场十分有信心。"2000年初集团旗下的日本医院每年就接收400至500对中国夫妇，进行辅助生育方面的治疗。为什么不能让这些患者在家门口就享受到永远幸的治疗呢？"

上海自贸试验区允许设立外商独资医疗机构之后，又进一步扩大开放，取消外商投资医疗机构的最低投资总额和经营年限限制。一系列制度创新，吸引了日本永远幸医疗集团的关注。上海永远幸妇科医院营业8年，甚至没有专门打过广告，却实现接诊患者15万人次。这让院长徐杰感到超出了预期。

探索负面清单管理，是不是意味着政府可以"大撒把"？对此，一位曾在上海市政府担任顾问角色的资深人士的回答或可解疑："负面清单不是说不管，它后面的监管应该非常强，就是刚出现的新行业，也有办法监管。试验区设立后，一定要注重监管能力的提高。只有事后监管有信心了，很多事前审批才能取消。"

国务院发布的2021年版自由贸易试验区外商投资准入特别管理措施（负面清单）显示，负面清单的条数为27条，相比上海自贸试验区成立首年的190条有了大幅缩短。有观点分析认为，这是以开放倒逼改革，以改革释放发展红利。

从190条减到27条，这一变革标志着中国在对外商直接投资的准入政策上实现了重大制度创新。政府对投资项目的管理方式由前置审批转变为注重投资过程中和完成后的监管，这不仅有助于完善外商投资的管理体制，而且对于构建高标准的自由贸易试验区、打造制度型开放的新机制都具有深远的影响。

2023年9月，习近平总书记在中国国际服务贸易交易会全球服务贸易峰会上强调，扩大面向全球的高标准自由贸易区网络，积极开展服务贸易和投资负面清单谈判。同年10月，习近平主席在第三届"一带一路"国际合作高峰论坛上宣布，全面取消制造业领域外资准入限制措施。

2024年的政府工作报告提出，继续缩减外资准入负面清单，全面取消制造业领域外资准入限制措施。现行的外资准入负面清单包括全国版和自由贸易试验区外资准入负面清单。其中，自由贸易试验区外资准入负面清单已实现制造业清零。

伴随负面清单的越缩越短，全国首家外商独资券商、首家外商独资公募基金管理公司、首家外商独资保险控股公司先后在自贸区落地。

4.1.9 辐射带动长三角发展

浦东新区是上海的一张"王牌"，因为它不仅承载了自贸试验区等重要国家战略使命，还是能发挥重要辐射带动作用的"引领区"。

2021年，《中共中央 国务院关于支持浦东新区高水平改革开放打造社会主义现代化建设引领区的意见》出台，《意见》明确，到2035年，浦东现代化经济体系全面构建，现代化城区全面建成，现代化治理全面实现，城市发展能级和国际竞争力跃居世界前列。

为什么"引领区"会落在浦东？

首先浦东经历了过去30多年来天翻地覆的变化，从"宁要浦西一张床，不要浦东一间房"，到现在创造出了巨大经济体量，浦东一直是政策方向的体现。其次，浦东成为"引领区"，也是中华民族伟大复兴战略全局和世界百年未有之大变局所赋予的使命。

习近平总书记在浦东开发开放30周年庆祝大会上的讲话谈道："新征程上，我们要把浦东新的历史方位和使命，放在中华民族伟大复兴战略全局、世界百年未有之大变局这两个大局中加以谋划，放在构建以国内大循环为主体、国内国际双循环相互促进的新发展格局中予以考量和谋划，准确识变、科学应变、主动求变，在危机中育先机、于变局中开新局。"

浦东的壮大和创新不只关系上海的发展，上海位于中国东部沿海的中心位置，是长江入海口，这使得上海成为连接中国内陆和国际市场的重要门户。因此，上海在长三角一体化的发展中将会起到核心龙头作用，通过制度创新、贸易效应、经济增长等多方面的辐射作用，对周边地区产生积极的带动效应，从而促进区域经济的协调发展和创新能力的提升。

上海作为中国的金融中心，拥有众多的金融机构和金融市场，为长三角地区的企业提供了丰富的金融服务和资金支持。同时，较高的国际化程度，也能让上海为长三角地区吸引外资和国际合作提供平台。

在助推长三角一体化战略和区域一体化上，上海于2023年成功发行了"长三角一体化发展示范区债"。这是全国首单专项用于服务长三角一体化发展国家战略的债券。这不仅为区域内的企业提供了融资渠道，还推动了长三角地区的基础设施建设和产业升级。

坐拥天然的地理优势和时代赋予的重要使命，上海自贸试验区的建设与发展也会对周边地区的经济发展具有显著的带动作用。通过要素集聚，上海自贸试验区充分发挥规模效应与辐射作用，将所在区域建成经济增长极，并以此为中心大力吸引与有效配置周围地区的资源，实现要素的有效流动。

带着自由贸易试验区和"引领区"等重要国家战略使命，我们相信，先行先试的上海，在中国式现代化中将更好地发挥引领示范作用，上海必将创造更多令世界刮目相看的新奇迹。

4.1.10　跑步迈入下一个十年

2023年9月29日，全国人民欢度中秋佳节之际，上海自贸试验区迎来了10周年纪念日。

这10年来，上海自贸试验区不断坚持贸易便利化、政府职能转变，并且大胆试验、勇敢创新，取得了一系列丰硕的创新成果。

《中国（上海）自由贸易试验区建设10周年白皮书》显示，截至2022年底，上海自贸试验区累计新设企业8.4万户，是同一区域挂牌前20年的2.35倍。在上海自贸试验区建设的带动下，截至2022年底，浦东新区累计新设外资项目18691个，累计外资注册资本2172.74亿美元，累计实到外资749.94亿美元。

深化改革的步伐还在继续向前，上海正式印发持续推进中国（上海）自由贸易试验区及临港新片区改革创新的31条措施，明确除了加快落实相关部委要求的试点措施，将进一步在货物贸易、服务贸易、数字贸易、商务人员临时入境、优化营商环境等方面自我加压。

"如果用8个字来概括上海自贸试验区10年，那就是全国率先、全国标杆。"上海财经大学教授、中国自由贸易试验区协同创新中心首席专家孙元欣认为，上海自贸试验区的"全国率先"不仅源于建设时间最早，还体现在率先推进首创性和集成化制度创新、率先形成了自贸试验区改革领域的框架体系，堪称中国高水平对外开放的标杆。

在上海自贸试验区的经验带领下，中国自贸区的"朋友圈"已经扩容至21个，包括广东、天津、福建、辽宁、浙江、河南、湖北等地，逐步形成了覆盖东西南北中，统筹沿海、内陆、沿边的改革开放创新格局。每个地区都有不同布局和功能，形成了中国对外开放的新"雁阵"。

先行先试，是上海自贸试验区与中国其他自贸区最大的不同，最大的成就是先行先试带动了其他自贸区的发展为以后自贸试验区设立提供了重要的发展路径。

如今，上海自贸试验区的发展进入了下一个十年的阶段，不断深化的改革也已由最开始的"1.0时代"升级到如今的"4.0时代"，"4.0时代"更加注重临港自贸片区的开放创新，进一步迈向"投资自由、贸易自由、资金自由、运输自由、人员从业自由"以及"信息的快捷联通"的"五自由一便利"开放建设目标。

上海自贸试验区已经平稳顺利地度过了第一个十年的发展阶段，从"没有"到"有"。而在面对百年未有之大变局的复杂国际形势下，上海自贸试验区的新一轮建设面临着严峻的挑战，下一个十年，上海自贸试验区应该将目光放得更加长远，将竞争对手放眼全球，对标国际竞争力最强的自由贸易园区、自由贸易港，对接国际高标准经贸规则。

当初在设计自贸区概念时，都是假定还处在中国刚刚加入 WTO 之后的国际环境中，但如今面临着更大的国际形势挑战。上海自贸试验区还有更高的进步空间吗？

当然有。比如，负面清单的缩短。上海自贸试验区 10 年来一共推出了八版负面清单，未来，这个清单可以继续缩短。比如，更多的制度创新。上海自贸试验区用 10 年积累的经验向全世界郑重宣告：中国对外开放的大门只会越来越大。10 年前，人们对上海自贸试验区充满了期待，如今我们依旧期待它的下一个十年，上海自贸试验区也必将会为中国的改革开放之路带来更深刻的经验和更充实的样本。

未来上海自贸试验区要做好四件事：

第一，上海自贸试验区和上海自贸试验区临港新片区要加强协调、功能互补，形成更大的优势。

第二，上海自贸试验区和临港新片区要为浦东新区的引领建设作出最大的贡献，要坚决防止"灯下黑"。

第三，上海自贸试验区临港新片区和浦东新区要服务于国家五中心战略，要能够与上海虹桥国际枢纽站形成一个哑铃的两头。

第四，上海是长三角的龙头，三省一市都有自贸区，上海自贸试验区在四个自贸区联动上，不仅要有特色，而且时常要记得应该振臂一呼，把自贸区事业推向前进。

这四件事是逻辑由小到大的关系，最终共同服务于中华民族伟大复兴总体目标。

一位曾在上海市政府担任顾问角色，且参与过早期上海自贸试验区设计的人士坦言，过去自贸区刚成立时，借鉴了西方金融市场的经验，再加上当时是全球金融危机刚结束的特殊时期，而如今，我们不应该再沿用过去的那套思路，应当走中国特色金融发展之路。

习近平总书记强调："金融是'国之大者'，关系中国式现代化建设全局。"

未来，追逐更高目标的上海自贸试验区还能给我们带来哪些惊喜？正如赵启正曾说的，追逐卓越是需要勇气的。

4.2　互联互通：走向世界的无形桥梁

互联互通机制是指通过交通、信息、能源、贸易等基础设施的建设与合作，实现不同地区、不同国家之间的紧密联系和资源共享。

上海，作为中国的经济中心和国际大都市，其发展与互联互通机制紧密相连，这里提到的互联互通机制主要是基于资本市场。中国的A股市场开设至今已有30多年，诞生了"沪港通"这一极具开创性的尝试，作为中国改革开放的前沿阵地，上海这座城市一直承担着特殊的历史使命，勇当敢闯敢试的开路先锋。

如今，互联互通机制自启动以来，已走过10年风雨，以沪深港通为代表的两地资本市场互联互通经过多年市场洗礼和实践考验，产品类型日渐丰富，交投规模稳步增长，投资者参与度不断提升。此外，还将重量级指数投资工具——ETF（交易型开放式指数基金）纳入投资标的，目前交易场所已覆盖一二级市场，投资工具已覆盖股票、债券、衍生品等。

2024年4月12日，国务院发布《关于加强监管防范风险推动资本市场高质量发展的若干意见》（简称新"国九条"），作出了"拓展优化资本市场跨境互联互通机制"等部署，为内地与香港金融市场互联互通的下一步发展指明了方向。

4.2.1　历史性开放尝试："沪港通""深港通"

中国资本市场的对外开放是中国对外开放的重要组成部分，在推进资本市场加速开放的历程中，互联互通机制是内地市场与香港市场互联互通的重大尝试。

2014年4月10日，中国证监会正式批复上海证券交易所和香港联合交易所开展沪港股票交易互联互通机制试点，简称"沪港通"，同年11月17日，中国证监会宣布正式推出"沪港通"。

"沪港通"为内地和香港投资者打通了两地股票市场投资的渠道，作为中国内地循序渐进开放资本市场的一大创新，"沪港通"的特点可以理解为：以最小的制度成本，换取最大的市场成效。

把一切都交给市场，这是"沪港通"的做法，内地和香港两地市场尽可能地保留沿用自身市场的法律法规、交易习惯，还尽可能地降低对投资者的限制因素，让市场力量发挥决定性作用，实现最大幅度的中国资本市场的双向开放。"沪港通"的设计遵循谨慎的原则，充分考虑各方因素和风险。

香港交易及结算所有限公司集团前行政总裁李小加曾公开表示，"沪港通"不是一个简单的新政策、新举措或新产品；"沪港通"代表了中国资本市场双向开放大格局中的一个新思路、新方法、新结构，具有很大的想象空间。

在李小加看来，"沪港通"除了表面上的两地交易所之间股票互联互通的商业性安排，其本质是中国资本市场双向开放这一盘大棋中的一步好棋。"在这个棋局中，交易所只是计划的执行者，是一个兵、一个卒，具体实施则由两地金融监管当局共同策划、设计与协调。而支持这一棋局的更大的历史背景则是中国新一代领导人开启的让市场发挥决定性作用的新一轮改革开放。"

"沪港通"不仅加快了资本市场的开放步伐，促进了两地市场的融合，使得投资者可以更加便捷地跨境投资，还提升了上海和香港两地市场对国际投资者的吸引力。对上海而言，除了完善上海当地投资者的结构，还能进一步推动上海国际金融中心的建设；对香港而言，可以继续稳固国际金融中心的地位。同时，与QDII（合格境外投资者）和QFII（合格境内投资者）制度一样，都是为了丰富中国跨境投资的方式，加强资本市场对外开放程度，但不同的是，由于"沪港通"以人民币作为结算和交易货币，这直接增加了人民币的跨境资本和金融交易的可兑换程度，对推动人民币国际化的进程也起到了一定作用。

在"沪港通"开设没多久之后，又一连接内地和香港的重要渠道被打通。2016年8月16日，《深港通实施方案》获国务院批准，同年12月5日，深圳证券交易所、香港联合交易所同时敲响开市钟和开市锣，备受期待的"深港通"终于落地"通车"。内地和香港投资者可投资的标的扩充了深市创业板以及港股小盘股，同时还取消了总投资额度。这标志着"股票通"在中国二级市场彻底打通，中国内地与香港股票市场的交易被全部打通，沪深港的共同市场由此形成。

对香港市场而言，沪深港打通的设立意义也非常重大，它还推动了"基金互认"的进程。7月1日不仅是香港回归的纪念日，也是内地和香港基金互认的启航日。2015年5月22日，中国内地和香港两地证监会同时宣布，内地与香港基金互认将于2015年7月1日正式启动。

基金互认的计划早在推出前就已筹备多年，而早期成立的香港公募基金一直等待进入内地市场的那一天。行健资产管理行政总裁颜伟华曾向媒体坦言，2010年公司成立香港公募基金时就是为了等待时机成熟、政策完备之后能进入内地市场，但这在当时算得上"非主流"产品，"在很久以前，我们已经相信内地和香港的基金市场会越来越融合，互联互通是大势所趋"。

基金互认计划启动之后，彼时，内地与香港两地的资管机构都想参与其中，中国证监会收到并受理了17只香港互认基金产品的注册申请，香港证监会那边则是收到了超过30只的内地互认基金的注册申请。最终，首批获批可进入内地销售的香港互认基金有3只，这些基金也被称为"北上"基金，分别是恒生中国H股指数基金、行健弘扬中国基金、摩根亚洲总预期年化收益债券基金；首批获批可进入香港销售的内地互认基金有4只，也被称为"南下"基金，分别是华夏回报混合证券投资基金、工银瑞信核心价值混合型证券投资基金、汇丰晋信大盘股票型证券投资基金、广发行业领先混合型证券投资基金。这些互认基金的类别涵盖了股票型、股票指数型、混合型和债券型等。

内地与香港的互认基金是继QDII基金之后，投资者能够借道配置海外资产的另一类投资工具，也丰富了投资者配置产品的种类和策略。对基金而言，这种互联互通是一种场外通，即投资者是通过场外认购基金的方式间接参与股票市场。不过，从目前互认基金的销售情况来看，呈现出了一种"北热南冷"的局面，国家外汇管理局数据显示，截至2024年3月30日，内地基金香港发行累计销售额为42.43亿元，累计净申购额为9.7亿元；香港基金内地发行累计销售额为1071.39亿元，累计净申购额为256.05亿元。

在数量上，"南下"基金数量仅有50余只，但"北上"基金数量已经多达130余只。造成南北基金差异大的原因，有可能是香港投资者对"南下"基金还不太了解，而内地投资者对香港市场有着极大兴趣。

4.2.2 "沪伦通"：上海走向欧洲的模板

伦敦是历史最悠久最发达的国际金融中心之一，上海的目标也是成为具有影响力的国际金融中心，那么，上海与伦敦的合作会带来什么呢？

那就是"沪伦通"。作为与发达资本市场的深度合作和制度创新，"沪伦通"是中国资本市场对外开放的重要举措之一，它是指上海证券交易所与伦敦证券交易所之间的互联互通机制。通过这一机制，符合条件的两地上市公司可以在对方市场发行存托凭证（DR）并上市交易，从而实现资本市场的双向开放。中泰证券首席经济学家李迅雷曾表示，"沪伦通"推出的意义重大，英国作为世界金融中心之一，也是中国金融走向世界的重要平台。

"沪伦通"的概念源自2015年9月举行的第七次中英经济财金对话，中英双方表示支持上交所和伦交所就互联互通问题开展可行性研究。经过近四年的筹备，"沪伦通"于2019年6月17日正式启动。当日，华泰证券于伦交所举行了GDR发行上市仪式，这标志着沪伦通首单登陆伦敦证券交易所，华泰证券成为国内首家"A+H+G"上市公司，此次发行上市创造了近年来多项英国乃至欧洲资本市场的融资纪录。

中国证监会和英国金融行为监管局发布联合公告，原则批准两所开展"沪伦通"业务。所谓的"沪伦通"，境外投资者除了通过港交所，还可以通过伦交所参与上交所的股票交易，上海作为国际金融中心的国际化程度再次得到提高。

"沪伦通"的启动是中国资本市场改革开放的重要探索，对拓宽双向跨境投融资渠道、促进中英两国资本市场共同发展、助力上海国际金融中心建设都将产生重要和深远的影响。同时，中英监管机构签署了监管合作谅解备忘录，将就"沪伦通"跨境证券监管执法开展合作。

实施"沪伦通"需要金融产品和服务的创新,这为上海金融业提供了新的增长点。通过与伦敦的合作,上海可以借鉴和引入更多的国际金融创新实践,提升自身的金融创新能力。

在"沪港通"的基础上,"沪伦通"的启动是中国资本市场对外开放的重要一步,对上海国际金融中心建设产生了积极的影响。上海财经大学现代金融研究中心副主任、教授奚君羊指出,伦交所的国际地位和国际影响力远远超过港交所,更何况其地处欧洲,具有突出的区位优势,对欧洲的投资者更有吸引力。因此,他曾提议,尽快提升"沪伦通"的能级,仿照"沪港通"模式,直接允许境外投资者通过伦交所参与上交所的股票交易。

相信未来随着"沪伦通"机制的不断完善和深化,其对上海国际金融中心建设的推动作用将进一步显现。上海需要抓住这一机遇,加快金融改革开放步伐,提升金融服务能力和水平,为建设具有全球影响力的国际金融中心而努力。

4.2.3 不可或缺的"债券通"

内地与香港的股票市场打通之后,中国金融市场的互联互通很快又再下一城。2017年5月16日,中国人民银行与香港金管局联合公告推出"债券通",同年6月,中国人民银行出台《内地与香港债券市场互联互通合作管理暂行办法》,允许境内外投资者通过香港与内地债券市场基础设施机构连接,买卖香港与内地债券市场交易流通债券的机制安排。这是继"沪港通""深港通"之后,中国金融市场的第三"通"。

"债券通"开通后没多久,市场就迅速火热起来。中国人民银行上海总部短期一下接受了110家左右的境外投资者关于通过"债券通"投资境内银行间债券市场的备案,其中,有20余家为此前已直接投资过境内银行间市场的机构投资者,其余80多家以基金等产品为主。

作为"债券通"的其中一个做市商,上海银行在2017年8月与易方达资产管理（香港）有限公司完成了首笔"债券通"的交易。

2017年7月，债券通"北向通"正式开放。由上海清算所规范"债券通"登记托管、清算结算业务，保障业务有序开展，制定并发布了《银行间市场清算所股份有限公司内地与香港债券市场互联互通合作登记托管、清算结算业务实施细则（试行）》。债券通"北向通"涵盖了中国债券市场的债券品种，这意味着境外机构可以通过香港市场买卖内地银行间市场的债券。在债券通"北向通"平稳运作4年之后，"南向通"于2021年9月正式上线，"南向通"已涵盖香港主要债券交易品种，对于丰富离岸市场投资者渠道和资金来源，推动债券发行、承销和交易都有重要的促进作用。

至此，债券市场也形成了"一南一北"遥相呼应的格局，"债券通"也可以通俗地理解为债券市场里的"沪港通"，境外机构可以通过香港市场买卖内地银行间市场的债券。

说起"债券通"，可能对普通投资者而言比较陌生或小众，由于参与程度较低，所以导致开放程度不足。"债券通"的开通，不仅能够有效拓展境外机构投资人民币债券资产的途径，提高配置人民币债券资产的效率，还能借鉴境外机构广泛的交易与投资经验。对中国银行间债券市场而言，正在构建出一个市场透明、交易活跃、风险可控的国际化的人民币债券市场，可谓中国与世界的双赢。

"债券通"不仅加深了上海与国际金融市场的合作，为上海金融市场的全球化发展提供了新的动力，还有助于上海进一步巩固和提升其作为国际金融中心的地位，吸引更多的国际金融机构和人才。

4.2.4 可复制推广的跨境理财通

"股票通""债券通"实现内地与香港双向连接之后，中国资本市场的互联互通还在继续加速扩容。2021年2月5日，中国人民银行、银保监会、证监会、外汇局、香港金管局、香港证监会、澳门金管局联合签署《关于在粤港澳大湾区开展"跨境理财通"业务试点的谅解备忘录》，布局粤港澳大湾区"跨境理财通"，首批业务于2021年10月19日正式落地。跨境理财通正式上线运行后，南北向资金的总额度均暂定为1500亿元，每名投资者的个人额度均为100万元。

在跨境理财通开通没多久后，上海地区的银行也在积极布局这项业务，第二批公布的"跨境理财通"试点银行名单中，上海银行在列，成为首家设立境外分支机构的城商行。

跨境理财通作为粤港澳大湾区的一项重要金融创新，虽然主要在粤港澳三地之间实施，但其对整个中国的金融市场，包括上海，都具有一定的影响和意义。因为跨境理财通势必要用到人民币的结算，这也是人民币跨境使用的一个新渠道，上海作为人民币交易的重要市场，将受益于人民币国际化进程的加快。

综合来看，跨境理财通的推出和优化为包括上海在内的其他地区的金融创新提供了可借鉴的经验。上海作为中国的金融中心，可以汲取跨境理财通的创新点，进一步推动自身的金融产品和服务创新。

如果我们站在经验复制的角度来看，跨境理财通增强了内地与港澳金融市场的互联互通，这种模式未来有可能扩展到上海，因为跨境理财通代表着资本市场对外开放的重要一环，而上海作为对外开放的前沿阵地，可以借助这一机制，进一步吸引外资，促进上海金融市场与国际市场的进一步融合和对接，提升上海国际金融中心的地位。

4.2.5 带来增量资金的ETF

上文提到的内地和香港互认基金是投资者可以在场外申购的基金，而从2022年7月开始，投资者不仅可以享受场外投资境外市场的便利，还可以直接参与场内交易。

2022年6月28日，中国证监会和香港证监会发布联合公告，决定批准两地交易所正式将符合条件的交易型开放式基金（以下简称

"ETF")纳入内地与香港股票市场交易互联互通机制,进一步丰富了互联互通的交易品种。2022年8月12日,中国证监会和香港证监会宣布批准优化沪深港通交易日历,同时开放因不满足结算安排而关闭的共同交易日,估计此前无法交易的天数将会减少约一半,可以更好地满足两地投资者的投资需求。随着交易机制不断优化和完善,互联互通已经成为境内外投资者进入中国内地和中国香港资本市场的重要渠道。

由于ETF可以在二级市场中交易,且相对场外基金更加便利,互联互通ETF在上线初期曾遇到过一段疲软的交易期,但场内的交易热度很快就迎来了升温,深受各路投资者青睐。根据港交所数据,2022年11月,上线仅3个月,陆股通ETF(北向)成交额突破30亿元人民币,港股通ETF(南向)成交额突破400亿港元,创下当时的年内新高。

如今互联互通ETF的数量还在持续增加,监管也在不断推出利好政策。2024年4月,中国证监会发布了5项资本市场对港合作措施,其中包括放宽沪深港通下股票ETF合资格产品范围。中金公司曾给出预测,放宽沪深港通下股票ETF合资格产品范围后,将有约78只A股和8只港股ETF产品或符合纳入标准,对应基金规模分别为852亿元人民币和255亿港元。互联互通ETF进一步扩容,有助于便利国际投资者,尤其是便利配置型资金通过被动指数方式配置A股。

根据Wind数据,截至2024年7月22日,沪深股通ETF合计225只,其中,沪股通ETF 143只,深股通ETF 82只,港股通ETF合计16只。从规模和数量来看,在上交所上市的沪股通ETF"盘子"更大,Wind数据显示,截至2024年第三季度末,143只沪股通ETF规模合计1.94万亿元,82只深股通ETF规模合计5943.34亿元。

从数据上来看,似乎沪股通ETF比深股通ETF更受投资者的喜爱。实际上,在跨境ETF交易方面,上交所一直位于领先的水平,在ETF纳入互联互通机制之前,上交所和港交所还曾举办过沪港ETF互通开通仪式,即沪港两地各有1只ETF产品在两地上市交易。自2013年第一只跨境ETF于上交所上市以来，目前沪市跨境ETF标的范围已涵盖美国、德国、法国、日本与中国香港地区。

从类型上来看，目前纳入互联互通机制的ETF产品涵盖众多种类，比如，有代表大盘指数的沪深300ETF和A50ETF，有代表着成长风格的众多创业板和科创板ETF，还有代表着中盘和小盘的中证500和1000ETF。除了前述众多宽基类ETF，还有众多丰富的行业主题ETF供投资者选择，比如，电池、光伏、红利、人工智能、生物科技等热门ETF。

港股市场需要的是流动性支持，而200多只南下的陆股通ETF正好给港股市场带来了增量资金，其中，沪股通ETF数量占比接近六成，这更有利于提高港股市场的流动性。而A股市场里的ETF近两年也一跃成为众多资金青睐的"香饽饽"，尤其是在股票型ETF的持续扩容下，热门的行业主题基金和囊括众多主流指数的宽基ETF将会吸引更多海外投资者来布局A股。长期来看，互联互通ETF的持续扩容也会更有助于推动上海国际金融中心的建设。

4.2.6　逐渐扩容的其他"通"

随着"沪港深通""债券通""互联互通ETF""基金互认"机制从推出到不断扩容，内地和香港金融市场的互联互通已从交易所挂牌股票及场外交易的债券进一步扩展至场外衍生品领域。互联互通机制拥有规模可控、资金闭环等独特制度安排，创新性探索出一条风险可控的中国资本市场渐进开放路径。

2022年7月4日，中国人民银行、香港证券及期货事务监察委员会、香港金融管理局发布联合公告，开展香港与内地利率互换市场互联互通合作，也就是"互换通"。次年5月15日，备受关注的"互换通"正式上线，这也是内地与香港首次在金融衍生工具领域引进互联互通安排。

所谓"互换通"，是指境内外投资者通过香港与内地基础设施机构连接，参与两地金融衍生品市场（以利率互换产品为主）的机制安排。初期境外投资者可通过两地基础设施互联互通参与内地银行间金融衍生品市场。利率互换作为主要的利率衍生品之一，能够较好地满足境外投资者对冲利率风险的需求。中国已是全球第二大债券市场，"互换通"与"债券通"能够产生协同效应，为国际投资者在投资内地债券市场时对冲利率风险提供了便利，有利于吸引更多海外机构长期投资者持有内地债券。

正因为如此，虽然"互换通"诞生的时间不长，但它的启动是中国金融市场对外开放进程中的又一项重要标志性举措，它为境外投资者提供了更多的风险管理工具，增强了上海金融市场的国际影响力。

对"互换通"而言，从 0 到 1 只是一个开始，奋进脚步永不停歇。2024 年 5 月，为进一步满足市场需要，内地与香港监管机构集中上新一系列优化举措。这也将更大程度推动人民币利率互换市场与国际市场接轨，在满足境外投资者多元化需求的同时，带动境内投资者专业能力的提升，从而进一步促进中国金融市场的高质量发展和高水平对外开放，进一步推动上海国际金融中心的建设。

4.2.7　未来还有哪些惊喜

除了上述提到的股票、债券、理财等市场的互联互通，其他领域是否也能在未来纳入互联互通，促进资本市场的进一步开放，更进一步推动上海国际金融中心的建设呢？

未来是值得憧憬的。中国证监会在 2024 年 4 月 19 日发布的 5 项资本市场对港合作措施主要包括：（1）放宽沪深港通下股票 ETF 合资格产品范围；（2）将 REITs 纳入沪深港通；（3）支持人民币股票交易柜台纳入港股通；（4）优化基金互认安排；（5）支持内地行业龙头企业赴香港上市。

我们可以大胆猜测一下，比如，未来是否大宗交易也可能被纳入互联互通的机制中？2023年8月11日，中国证券监督管理委员会、香港证券及期货事务监察委员会发布联合公告，宣布就推动大宗交易（非自动对盘交易）纳入互联互通达成共识。也许在不久的将来，境外投资者可以通过"沪股通""深股通"参与上海证券交易所、深圳证券交易所的大宗交易，境内投资者则可以通过"港股通"参与香港联合交易所有限公司的非自动对盘交易。

近几年发展迅猛的REITs市场是否也能与国际市场接轨呢？2023年7月6日，证监会债券部相关负责人在"民生、消费、产业REITs发展峰会"上公开表示，下一步证监会将"研究推动REITs市场与香港互联互通，提升对外开放水平，引入境外投资者"。REITs之所以存在，就是为了解决不动产的流动性问题，盘活存量资产，为资产管理市场提供新的供给，也许在不久的将来，境外投资者也可以参与REITs市场的投资。

未来，如果双柜台模式证券数量扩容并拓展至南向港股通，那么将有助于丰富香港的人民币产品生态圈，深化人民币的离岸资金池，推进人民币国际化进程。未来，港交所将研究增加提供港币柜台及人民币柜台的证券的数目。此外，将人民币柜台纳入南向港股通也大概率是下一步推进重点，以便内地投资者可以如同交易A股一样便捷交易港股。

互联互通未来如何再度扩容也将成为未来的重点关注方向。2022年12月19日，中国证监会和香港证监会发布联合公告，同意"沪港通"和"深港通"进一步扩大股票互联互通标的范围。也许互联互通ETF在未来不单单局限于港股市场，2023年以来，上海证券交易所与新加坡证券交易所和沙特交易所集团先后签署合作备忘录。也许可以期待一下，上海证券交易所未来给更多境内外投资者带来更多跨境ETF投资的选择。

4.3 "一带一路": 书写海上丝路新篇章

上海,这座东方明珠,不仅是中国的经济中心,更是"一带一路"金融合作的重要枢纽。2013年9月,习近平总书记在哈萨克斯坦访问期间发出共建"丝绸之路经济带"的倡议,同年10月,在访问"东盟"时提出建设"21世纪海上丝绸之路"的构想。至此,"一带一路"作为中国倡导、全球参与的开放型国际合作机制被正式提出。在上海,金融的故事与"一带一路"紧密相连,共同编织着互利共赢的发展图景。

4.3.1 倡导"一带一路"的先行者

自2013年"一带一路"倡议被提出以来,上海以其金融中心的地位,成为金融合作的重要支柱。中资金融机构如国泰君安等,积极在共建"一带一路"国家布局,为"走出去"的中国企业提供全方位的金融服务,帮助它们在异国他乡扎根发展。

2019年,习近平总书记在上海考察调研时强调,积极配置全球资金、信息、技术、人才、货物等要素资源,以服务共建"一带一路"为切入点和突破口,加快提高上海金融市场国际化程度。

近10年来,上海在共建"一带一路"的道路上不断走深走实,上海金融业正借助"资金融通"为服务共建"一带一路"的切入点,全面提升金融服务能力,加快提高上海金融市场国际化程度,同时助力设施联通、贸易畅通,推动政策沟通,促进民心相通。数据显示,2013年至2023年6月,上海对共建"一带一路"国家累计投资336.73亿美元,累计承包工程合同额达811.25亿美元,金融为上海推进"一带一路"桥头堡建设提供了高能级服务支撑。

上海市企业和银行共与110个共建"一带一路"国家和地区发生跨

境人民币资金往来，收支占同期上海市跨境人民币收支总额的10.13%。其中，货物贸易项下收支额同比增长35.64%。例如，交行通过提升跨境人民币业务的服务触达能力，支持"一带一路"资金融通。截至2023年6月底，交行与96个共建"一带一路"国家和地区的578家银行建立了境外银行服务的合作网络，为16个共建国家和地区的31家银行开立了跨境人民币往来账户。

近10年来，上海金融要素市场与共建"一带一路"国家和地区的互联互通成果丰富。截至2022年底，上海证券交易所"一带一路"债券累计发行29单，发行规模达268.41亿元；熊猫债累计发行78单，发行规模达1182.4亿元。

总部位于上海的跨境清算公司大力拓展CIPS系统（人民币跨境支付系统），在促进贸易投资便利化上硕果累累。截至2023年11月末，CIPS系统共有1482家参与者，其中，直接参与者129家，包括121家银行、8家境内外金融市场基础设施，间接参与者1353家。从实际业务发生情况看，CIPS系统业务实际可覆盖全球182个国家和地区的4400余家法人银行机构。其中，CIPS的13家直接参与者、345家间接参与者来自共建"一带一路"国家和地区。CIPS业务覆盖范围已扩大至全球182个国家和地区的4123家法人银行机构，其中"一带一路"沿线61个国家和地区的1390家法人银行机构已通过CIPS办理业务。

4.3.2 "一带一路"上的传奇故事

如今，上海与共建"一带一路"国家的合作正在不断深化，在金融市场上，通过建立人民币清算机制和签署本币互换协议，提升了人民币的国际支付、投资、交易和储备功能，促进了资金融通和货币结算。

2019年，国泰君安收购了越南当地一家券商，并获得越南证监会批准的全牌照，开始为投资者提供证券经纪、融资业务、保荐上市、财务顾问、投资咨询等全方位金融服务。

位于上海市虹口区的中国远洋海运集团有限公司（以下简称"中远海运"）是一家构建全球综合物流供应链服务生态的国企。中远海运港口在2016年先后公布了阿布扎比哈里发港、荷兰鹿特丹港、意大利多利古雷港三个海外并购项目，以及与新加坡PSA签订了大型集装箱泊位合作协议，这些项目为共建"一带一路"国家基础建设和长期外贸合作奠定了重要基石。

中国是目前全球最大的笔记本电脑生产基地，在重庆，笔记本电脑的年产量已经占到全球总量的四分之一，中远海运的出现犹如夜空中的一道亮光，让千年前诗人李白感叹的"蜀道难"成为历史。中远海运物流为普惠项目创造性地制订了渝深五定班列铁海联运方案，彻底打通了中国西部出海的通道。身在共建"一带一路"国家捷克的某个中国居民，如果在亚马逊订购笔记本电脑遇到销售旺季，有了"海上丝绸之路"的便利，将不会遭遇漫长的"暂无库存"等待，这台电脑从重庆发往当地配送中心用时将会缩短到一个月以内。

位于中亚国家乌兹别克斯坦的一个中部城市，正在建设巴什风电项目，这是中亚地区规模最大的风电项目，当两处共158个涡轮风力发电机投入运作后，每年能产生35.9亿度电，相当于乌全国年发电量的7%。这些绿电将通过电网输送到该国各个重要城市，包括坐落在古代丝绸之路的一些历史古城。作为该项目的全球联合牵头行，中国银行上海市分行发挥金融活水作用、助力"一带一路"倡议，为巴什与附近赞克尔迪（Dzhankeldy）1吉瓦风电项目搭建融资结构，进而推动项目顺利进行。丰富的风能将会变成洁净的电能，给这个共建"一带一路"国家带来更美好、更繁荣的明天。

在土耳其伊斯肯德伦湾北侧，有一颗中土共同孕育的能源明珠——胡努特鲁发电厂，电站建设已有四年之久，但早在"一带一路"倡议元年，国家电投上海电力股份有限公司就已经开始了前期筹划和布局。土耳其横跨欧亚大陆，是一个极具战略地位的区域性大国，也是世界新兴经济体之一；同时，良好的营商环境、绝佳的地理位置以及浓厚的人文气息，让上海电力下定决心投资土耳其。2013年，上海电力入股并控股土耳其EMBA发电有限公司，开始开发、投资、建设、运营胡努特鲁发电厂。如今，受这个项目的利好，电厂旁的村子也享受到了一些福利，村里专门成立劳务公司对接电厂的施工和后勤用工需求。电厂建设项目开工以后，很多村民在家门口就能获得就业机会，不仅赚到了可观的收入，还学习了新技能。

中国的"一带一路"倡议在不干涉各国内政的同时，还能帮助一些国家发展民生。自从共建"一带一路"倡议发出，一家来自上海民营药企复兴药业在非洲大陆积极布局，不仅为非洲供应抗疟注射药和口服药，还在布局建设5个区域性药品分销中心。近11年的时间里，当地公司的很多员工都见证了中国原创药挽救非洲患者生命的"奇迹"。

自中国发起"一带一路"倡议至今，已经过去11年。截至2023年末，10年间，上海立足城市功能优势，推动与共建"一带一路"国家经贸合作的高质量发展。据上海海关统计，在2023年前8个月，上海口岸对共建国家进出口值超过2.5万亿元，同比增长6%，外贸规模较10年前扩容了1.8倍。10年间，上海口岸对共建国家进出口总额累计达27.92万亿元，占上海口岸外贸比重超过三分之一。

如果按照出口品类划分，过去10年来，上海口岸对共建国家的农产品、金属矿砂等商品的进口规模不断扩大。共建"一带一路"国家涉及地域范围广，农业资源丰富，气候多样，这为开展国际农业合作奠定了良好基础。近年来，印度尼西亚的咖啡、南非的柑橘、坦桑尼亚的芝麻，越来越多优质农产品从上海口岸进境。在2023年前8个月，上海口岸从共建国家进口农产品926.3亿元，同比增长17.1%。随着全球倡导绿色低碳发展理念，在上海出口的新能源汽车产品，也获得更多来自共建"一带一路"国家用户的喜爱。

新能源汽车产业链上的产品出口也获得不菲的成绩，在2023年前8

个月，上海口岸对共建国家出口电动载人汽车、锂电池、太阳能电池分别为201.2亿元、273.5亿元、489.7亿元，同比分别增长39.5%、78.8%、69.4%。

作为中国基础设施建设的核心力量，依托上海这座国际金融中心城市，工程机械出口在2023年前8个月达到836亿元，对共建国家出口占比超过五成。

"一带一路"的沿线建设需要上千亿甚至上万亿美元的资金，任何一国都无力承担这样的巨额费用，只能通过市场运作来筹集资金。2015年12月25日，亚洲基础设施投资银行（以下简称"亚投行"）正式成立，法定资本1000亿美元。截至2024年9月26日，成员总数已扩大至110个。亚投行是国际多边金融机构，主要投资于亚洲及相关地区基础设施建设，虽然不是只为"一带一路"服务的，但有交集，毕竟亚投行的成员大多是共建"一带一路"国家。

"一带一路"倡议的不只是中国和共建国家共建项目，在过去10年间，"一带一路"倡议也吸引众多中国企业通过上海走向海外经营，实现中国企业的全球化。比如，上海外服正通过FSG TG打造的面向"一带一路"倡议的高质量人力资源服务生态系统，正是以东南亚服务联盟建立为起点，拓展服务区域、完善服务内容、连接服务系统、统一服务标准、提升客户服务价值，实现服务稳定交付。如今，在新加坡，当地有着随处可见的中国元素和中国企业，每逢佳节，独特的中国文化和艺术品吸引各国旅游者驻足称赞。

以上众多数据和案例已经显示出上海这座城市对共建"一带一路"国家的重要性，上海也正在推动与共建"一带一路"国家经贸高质量发展持续走深走实。

4.3.3 航运金融崛起

说起"一带一路"，就不得不提海上丝路，它是中国在21世纪加快建设海洋强国的基本路径。

中国是海运大国，正朝着海运强国的目标稳步前进。

进入21世纪之后，上海加快了国际航运中心的建设步伐，通过优化港口设施、提升航运服务、发展航运金融等措施，上海港的吞吐量和国际影响力不断攀升。

如果从国际经验看，国际航运中心建设和国际金融中心建设密不可分。的确，海运的发展离不开金融行业的支持，"一带一路"倡议的提出为上海航运金融带来了新的发展机遇。上海利用其在航运、金融服务、贸易网络等方面的优势，积极参与共建"一带一路"国家的港口建设、航运物流和金融合作。21世纪的"海上丝绸之路"也将会给航运企业带来更大的变化和不同。前文所提到的上海自贸试验区的设立，为航运金融创新提供了政策支持和试验平台。航运金融产品、航运保险、船舶融资等业务在上海蓬勃发展，为共建"一带一路"国家提供了多元化的金融服务。

由于得天独厚的港口位置，以及上海对国际航运中心建设较高的重视程度，越来越多的国家和地区向上海递来了橄榄枝。

2018年，"新华·波罗的海国际航运中心发展指数"在上海发布，彼时，新加坡、中国香港、伦敦位列国际航运中心前三名，上海的排名提升一位至第四，上海在亚洲航运中心崛起趋势愈加明显。作为"新华·波罗的海国际航运中心发展指数"的指定发布地，上海的北外滩拥有悠久的航运历史文化积淀和深厚的航运服务产业基础。

从170年前的货船码头，到20世纪90年代的"东大名路航运一条街"，再到如今的"航运服务总部基地"，北外滩已集聚了4000多家航运服务企业和36家航运功能性机构，在航运经济、航运保险、航运信息、航运金融衍生品等方面取得了多项突破，是中国内地航运要素最齐备、航运企业最集聚、航运产业链最完整的区域之一。

希腊是全球领先的航运大国，曾连续多年为全球最大船东国。上海的浦东新区是上海国际航运中心核心承载区，相关数据显示，陆家嘴地区高端航运产业要素集聚，各类高端航运服务机构已超900家。

2023年2月，陆家嘴金融城理事会与希腊航运金融协会签署了战略合作协议，此举是为了进一步促进浦东新区航运业的国际交流合作，助力上海国际航运中心建设。根据协议，双方将搭建两大国际航运中心城市之间的对话交流平台与协作网络，推动两地航运企业和金融机构互动交流，以促成两地企业合作，形成常态化的对话机制和互访机制，推动两大国际航运中心城市在全球共同关注的重要议题上协同联动。

"航运金融在国际金融市场中具有举足轻重的地位，对国际航运市场的快速发展更是发挥着至关重要的作用。陆家嘴金融城与希腊航运金融协会在全球航运金融市场中各具独特优势，此番合作将促进双方事业的蓬勃发展。"中国船级社副总裁范强说。

4.4 人民币国际化：路漫漫且求索

时至今日，全球都在加速"去美元化"。

2009年是国际金融危机席卷后的一年，也是人民币国际化的元年。这一年，党中央和国务院提出要推进上海加快建设国际金融中心和国际航运中心。同年7月1日，中国人民银行等六部门发布《跨境贸易人民币结算试点管理办法》，上海在全国率先启动了首笔跨境贸易人民币结算业务试点。这也标志着人民币国际化的正式启动。

15年来，上海在推进国际金融中心建设的同时，也在不断提升人民币在国际贸易市场中的地位，人民币的国际化也巩固了上海国际金融中心的影响力。在2022年3月发布的全球金融中心指数（GFCI）排名中，上海位列第四。目前，上海已形成人民币金融资产配置中心和风险管理中心初步框架，"上海金""上海油"等"上海价格"影响力日渐提升，人民币金融资产避险功能初步显现，形成了与经济高质量发展较为适配的金融服务体系。

4.4.1 人民币国际化的战略意义

当下，能源危机、加息周期、石油减产、世界形势这些不确定性因素正在让美国一手主导的"石油美元"体系面临挑战，全球贸易和金融交易中的货币呈现更加多元化的趋势，各国和国际组织正在寻找更加平衡和可持续的国际货币和能源体系。而随着全球经济格局的变化和多国寻求减少对美元的依赖，越来越多的国家开始呼吁"去美元化"。

这些都在为人民币国际化的加速提供重要机会，越来越多的国家正在增加人民币的储备。人民币在国际金融市场中的认可度和地位也正在提升。

比如，截至2022年底，巴西的人民币已经占据了巴西外汇储备总量的5.37%，超过了欧元4.74%的份额，这是该国自2019年人民币进入其货币储备篮子以来的最高水平。2023年6月底，阿根廷央行宣布将人民币纳入储备货币中，并批准国家的金融机构开设人民币储蓄账户，该国政府还首次使用人民币向国际货币基金组织（IMF）支付了27亿美元的债务。2022年3月，沙特阿拉伯曾宣布考虑以人民币作为对华石油贸易结算货币。2022年7月，白俄罗斯中央银行将人民币纳入其货币篮子。人民币在其货币篮子中的权重将为10%，俄罗斯卢布权重为50%，美元和欧元权重分别为30%和10%。白俄罗斯央行表示，作出这一决定主要是考虑到2022年该国外汇证券交易所外汇交易额及外贸结构的变化。此外，伊拉克、叙利亚、马来西亚、泰国、法国等国家在寻求外汇储备多元化的过程中，均注意到了人民币在国际贸易体系中的重要性。

假如人民币作为储备货币的接受度不断提高，那么可以为全球经济提供更多的储备货币选择，减少对单一货币如美元的依赖，也更有利于全球"去美元化"的趋势加快。

但以人民币为储备货币还远远不够，货币是定价的锚，以人民币做定价货币，这才能称为真正的人民币国际化。而成为国际货币一个最重要的因素，就是要维持巨额的贸易逆差，比如，现在的美国，但不能贸易顺差，一旦顺差就会导致发出去的货币都被自己收回来了。

因此，如果要提高人民币国际化的进程，那么势必离不开坐拥丰富国际金融基础设施等配套优势的上海，上海应该成为全球人民币资产的配置管理中心，人民币国际化也将为上海加快国际金融中心的建设提供重大机遇。

4.4.2 上海在人民币国际化中的关键作用

回顾历史，上海能推进人民币国际化先行先试，正逢当时特殊的形势和背景。

2008年国际金融危机爆发时，美元在外汇市场表现出的剧烈震荡，让中国很多出口企业也在承受着外贸需求订单下滑的压力，同时还要时刻小心汇兑的风险。为了化解外汇风险，促进贸易增长，上海、广州、深圳、珠海、东莞这五座城市被提出开展跨境贸易人民币结算试点。

2009年7月6日，交通银行接受上海环宇进出口有限公司委托汇出首笔以人民币跨境计价与结算的汇款业务，这也是中国正式拉开跨境贸易人民币结算试点大幕的当天，交行率先办理了第一笔跨境人民币业务。同日，中国银行上海市分行顺利收到中银香港汇来的我国首笔跨境贸易人民币结算款项。

货币的国际化进程一般可概括为从"结算货币"到"计价货币"再到"储备货币"。而上海国际金融中心建设的重要目标是建立全球性的人民币交易、定价和清算中心，人民币国际化和上海国际金融中心建设是目前中国金融改革开放战略的核心内容之一。从多年前发布的历史文件就可看出，上海这座国际金融中心城市被赋予了推动人民币国际化的重要使命。上海国际金融中心是以人民币资产为基础的金融中心，这是上海国际金融中心的特点，也是最大优势。

自上海开展首单跨境人民币结算业务以来，15年的时间里，人民币的国际化进程与上海国际金融中心的建设互为支撑，取得了显著的成就。面对国内外新的形势变化，深刻理解构建新发展格局的重要意义，并制定新的发展策略和路径，对于推进人民币国际化和上海国际金融中心的建设具有极其重要的战略价值。

目前，加速对外开放是上海金融行业近年来给市场最深刻的印象，如何继续加大开放力度和提升开放水平，上海市政府在"十四五"规划中也明确给出了指示。

上海市政府在2021年1月发布的《上海市国民经济和社会发展第十四个五年规划和二〇三五年远景目标纲要》提出，上海要显著提升国际金融中心能级，要将上海建设成具有较强全球资源配置功能、与我国经济实力和人民币国际地位相适应的国际金融中心。

推动人民币国际化也作为一项重要目标被写入上海的"十四五"规划中，上海的计划是通过增强金融市场的开放度和枢纽功能，提升人民币在全球贸易和投资中的使用。关于人民币的试点，上海在规划中提出了多个推进人民币国际化的方法，比如，可自由使用和资本项目可兑换先行先试。

在全球经济受美元霸权的影响下，人民币国际化的意义重大，而作为国际金融中心的上海，自然也成了推动人民币国际化的重要平台，人民币国际化的推进和上海的国际金融中心建设，二者是相辅相成的。

时任上海市常务副市长屠光绍曾说："上海国际金融中心是人民币的金融中心，一定要和人民币国际化相结合。人民币国际化的实现要依赖上海国际金融中心；上海国际金融中心也在伴随人民币成为国际货币的过程中拓展了市场广度和深度，因此上海国际金融中心建设和人民币的国际化进程是密切相关、相互支撑和彼此促进的。"

4.4.3 人民币的金融基础设施

要想搞清楚上海如何推动人民币国际化进程，就必须了解人民币离岸交易中心的建立与运作模式，它才是推动人民币国际化的重要步骤。它涉及多方面，包括金融基础设施建设、政策支持、市场发展、风险管理等。

2011年，中国人民银行开始投入开发独立的跨境支付工具，人民币跨境支付系统（CIPS）开始进入大众的视野，其全称是Cross-border Inter-bank Payment System，是指为境内外银行业金融机构、金融基础设施等提供跨境和离岸人民币资金清算结算服务的金融基础设施。

2015年10月，人民币跨境支付系统（一期）成功上线运行，该系统主要是方便跨境人民币业务处理，并且支持跨境货物贸易和服务贸易结算、跨境直接投资、跨境融资和跨境个人汇款等业务。2018年3月26日，人民币跨境支付系统（二期）投产试运行，10家中外资银行同步试点上线，进一步提高人民币跨境资金的清算、结算效率。CIPS的二期系统采用更为节约流动性的混合结算方式，主要也是为了提高人民币跨境和离岸资金的清算、结算效率。

CIPS是中国目前最重要的金融基础设施之一，同时，也是上海推动人民币国际化进程的重要力量之一。自从上线之后，CIPS的系统功能不断丰富，而随着人民币国际化进程不断加快，这套人民币跨境支付系统在推出两年之后，就于2017年在"陆家嘴论坛"上被时任中国人民银行行长周小川宣布落户上海，这是为了更好地服务人民币国际化和"一带一路"建设。

坊间曾传出过要靠CIPS应对被"踢出SWIFT"的口号。SWIFT系统是全球重要的金融基础设施，全称是Society for Worldwide Interbank Financial Telecommunications，简称环球同业银行金融电讯协会，于1973年成立。这套系统为全球跨境支付提供了诸多便利，但其在近几年逐渐沦为大国博弈的金融制裁工具，有潜在的武器化趋势。比如，2022年，俄乌冲突爆发后，欧美对俄罗斯施以前所未有的金融制裁，俄罗斯和白俄罗斯的金融机构被剔除出SWIFT系统。

随着中国人民币的业务规模持续扩大，人民币现在已成为中国第二大跨境支付货币，跨境支付结算需求迅速增长，这对金融基础设施的要求越来越高。因此，建设独立的人民币跨境支付系统、完善人民币全球清算服务体系成为必然要求。

CIPS的总部目前就设在上海浦东，这一举措背后的目的是依托"陆家嘴在岸金融中心＋临港新片区离岸金融中心"两大驱动，统筹推进上海全球人民币离岸中心建设。《中共中央 国务院关于支持浦东新区高水平改革开放打造社会主义现代化建设引领区的意见》指出，为上海打造全球离岸人民币中心带来新机遇。

4.4.4 人民币国际化在上海的探索

目前，人民币国际化已经在上海经过了多番探索，比如，推出"石油人民币"策略，中国在国际贸易中推广使用人民币进行石油交易的一系列措施。这一策略的目的是减少对美元的依赖，增强人民币在国际市场上的地位，同时为中国的能源安全和金融市场的国际化提供支持。

2018年3月26日，中国原油期货在上海期货交易所子公司——上海国际能源交易中心正式上市交易，采用人民币作为货币结算单位。连同郑商所、大连期货交易所等一起，将各种大宗商品给予人民币定价，给人民币国际化铺路。还开通了大宗商品的人民币定价机制，为了给予人民币足够的信任度，还在上海期货交易所开通了人民币黄金业务。如果担心人民币无法流通，可以把人民币兑换成黄金。借用黄金的信用来给人民币定锚。这一事件标志着中国期货市场迈向国际化的重要一步，并且是中国在世界原油市场争夺定价权的关键一步。原油期货的上市对于推动人民币国际化、资本市场对外开放具有积极意义，同时为期货公司和原油产业链涉及的实体经济企业提供了有效的价格风险管理工具。

上海至今已经连续举办了七届中国进口国际博览会，自 2018 年首次举办以来，已成为全球唯一一个以进口为主题的国家级博览会，对于促进全球贸易和经济合作具有重要意义。第七届进博会还将继续在上海举办，我们可以看到进博会不仅是一个展示和交易平台，更是推动全球经济合作和技术交流的重要窗口，对中国乃至全球的经济发展产生了积极影响。进博会的连续举办对中国而言是一个非常重要的信号，它改变了长期以来依赖对外贸易提升经济的模式，通过进口国外优质商品，提升内需，从而带动经济的发展。根据世界银行的数据，中国在 2014 年的购买力已经超过美国，比如，汽车的购买量。中国通过降低进口关税，从出口导向型转变成"进口高质量商品＋国内消费升级"模式。这种方式与美国对外形成贸易逆差，向外撒钱的方式有着相似之处。

跨境电商平台支持人民币结算，有助于提升人民币在国际贸易中的使用频率和范围，从而增强其作为国际货币的地位。通过跨境电商平台，中小企业可以更便捷地进行国际贸易，使用人民币进行交易结算，减少汇率风险和汇兑成本。随着跨境电商的发展，人民币在国际贸易中的使用逐渐增多，有助于提升人民币的国际信誉和认可度。上海作为中国的经济中心和国际贸易的重要窗口，跨境电商的发展尤为迅猛。上海市政府支持跨境电商高质量发展，并制定了《上海市推进跨境电商高质量发展行动方案（2023—2025 年）》。上海跨境电商规模已经实现从百亿级到千亿级的跨越，2022 年进出口额达到 2.11 万亿元，同比增长 9.8%。上海正在加大跨境电商扶持力度，优化营商环境和通关环境，助力"丝路电商"朋友圈不断扩大，助推更多国货出海。此外，上海还在搭建跨境电商双向通道，让国内企业走出国门参与市场竞争，也让国外企业共享中国对外开放的新机遇。

◇ **本币互换**

　　所谓本币互换就是两个国家的中央银行之间签订的一种协议，根据该协议，双方可以按照约定的汇率，在一定条件下交换一定数量的本国货币和对方国家的货币。此协议能够提高两国之间的外汇储备，平衡货币供需，稳定汇率。

　　人民币国际化对于上海提升国际金融中心地位的作用毋庸置疑，人民币国际化与本币互换协议之间存在着紧密的联系。目前，中国人民银行已经与多个国家和地区签署了双边本币互换协议，如英国、印度尼西亚、蒙古国等国家。央行这样做的好处是，通过互换得到的对方货币可以注入本国金融体系，使得本国商业机构可以借到对方货币，用于支付从对方进口的商品。这为有关中央银行和货币当局通过互换协议获得的对方货币提供了一个回流渠道，有助于促进货币互换做实。这些协议的总规模约为人民币4.16万亿元，并且已经与超过40家境外央行或货币当局签署了此类协议，有效促进了跨境贸易和投资。

　　中国人民银行发布的2023年第四季度中国货币政策执行报告显示，2023年末，境外央行或货币当局实际使用人民币互换资金余额为1149亿元，实际使用余额占双边本币互换签约总规模不到3%。报告还显示，人民币双边本币互换在增强市场信心、维护区域和全球金融稳定方面发挥了积极作用。

　　上海在人民币金融产品创新方面依旧发挥着先行先试的"排头兵"作用。在上海自贸试验区先行先试的推动下，人民币境外借款、跨境人民币双向资金池、经常项下人民币集中收付等业务都实现了一些突破。

4.4.5　人民币国际化的得力助手：香港

　　推动人民币国际化，香港扮演着更加重要且独一无二的作用。

"十四五"规划中重申了香港作为国际金融中心及全球离岸人民币业务枢纽的定位。

回顾香港离岸人民币业务发展的历程，自2004年推出个人人民币银行业务以来，香港一直是内地金融领域对外开放可靠的"试验场"，并且推出了多项举措，包括2007年首次发行点心债；2009年完成首笔人民币跨境贸易结算；2011年推出人民币合资格境外机构投资者计划（RQFII）；各项互联互通机制等。

除了资金流动性更灵活、金融产品多元化之外，香港的金融基建对推动人民币国际化进程也将起到重要作用，金融基建对维持香港货币及金融系统稳健，乃至巩固香港国际金融中心地位都是不可或缺的。

近两年，香港在推进人民币国际化的道路上开足马力。

香港特区行政长官李家超在香港举行的2023财新夏季峰会上发表致辞时表示，香港作为全球最大的离岸人民币业务枢纽，有充分条件和能力在推动人民币国际化的进程中发挥所长。香港有坚实基础进一步强化离岸人民币业务。香港将积极推动人民币证券在香港的发行和交易，并支持更多内地机构到香港发行离岸人民币债券。

2024年10月16日，李家超在香港特区立法会综合大楼会议厅发表《行政长官2024年施政报告》，并表示，特区政府会持续优化"互联互通"机制，强化全球最大离岸人民币业务枢纽地位，助力人民币国际化。

由此，我们可以想象，未来会有更多的国际贸易以人民币结算，也将有更多的国家会增加人民币作为储备货币的比例。香港作为推动人民币国际化进程的重要力量之一，未来将会发挥其所长带来更加蓬勃发展的离岸人民币生态圈，也将会提供更多的投资产品和风险管理产品。

4.4.6 人民币国际化道阻且漫长

回顾人民币国际化的整个进程，自2009年正式启动以来，经历了快速发展、调整和持续发展三个阶段。人民币的跨境支付、投融资、储备和计价等国际货币功能全面增强。

那么，人民币国际化什么时候才能真正到来？想必这是很多人都想问的问题。实际上，我们从众多案例中不难发现，人民币作为结算和定价货币越来越多，但作为储蓄货币还需要一段较长的推进过程。

根据国际货币基金组织（IMF）数据，截至2024年第二季度末，全球央行持有的人民币储备规模为2452亿美元，占比2.14%，较2023年末下降0.15个百分点，在主要储备货币中排名第七。2023年以来，中国人民银行与沙特、毛里求斯、埃及、阿根廷、老挝、蒙古国、阿联酋等国家和地区的中央银行或货币当局签署或续签双边本币互换协议。截至2024年8月末，有效协议共有29份。

截至2023年12月，根据SWIFT发布的外汇即期交易使用排名，人民币排在第4位，居美元、欧元、英镑之后。2024年8月，人民币在全球支付中占比为4.69%，2023年11月以来，人民币连续10个月成为全球第4位支付货币。

看到上述多组数据，可能很多人会问，美国为什么能发那么多美元呢？因为美国是一个贸易逆差国家，这里的"逆差"是指美国利用美元从其他国家进口货物，它的贸易逆差都让美元成为其他国家的外汇储备。而中国是个贸易顺差国，这里的"顺差"是指中国向外出口的货物，对应的花出去的钱，会变成其他国家的货币，所以中国的美元外汇储备一直维持稳定增长。因此，人民币国际化的加快目前虽然可以体现在交易方面，作为定价货币，人民币体量会越来越大，但作为储备货币恐怕需要很长的时期。

实际上，中国并不只是做商品交易，也会在共建"一带一路"国家做一些矿山、铁路等基础设施的投资，否则贸易顺差会更高。但也有一些国家对中国是贸易顺差，比如，澳大利亚。

目前，人民币国际化也有一些可借鉴的国际经验，比如，德国和日本。

德国的货币马克在20世纪70年代开始成为重要的国际货币，主要得益于德国在全球贸易中的重要地位和在控制通货膨胀方面的出色表现。彼时，德国当局一直对马克的国际化抱着谨慎的态度，担心大规模的国际热钱进出会对本国的经济和通胀产生不良的影响。随后，德国金融市场的发展及开放对马克的国际化起到了关键作用。德国在经常账户交易可兑换后，对跨境资本流动的管制持续到80年代中期，这表明金融市场的开放对于货币国际化至关重要。

日本凭借着工业强国的底子，在二战之后迅速恢复了经济，20世纪80年代，日元在国际金融资产中的占比显著提升。彼时，日元的国际化受到关注，但是日本政府态度谨慎，与德国政府一样担心在境外热钱冲击下的汇率波动对本国经济的影响。但由于日本金融市场规模小且流动性差，日元的国际化最终未能达到预期的高度。日元国际化的一个教训是"三角贸易"结构性问题，即日本将工厂转移到中间国家如泰国，但最终产品仍以美元计价和结算卖给美国，这种模式限制了日元在国际贸易中的使用。日本泡沫经济出现后，日元汇率急剧升值，经济长期的停滞也使得日元在全球外汇储备的占比不断下降。

以上德国和日本的货币国际化经验也说明，金融市场的开放和成熟对货币国际化至关重要。中国需要继续推进金融市场改革，提高金融市场的深度和流动性。但日元"失败"的国际化发展路程给了中国一个警醒，要注意避免"三角贸易"结构性问题，增强人民币在国际贸易中的使用，减少对美元的依赖。

未来，人民币国际化的推进之路始终离不开上海国际金融中心的建设。上海社会科学院学者李刚、高洪民曾指出，上海国际金融中心建设的重要目标是建立全球性的人民币交易、定价和清算中心，显然，只有上海成为全球性的人民币跨境金融循环枢纽，才能真正实现这一目标。

中国工商银行现代金融研究院院长周月秋认为，人民币国际化和上海全球金融中心建设都是国家战略，二者之间相互促进、相辅相成。在中美关系紧张、美元霸权对我国经济金融安全威胁逐步显化的当下，推进人民币国际化的战略意义进一步凸显，上海全球金融中心建设为人民币国际化提供重要的市场平台。同时，人民币的国际化，使得人民币资产的交易需求不断扩大，将集聚更多的投资者，从而对上海全球金融中心建设形成重要推动力。

面对当下美元霸权的现象，美国前财长康纳利曾在布雷顿森林体系瓦解后的首场十国集团会议上引用了温特劳布的名言："美元是我们的货币，却是你们的难题。"如今打破"美元诅咒"的机会终于出现在了地平线上，相信未来各个国家之间的合作，能够共同推动国际货币多元化，减少对单一货币的依赖。

人民币国际化将会在推动国际货币多元化的建设中发挥重要作用。但人民币国际化需要一步一个脚印，在确保货币汇率的稳定、经济的平稳增长及本国金融市场的成熟的前提下，才能稳步实现人民币的完全开放。人民币国际化也赋予了上海新的历史使命，上海应当在加强建设国际金融中心的道路上，以建立境内离岸人民币金融中心为契机，引领全球离岸人民币市场改革，推动人民币国际化的稳步发展。

第五章

▼

完善金融服务能力

没有人能否认，上海建设国际金融中心的一大优势，在于服务意识。金融不仅是摩天的高楼大厦，以及体面入时的西装革履，更重要的是优质高效的服务能力。上海用难以比拟的服务，赢得了一流国际金融中心的地位，赢得了世界的尊重。

良好的服务能力，离不开规则和法治。对风险的把控，需要规则和法治；对矛盾的化解，同样需要规则和法治。规则和法治，就是最好的营商环境。

金融的本质是服务业，有具体的服务对象。那么，谁来为金融行业本身服务呢？在上海这样一个以金融为名片的城市，想要这个行业良好、有序地运转起来，就需要不断优化金融所处的环境。

金融为上海打响了知名度，上海也在为这个行业的健康发展，不断尝试摸索，不断寻找赋能的良方。

5.1 严起来，强起来

金融，是距离钱比较近的行业。部分金融从业者，每天甚至都和天量的资金打交道。

金融机构的业务种类繁多，有一定的专业壁垒。一来二去，总会产生一些违法违规的灰色空间。

当市场乱象丛生的时候，就需要监管果断出手了，让金融行业在稳定健康的轨道上发展。

这一行是持牌经营，牌照具有稀缺性，这是 A 面。同时也要接受严格的管理与约束，这是相伴相生的 B 面。

金融创新，不同于高科技行业，考虑到牵一发动全身，也必须在审慎监管前提下进行。

这一行的本身属性，加上风险角度考量，使得金融监管的推进非常必要，也极具挑战。

在强化金融管理，加强风险保障方面，上海探索出了哪些路径和成果？

5.1.1 上海自贸试验区探路金融综合监管

2013年9月，中国（上海）自由贸易试验区挂牌成立。

在"大胆试、大胆闯、自主改"的思路下，上海自贸试验区要建成"改革高地、创新高地，而不是政策洼地、税收洼地"，这吸引了全国乃至全球的客户在上海自贸试验区安家落户。

这块自贸区作为全国"头雁"，先试先行了许多制度政策。而在这里，金融监管也迎来一场不小的变革。

2015年10月21日，时任国务院总理李克强主持召开了国务院常务会议，研究部署在上海自贸试验区进一步推进金融开放创新试点，以积累金融服务实体经济的新经验。

在新的会议精神指示下，上海紧锣密鼓地筹备，严格落实国家部署和要求。

2016年7月，上海市政府办公厅正式印发《发挥上海自贸试验区制度创新优势开展综合监管试点探索功能监管实施细则》（以下简称《细则》），将所有的金融服务业均纳入监管，实现金融监管的全覆盖，同时对涉及的金融服务、监管信息实现共享。

上海探路金融综合监管，正式提上议程。如果用一句话来概括，其实质就是在原"一行三会"机构监管、分业监管的基础上，强化功能监管和综合监管。

理解这份文件的核心，在"全面"两个字上：全面覆盖经营机构，全面覆盖金融产品，全面理顺监管分工。可以说，全面就是无死角的覆盖。

为什么上海要推金融综合监管试点？

上海自贸试验区的核心王牌，就是制度创新优势。作为一块天然的试验田，上海试成熟了，可以给国家金融监管积累经验，后续也可以向其他地方铺开。时任上海银监局局长廖岷多次向银监会争取，希望凡是银监会准备推出的改革措施，都能先拿到上海自贸试验区来试点，这既能为全国提供实践经验，又能给上海更多发展机会，真正发挥试验区的功能。

管得住，才能放得开。金融开放创新，在自贸区如火如荼地开展，前提是需要与监管建立良性互动，遵守合规底线，实现相互促进的效果。

上海自贸试验区金融改革的复杂性和艰巨性，远超其他领域的改革，由此引发的风险也值得高度注意。

金融风险具有传染性，需要有前瞻意识来防范。大家在监管方面互通有无，就可以避免出现信息差、步调不一致等种种问题，共同守住不发生区域性金融风险的底线。

所以，《细则》是一项很好的创新和试点，受到了市场的广泛认可。但也不乏担忧之声，因为其中涉及的工作量大，牵扯部门多，协调难度不小。

其实核心就是促进原"一行三会"的信息，要和地方政府的金融信息互通有无。但征信信息的相互沟通，一直以来都不是一件轻松的事。

结合上海实际，《细则》提出，构建以"一个平台、两份清单、三类数据库、四种信息源"为框架的信息共享机制。

一个平台，是指适时研究建立上海金融综合监测预警平台；两份清单，是指梳理形成分业监管机构清单和重点监测金融行为清单；三类数据库，是指机构信息数据库、产品信息数据库和从业人员信息数据库；四种信息源，是指金融管理与市场运行信息、社会公共信用信息、行业协会自律信息、媒体舆情与投诉举报信息。

《细则》是对金融混业监管的一种探索，同时也是对区域内创新型金融企业的一种保护。在复旦大学金融研究中心主任孙立坚看来，执行对监管部门而言充满挑战，监管部门在严守金融风险底线的同时，需要有区分违规与创新的能力。

5.1.2　金改硕果加速上海国际金融中心建设

加入WTO后，我国对外开放迅速扩大，金融业正在发生深刻的变革，影响经济金融运行的不确定性因素增多，这对中央银行的宏观调控水平提出了新的挑战。

2005年8月10日上午，上海浦东国际会议中心迎来一件喜事：中国人民银行上海总部举办揭牌仪式。这对上海国际金融中心建设，具有重要影响。

一个国家国际竞争力的强弱，要看有没有功能强大的金融中心。央行肩负货币政策、宏观调控、金融市场、金融稳定等职责，必然要顺应客观规律，围绕金融中心来改进功能，也必然要在金融市场上开展各项央行的业务。中国人民银行上海总部正是顺应这样的形势和要求设立的。

中国人民银行上海总部，主要以现有的人民银行上海分行为基础进行组建。建设上海总部的目标，可归纳为"两个平台、一个窗口和一个中心"，即把上海总部建设成为总行公开市场操作的平台、金融市场运行监测的平台、对外交往的重要窗口和一部分金融服务与研究和开发业务的中心。

长期以来，央行上海总部通过政策制定、金融市场建设、金融服务优化、金融创新与监管以及国际合作与交流等多方面的努力，为上海国际金融中心的建设和发展提供了重要的支持和保障。

结合上海国际金融中心联动建设，中国人民银行形成了一批可复制、可推广的"上海经验"。央行上海总部构建了"金融改革开放创新监管沙盒机制"，并相继探索了一批有利于贸易投资自由化、便利化的创新金融制度。

上海自贸试验区的获批，对上海是一项重大政策红利。作为新一轮改革开放的"试验田"，上海自贸试验区对上海国际金融中心建设起到了关键性的推动作用。

在这片深化改革和扩大开放的新"试验田",人民银行上海总部"一张蓝图绘到底",始终以改革创新引领上海自贸试验区实体经济高质量发展,努力把金融促进贸易和投资便利化的"施工图"加快变成"实景图"。

上海自贸试验区起源于上海最早的海关特殊监管区,吸引聚集了一批贸易覆盖区域广泛、模式多样的生产贸易企业。

上海自贸试验区金改过程中涌现了许多创新的金融制度,其中,分账核算的自由贸易账户是一张"名片"。所谓FTE账户(区内机构自由贸易账户)、FTN账户(境外机构自由贸易账户),均属于自由贸易账户(以下简称"FT账户")。FT账户是在自贸区分账核算单元开立的规则统一的本外币账户。

2014年,在风险可控的前提下,人民银行创新建立了自由贸易账户体系,全方位构建了在上海率先开展可兑换试点的金融"电子围网"。在经济主体层面,引入新的宏观审慎管理模式,对"一线"资金流动实行宏观审慎基础上的全面放开;对境内"二线"资金流动采取有限渗透管理。在机构层面,构建跨境金融风险防火墙,要求金融机构实施分账核算管理。在金融市场层面,建立风险隔离带,各类金融市场业务的资金进出及汇兑均通过自由贸易账户,遵照"从哪来、回哪去"的原则进行封闭管理。

为什么要构建自由贸易账户体系?上海作为一个国际化大都市,金融市场创新也是引领全国市场的。作为金融开放的前沿阵地,上海对涉外金融风险保持较高的谨慎度。

所以,自由贸易账户就好比一道"电子围网"。账户体系的资金来源、运用和底层资产均为"区内+境外",通过"二线有限渗透"的设置,为涉外金融改革开放构筑了"电子围网式"生态环境,在便利"一线"跨境资金活动的同时,能够有效隔离与监管涉外金融风险。

　　2015年，人民银行上海总部正式启动自贸试验区分账核算业务境外融资试点，在全国率先开展跨境融资与跨境资金流动宏观审慎管理，扩大境外融资的规模和渠道，企业和各类金融机构可以自主从境外融入资金。以上海自贸区分账核算境外融资实践为蓝本，人民银行总行推出了跨境全口径融资宏观审慎管理，并推广至全国范围。

　　央行上海总部为细化管理具体风险，还建立了一系列事中事后管理制度，促进监管思路转型和监管体制改革实践。这些举措包括：反洗钱，反恐怖融资，反逃税监测分析和管理体系，适应可兑换的跨境资金流动统计与监测框架，本外币一体化管理框架，总量调控和应急管理工具储备等。

　　以自由贸易账户为载体，央行上海总部展开了一系列金融改革创新，不仅有效防范了"一地金融开放等于全国金融放开"的溢出风险，得到国务院领导高度肯定，也有效实现了全面国民待遇、资金自由转移等高标准国际经贸规则落地，营造了自贸区良好的营商环境。

　　经总行批准，自由贸易账户体系先后向海南、广东、深圳、天津等自贸港、自贸区复制推广。

　　进一步提升上海与国际市场的融合度，支持上海更高水平开放和高质量发展，这也是国家、金融管理部门对上海自贸试验区的殷切期待。在2019年陆家嘴论坛上，央行表示，上海应成为一流金融运行规则、金融法律法规等营商环境和监管标准的发源地和试验场。借鉴主要国际金融中心和金融自贸区的经验，在新片区建立更多与国际规则接轨的金融交易机制和监管制度。建立并完善金融"监管沙盒"制度，在新片区开展更多金融创新试点。

　　2022年，人民银行上海总部、国家外汇管理局上海市分局在临港新片区开展跨境贸易投资高水平外汇管理改革试点，一次性推出涵盖跨境贸易和投融资的13条高水平开放措施，至2023年9月末试点业务规模已超400亿美元。

一路走来，肩负历史使命的上海自贸试验区还有很多金融创新之举。其中，有的政策为临港新片区所独有，如在全国率先取消外商直接投资人民币资本金专用账户。更多政策则从上海自贸试验区扩大到全市，被复制推广到全国各自贸区，例如，人民币境外借款、跨境双向人民币资金池、经常项下跨境人民币集中收付等。

为支持国际贸易业态转型升级，中国人民银行上海分行还与上海市商务委联合发文支持金融机构通过自由贸易账户为离岸经贸业务提供国际通行规则下的全链式跨境金融服务便利，为企业构造全球产业链、贸易链提供适配的跨境金融服务。自由贸易账户开户主体中有三分之二为境外主体就是最好的例证。

长期以来，央行上海总部作为对外交往的重要窗口，积极参与国际金融合作与交流，积极推动上海国际金融中心的国际化进程。

"上海正在朝着强大的国际金融中心方向迈进，下一步，要着力打造成为全球人民币金融资产配置中心和风险管理中心。"在十四届全国人大二次会议上海代表团全体会议上，全国人大代表，中国人民银行上海总部党委副书记、主任兼上海市分行行长，国家外汇管理局上海市分局局长金鹏辉在发言中表示。

近年来，随着人民币国际化持续推进，全球投资者对人民币金融资产的兴趣越来越大。上海集聚了股票、债券、货币、外汇、票据、期货、黄金、保险等各类全国性金融要素市场，沪港通、债券通、互换通等互联互通机制均通过上海联结。

当前，上海正加快推进国际金融中心、全球资管中心建设，要在更大范围、更广领域、更高层次上实现金融的高质量发展。

资管中心是国际金融中心的标配，强大的国际金融中心必定具备强大的全球资产配置能力和风险管理能力。建设全球资管中心，既是上海强化全球资源配置功能的重要抓手，也是服务实体经济的必然要求。

5.1.3　建立银行合规风险管理机制

提起上海银监局首任局长王华庆，业内人总会不约而同地想到两个字："合规"。他是中国银行业合规管理的有力推动者。

中国银监会成立以后，就一直很重视商业银行的合规建设。时任中国银监会主席刘明康到上海视察工作，多次提出了合规风险管理和合规文化的理念。

从2005年开始，上海银监局着力推进上海银行业的合规机制和合规文化建设。这显然是一个志在长远的监管之道。

在监管者的眼中，就中资银行而言，违规经营、道德风险是长期困扰和制约银行稳健发展的主要因素，根源就在于银行一直没有将合规视为风险管理的一项活动，更没有将合规作为一个重要的风险源来管理，长期以来合规一直不是银行重点关注的风险领域。

在监管实践中，上海银监局已经意识到，合规是银行业机构一项很重要的风险管理活动，外部合规性监管不应该替代银行内部的合规风险管理，只有银行自身建立起有效的合规风险管理机制，管理好自身的合规风险，监管机构的合规性监管才可能有效。

彼时，在沪的外资银行几乎都有着良好的合规机制和不断完善的合规文化，而中资银行就显得相当欠缺，这与银行业的快速发展是格格不入的。

由于银行各自的文化差异，其合规政策也不可能是千篇一律的，但它必须做到每一个条款都是可执行的。

上海银监局提出，银行合规政策至少应包括五方面内容：明确银行倡导的合规文化；董事会和高级管理层的责任；合规部门架构的有关问题；其他各部门的合规责任；明确合规部门与其他部门的分工与合作机制，尤其是与法律部门、风险管理部门和内审部门的相互关系。

一场雷厉风行的行动随即展开，全上海的商业银行都开始推进合规建设。上海银监局要求，在沪所有上海商业银行（包括法人银行和分行），在2005年底以前设立合规部门与专职合规岗位，构建起银行合规风险管理的组织框架。

不以规矩，难成方圆。此后，合规文化成为行业监管中多次被谈及的话题。上海银监局2007年度工作会议提出，今年的监管工作将以提高有效银行监管能力建设为核心，抓住三个着力点，强化四项措施，提高全局监管工作有效性。所谓三个着力点，是指公司治理、合规管理和公司社会责任。

2008年，由美国次贷危机引发全球金融动荡。时任中国银监会纪委书记的王华庆在参加银行业合规年会时仍提到，此次金融动荡对我国的银行业如何做好合规建设具有很好的警示作用。

上海银行业合规年会是上海银行业的品牌专业盛会，已经举办了10多届，具有很强的生命力，始终与银行业合规的热点、难点、重点问题相交汇，也成为上海银行业研究合规问题、推广合规理念、弘扬合规文化的一个引人注目的平台。

在合规建设的持续推动下，上海银行业金融机构创新速度得以加快，以衍生产品与理财产品为代表的银行创新产品发展较为迅猛。

5.1.4 "三个监管"提升风控能力

在2007年最后一个工作日，时任中国银监会人事部主任阎庆民正式履新原上海银监局，担任局长一职。

时任中国银监会主席刘明康曾在大型国有银行的监管过程中提醒：目前面临的监管任务是与风险赛跑。因此，这一任命被视为银监会高层加强上海银行业监管的一个强烈信号。

2008—2010年，载入史册的大事迭起：2008年，全球遭遇金融危机冲击，国际国内经济金融形势错综复杂。身处我国对外开放前沿的上海，在全球金融危机中受到更为直接的冲击。2009年是新中国成立60

周年，也是《上海市推进国际金融中心建设条例》出台的年份。2010年，上海世博会召开。

建立良好的监管环境，支持上海国际金融中心建设；为世博会提供良好的金融服务，以优异的成绩向新中国成立60周年献礼；支持上海市经济、金融平稳较快发展……面对这些重任及挑战，上海银监局推进先行先试银行新业务，积极创新。

这份重任在肩的担当、与风险赛跑的魄力，在实践探索中结出了创新硕果——"三个监管"。上海银监局紧紧围绕"保增长、促稳定；推创新、防风险；重服务、强管理"的主线，坚持宏观监管、科学监管和创新监管，积极贯彻落实国家宏观调控政策，有效引导银行业应对国际金融危机，持续推进金融创新，不断深化各项监管工作，有力支持上海经济平稳较快发展和两个中心（国际金融中心、航运中心）建设。

"三个监管"，即上海银监局日常监管中重点抓好三方面的监管。第一，注重加强宏观监管，坚持金融服务经济。密切跟踪监测国内外经济环境的变化，结合国家宏观调控政策要求，及时提出"五个支持、一个加强"的指导意见，即支持全市重大项目和重大工程建设、支持小企业健康发展、支持科技创新和绿色信贷、支持房地产市场稳定健康发展、支持现代农业产业化和新农村建设，加强和改善信贷风险管理，促进信贷服务经济，以确保经济推动力。

第二，坚持科学监管，不断提高监管有效性。积极探索现场检查和非现场监测的新方法新工具；持续推进合规机制建设；倡导社会责任理念，引导上海银行业金融机构致力于成为"最受人尊敬的银行"；引导银行业金融机构加强公司治理与内控制度建设，进行案件防控长效机制建设，确保上海银行业稳健发展。

第三，推进创新监管，提高上海银行业竞争力。将创新与机构的市场准入相挂钩，鼓励创新；持续进行跨市场和创新业务监测分析，尝试开展功能监管；督促银行完善业务流程，持续推进产品创新和机制创新，积极推动人民币跨境贸易结算试点、并购贷款、搭桥贷款等创新型业务在上海逐步推开；同时加大风险提示，确保创新的风险可控。

在监管部门和银行业金融机构的共同努力下，上海银行业运行水平迈上新的台阶，风险控制能力和资产质量发生了根本性的改善，资产规模更大，资产质量更好，盈利水平明显提高。机构集聚效应明显增强，机构类型更趋多样化。

5.1.5　创设"三维一体"监管架构

银行业监管工作，任重而道远。

2011年2月，廖岷从银监会办公厅调任上海银监局，任党委书记、局长。

当时，全球经济金融危机延续，国内经济也处于发展方式转变的调整期，中国银行业还面临着各种风险的考验。

上海银监局在开展了为期半年多的广泛深入调研论证后，提出监管治理架构优化综合方案，并从当年四季度起试行。

这份方案，创造性地提出了建立和充实机构维度、风险维度、产品维度"三维一体"矩阵式监管架构的改革设想，以提升系统性、区域性风险的监管能力。

2012年，银行业经营的市场环境更加复杂，竞争更加激烈，风险监管的任务也更加艰巨。

从"三维一体"监管架构试行一年多的情况来看，对提升上海银监局的监管效能，确实起到了一定的积极作用。

这一探索不仅初步培养了一支针对重点的类别风险与类别产品的专家型监管队伍，也初步建立了一些行之有效的类别风险、类别产品（业务）监测机制与方法。

"上海作为全国金融机构集聚、金融要素市场齐全、金融业务最活跃的地区，有责任在金融创新上为全国树立榜样，同样地在银行业风险监管上也有责任率先探索、提供经验。"上海银监局始终怀着这样一份信念，向前推进改革。

此后，监管治理架构改革持续丰富内涵，截至2013年末，共设立了7个风险小组和7个产品小组。

2015年，上海银监局设立了13个风险和业务小组，专职信用、合规、操作、流动性、市场、声誉、国别风险七大重点风险，以及衍生和交易、财富和资管、互联网金融、信用卡、票据、电子银行与信息安全六大新兴业务，建立机构、风险和业务三个维度的持续监管框架。

在实践中，"三维一体"治理架构模式逐步走向成熟。上海银监局也坚持进一步评估和优化，坚持资产质量月度预测，强化压力测试等风控手段运用，针对流动性风险、市场风险、国别风险等新兴风险开展监测评估。

上海银监局进一步整合设立监管规制委员会、行政处罚委员会和监管联席会议的"三会"机制，提出"规范制定、实施机制、监督机制"的一体化全流程依法监管。

这套机制组合拳，不仅优化了决策流程，也进一步丰富了"三维一体"的内涵，促进了监管合力的有效提升。

5.1.6　全国首创推出"创新监管互动机制"

国家在沪金融管理部门，对自贸区的创新监管开展了一轮又一轮探索。这其中，不得不提"创新监管互动机制"。

在日常监管中，上海银监局发现，金融机构有很多事情想做，但现有法规没有支撑；有些事情政策上允许做，但没有配套制度规范怎么做。

像这样的监管规制未及覆盖、有法规但缺乏清晰具体可操作性规定，以及有政策但无相应落地细则的业务，如果走传统行政许可通道，可能就无法实现。

为支持金融机构的创新业务，上海银监局自2015年开始，推出自贸试验区银行业务创新监管互动机制。

时任上海银监局局长廖岷认为，上海自贸试验区扩区后，区内金融机构种类、数量、层级得到进一步提升，创新的主体、空间、维度有了质的飞跃，在坚守区域性、系统性风险底线的同时，加快自贸金融创新的市场环境正日益成熟。因此，监管有必要加快制度创新，不断建立健全更加适应金融创新需要的、相对独立的自贸试验区银行业监管体系。

彼时，境外"监管沙盒"方兴未艾，此举便是对其经验的引进借鉴，且结合中国国情的创造性制度创新。这也是目前国内最早的金融"监管沙盒"实践。

简言之，就是监管利用上海自贸试验区的试验平台，对那些现有政策不完善、无覆盖、不清晰的领域，提供一些先行先试的"绿色通道"。

何谓创新监管互动？银行能做哪些业务，是准入式的。在过去，银行先提业务申请，是为了获得行政许可，监管依规审批，直接决定银行能不能做。

在互动模式下，银行就没这么"被动"了。对于法规未明确能不能做的业务，如果银行想做，监管会和银行一起探讨可行性。

对于一项创新业务，监管先做整体评估，看符不符合基本政策，是否有利于服务实体经济，再进入政策辅导阶段，与机构深入沟通业务产品怎么设

◇ **监管沙盒**

　　"监管沙盒"的概念最早由英国金融监管局在2015年提出，作为一种创新的监管理念，旨在通过设立限制性条件和风险管理措施，允许企业在真实的市场环境中测试创新产品、服务和商业模式，进而促进金融创新并减少监管障碍。

计、风险如何防范，等等。

银行要做的，就是向监管部门陈述创新的出发点、政策结合点，以及可行性和意义等，并接受各部门提问，直到"提不出疑问为止"；落地前还要经过一定的内部决策流程，确保审慎、依法监管。

自这项机制成立后，在将近三年的时间里，上海银监局一共收到银行申请逾50项，落地30余项，授信总额超890亿元。这些试点项目，广泛覆盖银行和非银行、中资和外资、大型银行和中小银行等各类机构，有效提升了服务实体经济成效。

银行诉求较集中的方面，就是监管需要去满足需求或补足短板的地方。这在某种程度上，也促进了监管能力的提升，进一步提升了服务自贸区金融的能力。

上海银监局在监管中发现，非居民业务分散在不同的非居民账户经营，归属不同部门监管，具备不同特性，既不利于银行机构统一标准开展非居民业务，又制约了机构的跨境金融服务能力。为此，上海银监局积极建言顶层设计，早日完善非居民金融业务相关政策。

在防范风险的前提下，监管以个案的形式，为机构提供沟通的平台，让市场创新走向"阳光化"。

5.1.7 探索打造中国特色"矩阵式"监管架构

强大的金融监管，成为建设金融强国的核心金融要素之一。党的二十届二中全会审议通过的《党和国家机构改革方案》，提出"强化机构监管、行为监管、功能监管、穿透式监管、持续监管"（简称"五大监管"），为加强和完善现代金融监管指明了具体方向。

2023年，国家金融监督管理总局和派出机构先后挂牌成立，标志着金融监管体制改革迈出重要步伐。

作为一线的派出机构，上海监管局结合上海实际，积极探索打造中国特色"矩阵式"监管架构，织密筑牢金融安全网，守住不发生系统性风险底线。

对于"五大监管",全国政协委员,时任国家金融监督管理总局上海监管局党委书记、局长王俊寿曾撰写专文,从基层监管实践出发,深刻理解强化"五大监管"的内涵要义,并介绍了上海监管局近年来的一线监管探索与实践。

机构监管强调以金融机构为对象,对单体机构的市场准入、持续经营、风险管控、风险处置和市场退出实施全生命周期的审慎监管。这是一种"风险为本"的总体画像,并遵照"法人→分支"的纵向模式实施联动监管。

我国金融业大体实行分业经营、分业监管,银行业总资产居世界第一位,保险市场规模居世界第二位,金融机构众多,机构监管是金融监管的核心之一。

近年来,上海监管局积极探索各类分类监管和差别牌照管理的新路线。例如,开展异地城商行在沪分行分类监管先行先试,制定上海保险专业中介机构分类监管规则等。在分类基础上,按照"抓两头、带中间"的工作原则,一手推动"模范生"的培育,形成示范,一手做好"坏孩子"的惩戒,形成震慑,与此同时,带动其他机构回归本源、优化结构,努力实现差异化经营、高质量发展。

行为监管的对象是从事金融活动的机构和人员,目的是通过对金融服务提供者的行为实施规范统一管理,促进公平交易,打击违法违规行为,保护金融消费者合法权益。

上海监管局高度重视金融消费者权益保护。近三年在全辖相继开展"消保专项治理年""消保深化治理年""消保规范治理年",推动辖内银行保险机构实施消保"一把手工程",强化消保审查机制和适当性管理,将行为监管嵌入"全流程金融消费者权益保护体系"中,取得一定成效。

功能监管的对象是相同、类似的金融业务,强调按照同一业务同一标准的原则，对跨机构、跨市场、跨行业的金融业务实施统一监管。这种"横向"监管，有助于防范监管套利，实现提高市场效率、促进公平竞争的目标。

近年来，上海监管局在内设功能监管与机构监管部门基础上，制定促进机构监管与功能监管高效协同工作意见，健全跨部门风险和业务小组，努力扫除监管盲区。

穿透式监管，是按照"实质重于形式"原则，突破股东股权关系和层层业务交易的各种嵌套形式，深入识别股权控制和资金循环的实质，既要看"表"，更要看"账"，从而实施的精准有效监管。

◇ 穿透式监管

一种新型监管方式，旨在透过表面形态，深入剖析实质，对金融机构或行业实施全流程监管，以确保市场的公平、透明和合规运作。

上海监管局在不少领域开展了穿透式监管。例如，加强股东穿透监管，严把准入关。强调金融创新"简单、实用、透明"原则，打击各类名实不符的"伪创新"。运用图计算等技术开展现场检查，以资金流向为串联，精准捕获可疑关系网络，打断金融领域黑产灰产链条。机构监管、行为监管、功能监管必须与穿透式监管相结合，方能更好地发挥监管的利器作用。

持续监管是对监管对象实施的全周期、全过程、全链条的动态监管，强调监管行为和效果的连续性，以实现对风险的有效识别、化解和处置。

我国金融监管在持续监管方面有不少良好做法，以上海监管局为例，通过各类监管会议、双边会谈、现场督查检查等保持与机构的经常性监管交流；指定内审、纪检联席会议、与异地在沪分支机构的法人通气会等，则对督促机构自我纠错具有促进作用；

探索实施了高管持续监管试点，以解决高管准入"能上难下""进后难出"的问题。

5.1.8 推动资本市场高质量发展

上海证监局作为中国证监会的派出机构，其历史沿革可以追溯到20世纪末。国务院决定建立集中统一的证券监管体制后，1999年7月，中国证监会上海证券监管办公室（简称上海证管办）作为中国证监会派出机构正式挂牌。2004年3月，中国证监会上海证管办更名为中国证券监督管理委员会上海监管局，简称中国证监会上海监管局或上海证监局。

以资本市场高质量发展助力上海国际金融中心建设，既是金融业发展内在规律的必然要求，也是上海社会经济发展的现实选择。

2024年5月22日，上海市委金融办、上海证监局、上海证券交易所联合召开"上海市贯彻落实新'国九条'动员部署会"。1个多月前，2024年4月12日，国务院发布《关于加强监管防范风险推动资本市场高质量发展的若干意见》（简称新"国九条"），为今后一段时期推动资本市场高质量发展明确了方向。

新"国九条"是继2004年和2014年两次"国九条"发布后，时隔10年再次出台的资本市场指导性文件。前两次"国九条"均在市场处于中长期低点时发布，并对后续10年的资本市场改革发展起到了重要的引领作用。

引领，意味着需要有人勇敢站出来，走在前列来实践。在服务发展大局过程中，上海再次勇挑重担。为了贯彻落实新"国九条"、助力资本市场高质量发展，上海市进行了最新部署：上海将在全国率先打造上市公司高质量发展示范区，加快上海国际金融中心建设进程。

上市公司是国民经济的基本盘，是经济高质量发展的重要微观基础。上海上市公司整体质量较好，科创企业占比较高。截至2024年

11月底，上海上市公司数量已超440家，其中科创板上市公司数量逾90家。

上海证监局对上市公司的监管聚焦一个关键词：全生命周期——在上市公司辅导监管、持续监管、企业退市等重点环节持续发力。

企业上市前，加强对其的辅导培育。集成电路、生物医药、人工智能是上海市大力推进的三大先导产业，上海证监局围绕这些重点领域，推动出台《关于进一步发挥资本市场作用促进本市科创企业高质量发展的实施意见》（"浦江之光"行动升级版），助力优质科创企业的孵化培育。

在上市前的环节，上海证监局严把发行上市准入关：通过约谈、培训等形式督促辅导机构加强核查把关，提升企业保荐、定价、承销全链条业务能力；组织辅导备案企业及"关键少数"签署《提高拟上市企业申报质量承诺书》，使其树立正确"上市观"，严禁企业以"圈钱"为目的盲目谋求上市、过度融资。

企业上市后，对其展开持续监管也非常重要。如果上市公司出现违规行为，监管重拳也须及时出击。上海证监局坚持"零容忍"执法不动摇，落实资本市场财务造假综合惩防工作意见，建立健全防假打假协作机制，对于财务造假、内幕交易、违规减持、侵占挪用基金财产等重点领域案件予以依法从严打击。

对于上市企业，上海证监局不仅有监管，还有服务。上海证监局建立了上市公司常态化联合走访机制，走入企业内部，现场听取意见建议，推动解决企业面临的实际问题，持续优化金融服务环境。

一个健康的市场，有进必然也有出。在退市监管上，上海证监局强化退市风险化解，对存在违法违规的退市公司立案查处，杜绝"一退了之"，加强退市公司信访举报处理和纠纷化解，引导投资者合理维权，保护投资者合法权益。在这个过程中，上海证监局强化退市转板工作衔接，联合上海市政府出台《退市风险处置维稳总体预案》，确保风险可测可控，推动退市公司平稳转入退市板块。

科创板是打造培育新质生产力的"主阵地"。科创板上市公司作为我国实体经济"硬科技"企业的代表，在支持上海加快"五个中心"建设，支持高水平科技自立自强，促进完善资本市场基础制度等方面发挥着日益重要的作用。

2024年4月，为贯彻落实新"国九条"，更好服务科技创新，促进新质生产力发展，证监会制定并发布了《资本市场服务科技企业高水平发展的十六项措施》；6月，科创板开板五周年之际，证监会发布深化科创板改革八条措施。

如何推动"支持科技十六条"和"科创板八条"等政策落地见效，也是上海证监局持续思考的议题。

依托"浦江之光"行动等机制，上海证监局优先支持各方共识度较高的"硬科技"企业申报科创板。对于重点"硬科技"企业，上海证监局送政策服务上门，指导帮助企业规范治理内控，协调推动解决企业遇到的问题和困难，提升申报质量。

上海证监局也非常注重推动创业投资与多层次科技金融服务体系联动发展，推动出台《关于进一步推动上海创业投资高质量发展的若干意见》，支持鼓励股权投资机构投早投小投长期投硬科技，培育长期资本和耐心资本。同时，助推上海市遴选出浦东新区、临港新片区等8个区域打造股权投资集聚区，支持成立临港新片区股权投资综合服务平台（国际版）。

证券基金期货经营机构是资本市场重要的中介机构和专业服务机构，在进一步全面深化资本市场改革、促进资源优化配置、推动企业发展壮大、服务中国式现代化进程等方面发挥着重要作用。证券基金期货经营机构不断做优做强，在国内国际双循环的新发展框架下，为国内外各类市场主体、投资者提供高水平金融服务支持，是上海国际金融中心建设的应有之义。

新"国九条"提出，到2035年"一流投资银行和投资机构建设取得明显进展"。证监会发布的《关于加强证券公司和公募基金监管加快推进建设一流投资银行和投资机构的意见（试行）》为加快推进建设一流投行和投资机构明确了时间表、路线图、施工图。

上海证监局积极引导辖区证券基金期货经营机构立足上海国际金融中心的业务高地、人才高地、创新高地、开放前沿的优势，主动融入国家战略和资本市场改革开放大局，积极服务上海国际金融中心建设。截至2024年11月，上海共有证券公司33家，基金管理公司68家，期货公司36家，私募基金管理人近3800家，机构数量均稳居全国首位，机构集聚效应凸显。

资管机构的积极参与和推动，有助于提升上海国际金融中心的竞争力和影响力。上海地区证券基金期货经营机构管理的资管总规模占全国近30%，其中公募、私募规模均居全国首位，特别是权益类基金规模占全国近40%。为了更好助力上海全球资管中心建设，上海证监局注重推进行业机构提高专业服务能力。一方面，稳步推进公募基金行业费率改革落地见效，降低行业综合费率；另一方面，持续开展外资私募机构调研走访，连续5年指导上海市基金同业公会组织编发中英文双语版《海外资管机构赴上海投资指南》。

伴随安联基金、苏新基金获批开业，法巴证券获批筹建，摩根士丹利证券获准新增业务，法巴银行、汇丰银行基金托管资格获批筹备，在上海证监局的持续推进下，上海作为外资机构首选地效应进一步彰显。

证券公司作为资本市场"看门人"，在资本市场的直接融资、再融资、并购重组等活动中发挥着重要作用。上海证监局积极引导行业机构聚焦主业、回归本源，以专业化推动行业高质量发展。一方面，落实监管"长牙带刺"、有棱有角要求，紧盯投行业务、融资融券、场外衍生品等重点领域，全面从严加强机构监管；另一方面，积极培育一流投资银行，鼓励机构围绕"五篇大文章"开展业务创新，使其更好服务实体经济高质量发展。

在推进期货行业规范发展方面，上海证监局始终将风险防范摆在优先位置。针对辖区期货经营机构在公司治理、内部控制、廉洁从业等方面存在的各类违法违规行为，严格落实"双罚"机制，推动行业机构不断加强风险管理、优化内部控制，推动其合规运作水平和风险管控能力持续提升。在2024年期货公司分类评价中，上海期货公司中A类公司的数量达到15家，其中AA级期货公司数量的全国占比提升逾5个百分点，显著高于上海期货公司的全国占比。

上海证监局持续推动辖区期货行业聚焦"三农"普惠领域，持续优化"期货+"产品和业务供给，积极参与脱贫攻坚和乡村振兴工作。特别是在绿色、乡村振兴等领域开发专项产品，提升期货服务普惠性。截至2024年三季度末，上海期货经营机构共开展"保险+期货"项目1129个，赔付金额逾2亿元，助力大宗商品保供稳价大局。

5.1.9　编织金融安全网

对金融行业来说，防控金融风险是金融工作的永恒主题。金融作为一种高度专业化的业态，需要在创新和风险之间把握平衡，对监管制度设计和能力具有至高要求。

上海也经历了从"金融发展服务"到"金融监管"的变迁。

2000年3月，中共上海市金融工作委员会成立，作为中共上海市委的派出机构，围绕上海国际金融中心建设的总目标，把好方向，抓好大事，出好思路，带好团队，搞好服务，为上海国际金融中心建设提供坚强的思想政治、组织、作风保证。

2002年9月，上海市金融服务办公室正式成立，与市金融工作党委合署办公。这是上海市政府从上海改革开放和现代化建设全局出发，加快实施建设国际金融中心国家战略，创新地方金融管理体制的重要举措。

上海市金融服务办公室作为市政府负责金融管理和服务工作的直属机构，肩负着推进上海国际金融中心建设，推动金融服务经济社会发展，推进市属金融国资国企改革发展，加强金融机构、金融人才服务，促进新型金融行业发展，加强区域金融合作交流，维护金融安全稳定等重要职责。

2018年，成立16年之久的上海金融办迎来改头换面。彼时，经济金融形势处于下行周期，金融风险防范面临严峻挑战；同时，在以互联网金融为代表的一些新兴领域，金融安全面临新挑战。梳理监管权责、填补监管空白、加强地方金融监管成为金融业健康发展的紧迫需求。随着加强地方金融监管的呼声不断，上海市地方金融监督管理局在机构改革中应时而生。

2018年11月，根据中共中央办公厅、国务院办公厅印发的《党和国家机构改革方案》，上海市正式组建市地方金融监督管理局，加挂市金融工作局牌子，上海市金融服务办公室的职责、机构编制和人员划入新组建的上海市地方金融监督管理局，不再保留上海市金融服务办公室。

这次改革进一步明确了地方金融监管的职责和功能，加强了金融风险防范和处置能力。上海市地方金融监督管理局组建后，需要更加切实防控金融风险，既要善于监管，寓服务于监管之中，为金融改革开放创新各项工作奠定基础，给金融发展安上名叫"监管"的"定海神针"。

金融监管体制改革是新一轮机构改革的重点。在新一轮机构改革中，根据中央统一部署要求，上海市成立中共上海市委金融委员会，设立中共上海市委金融委员会办公室，中共上海市委金融委员会办公室与中共上海市金融工作委员会合署办公，加挂上海市地方金融管理局、上海市推进国际金融中心建设办公室牌子。这次改革，进一步加强了党对金融工作的领导，中央和地方金融监管将联系更加紧密、体制更完善，有利于加强央地协同，提高地方金融监管效能。

近年来，上海立足服务国家重大战略，紧扣防风险、强监管、促发展工作主线，扎实推进上海国际金融中心建设。上海的金融强监管防风险能力不断提升，出台《上海市地方金融监督管理条例》，地方金融监管配套细则、行政处罚操作规程陆续印发。上线地方金融监管信息平台，建立上海市金融稳定协调联席会议制度，平稳处置重大金融风险个案。

5.2 法治是最好的营商环境

持牌做生意，既要讲信用，更要守规矩。金融机构不仅要与市场和投资者打交道，同业之间更是会有频繁的业务往来。

每一种业务，大家都得按照背后的要求规范操作。同时，出了问题或有分歧，也得有客观的中间方，站出来主持公道，不偏不倚地评评理。

如果你说你的，我说我的，这事就没有一个讨论标准，更有可能永远没个完。

那我们都听谁的？这个客观的中间方，就是法治。

法治是最好的营商环境。对于上海这样一个金融行业高度发达的地方，更是需要完善的金融法治环境保驾护航。如失去法治空谈建设，国际金融中心的发展就会失去最根本、最稳定的保障。

5.2.1 创新金融审判机制

法院是我国司法系统的重要组成部分。就民商领域来看，既有综合覆盖案件范围的法院，也有专门从事金融专业领域的法院。其中，全国首家金融专门法院，就在上海诞生。上海金融法院，这家年轻的专业法院，至今已满6周岁，但一路走得专注稳健，并已越发展现出了强大的生机和活力。

就连世界银行专家，也忍不住对"她"发出高度赞誉："全球金融法治的最佳实践""有力提升了上海营商环境的国际化、法治化、便利化程度"。

2009年，上海明确了建设国际金融中心的目标。在专业法院诞生前，上海法院承担了大量金融案件审理工作，已受理一审金融商事案件近百万件，有力推动了金融法治环境建设。

在这个过程中，一批金融大案、要案也相继涌现。例如，雷曼公司金融衍生品交易案、光大"乌龙指"内幕交易案、伊士顿公司期货高频交易案等。

面对海量的金融纠纷，上海法院发现，案件牵扯国际性、涉众性、专业性方面的场景感都在不断增强。

能不能由专门的人来做专门的事情，即为金融构建专门的审判组织体系？

说干就干。2008—2015年，这一设想被不断丰富和完善：在浦东新区法院成立全国基层法院首家金融审判庭；初步形成高院、第一中院、第二中院以及浦东、黄浦、静安、虹口等区法院金融审判庭，以及其余14家基层法院的专门金融审判合议庭的金融商事审判体系。

在上海速度的保障下，专业法院成立的前期工作已打下了非常好的基础。下一步，也就是水到渠成的事情了。

2017年7月起，上海市高级人民法院开始研究论证一项各方都关切的大事：筹建上海金融法院。

在不到一年的时间里，设立方案很快在中央全面深化改革委员会第一次会议审议通过，全国人大也按下了最终的表决器。

承载着众多嘱托与期待，2018年8月20日，全国首家金融法院——上海金融法院在黄浦江畔正式挂牌成立。金融司法专业的事，由专设的机构来统筹，这一设想终于照进现实。

上海金融法院管辖范围，主要是上海市辖区应由中级人民法院受理的第一审金融民商事案件和金融行政案件，以及对上海市基层法院第一审金融民商事案件和涉金融行政案件提起的上诉案件。同时，集中管辖以住所地在上海市的金融市场基础设施为被告或第三人与其履行职能相关的金融案件，涉科创板上市公司的一审证券类民商事案件，以及中国境外证券期货发行交易、金融产品或金融服务损害中国境内投资者合法权益的跨境金融民商事纠纷等。在这些领域，这家法院可以最大化发挥专业本领。

《上海国际金融中心建设"十四五"规划》指出，进一步发挥上海金融法院等职能和示范作用，扩大示范判决应用范围，提高案件审理的专业化水平，增强案件审判的国际公信力和影响力。

示范标杆，就是提供一种模板，树立一种标准。怎么审的，如何判的，从上海这里生成，拿到全国其他地方，也能照着作参考。

所以，身兼重职的上海金融法院，开创了许多全国首例案件，如全国首例证券群体性纠纷示范判决案、首例落实证券侵权民事赔偿责任优先原则案、首例因退市新规引发的行政诉讼案等。

方正科技系列案，是上海金融法院成立以来受理的比较具有代表性的证券群体性纠纷案件。这里面涉及投资者上千名，案件本身也涉及诸多疑难法律争议问题。

方正科技是国内最有影响力的高科技上市企业之一。2017年5月，中国证监会对方正科技公司作出行政处罚，认定其在2004—2015年各期年报中，未披露重大关联交易事项。

2019年3月21日，上海金融法院公开开庭审理方正科技系列案的示范案件，原被告双方在法庭主持下，就虚假陈述行为重大性认定、因果关系是否存在、损失计算方法以及是否需要扣除证券市场系统风险等问题，展开激烈的辩论。

不到两个月的时间，2019年5月5日下午，上海金融法院公开宣判，这一全国首例证券群体性纠纷示范判决案件的结果是：方正科技败诉。

根据一审判决，方正科技存在证券虚假陈述行为，需承担民事责任。

在"唇枪舌剑"的庭审中，就投资者损失核定，还引入了第三方专业辅助支持机制。

在损失认定上，判决采纳中证中小投资者服务中心的损失核定意见，以第一笔有效买入后的移动加权平均法计算买入均价和投资差额，将个股均价与同期指数均值进行同步对比的方法扣除证券市场风险因素。

苦苦维权、向法院提交诉讼材料的投资者们，终于等到了正义的到来。法院判决最终支持四名原告投资者的部分索赔请求，获赔最多的一名投资者，获赔金额达18万余元。

后续，方正科技公告称，截至2019年9月9日，累遭939起索赔，合计涉诉金额为1.67亿元。

在以投资者为本的理念下，这无疑极大提振了中小投资者的信心，对证券市场虚假陈述等违法违规行为，进一步形成有力震慑。

实际上，在保护中小投资者合法权益上，上海金融法院的脚步从未停歇。

无论是首创形成以示范判决、代表人诉讼、专业诉调对接为核心的证券纠纷系统性解决方案，还是创建全国首个证券账户全循环赔偿款项分配机制，赔偿款直接划付至投资者证券资金账户，上海金融法院始终在创新的道路上，为投保事业筚路蓝缕。

法院还自主研发智助立案系统、"中小投资者保护智慧舱"，提供无纸化、一站式、交互型诉讼服务，也成为符合世界银行营商环境评估"减流程、减环节、降费用"方法论的实践样本。

身处国际金融中心，上海法院系统持续创新金融审判机制，为深化金融改革、扩大金融开放提供坚实司法保障。

2013年11月至2023年10月，浦东法院共受理涉上海自贸试验区金融商事案件11.14万余件，审结11.11万余件。10年来，浦东法院不断提升司法服务保障能级，积极探索可复制、可推广的涉自贸金融司法保障新模式。

2024年8月20日，上海金融法院成立满6周年。建院6年来，截至2024年11月5日，上海金融法院共受理各类案件50847件，标的总额超过1.37万亿元。2024年10月，全国人大代表、中国人民银行上海总部主任兼上海市分行行长金鹏辉在受邀参加最高人民法院调研座谈会时表示，近年来，上海法院系统取得了一批全国瞩目，带有开创性、引领性的成果，审理了大批疑难复杂的金融案件，创设了解决金融纠纷的"中国标准""上海规则"，是上海国际金融中心建设的一张闪亮名片。

5.2.2　争当金融仲裁先行者

2007年12月18日下午，尽管是上海世博吉祥物海宝揭晓的日子，时任上海市市长韩正出于对国际金融中心法治建设的重视，还是风尘仆仆地赶到了一个地点：滨江大道2727号。

在上海国际会议中心，这里即将要举行一场隆重的揭牌仪式。

这场仪式，与众不同的地方，还不止于此。

开业后，便直接进入研讨会环节，节奏十分紧凑。与会的嘉宾，也都是上海金融界和法律界的知名人士。

究竟是怎样的一家机构，如此牵动各方心魄？

自上升为国家战略目标以来，上海金融创新日新月异，规模在不断做大，业态彼此之间的联系也越发紧密，这也衍生出了新问题。

面对每时每刻都在产生的金融争议，上海国际金融中心建设已经走到了亟待提升法治环境这一步。

最早提出建立专业解决金融争议仲裁机构设想的，是时任上海市常务副市长冯国勤。

2005年10月，他在视察上海仲裁委员会时做了这样的提议。

随后，上海仲裁委员会提交了一份书面意见报送市政府，并于2007年将建立金融仲裁院列入年度工作计划。

"2007年3月至6月，我们开展了专项调研，对象涉及本市银行、证券、保险等行业的13家金融机构、337位从业人员以及各个金融监管部门、同业公会。"时任上海金融仲裁院院长卢方说。

最后，大家得出一致结论：上海应当成立专门的金融仲裁机构。

2007年8月，上海仲裁委员会正式向市政府递交了《关于设立上海金融仲裁院的报告》。同月，筹备组正式成立。

在紧锣密鼓的节奏下，2007年12月18日，国内首个专业金融仲裁院——上海金融仲裁院，正式在沪开业。

金融仲裁院的办公地址，设在浦东南路500号，国家开发银行大厦24楼。

实际上，在当初选址时，曾有过两个备选项：一是外滩，二是浦东。黄浦江两岸，落子何处，也得经过仔细的考量。

卢方回忆道，由于浦东新区政府力邀，同时考虑到金融机构聚集便于仲裁，因而选择落户于此。

如今，走进上海金融仲裁院，抬眼看到招牌时，总会思索如此专业的名称到底因何而生。

"按照仲裁法，上海只能有一个一级法人的仲裁机构。为了突出金融仲裁的地位和专业性，服务于上海金融中心建设，经多次研究，最后决定叫'金融仲裁院'。"卢院长曾指着招牌，向媒体说起这段往事。

上海金融仲裁院应运而生。至此，金融纠纷增加了一个公正、高效、快捷、符合国际通行准则的仲裁解决机制。

这在全国尚属首次。金融营商环境的发展，也从此有了中国上海方案。

15年来，上海金融仲裁院妥善处理了大量金融领域的矛盾纠纷，不断擦亮这块上海乃至全国金融仲裁服务领域的"金字招牌"。

截至2022年2月，上海金融仲裁院累计受理案件9675件，标的金额710.45亿元。

亮丽数字的背后，往往蕴含着高超的智慧，以及良好的韧性。

2021年，对于一起涉及近千名自然人的投资理财合同纠纷，金融仲裁院以稳定的高水平发挥，提供了高效专业的仲调对接法律服务。

凡事预则立。金融仲裁院也做好了充足的演练功课。现场可能发生哪些突发情况？当事人出现失控等激烈情绪对抗时，有没有应急预案？

通过工作人员"点对点"的紧贴式仲调对接服务，金融仲裁院顺利达成目标，最高效率、较低成本，短期内稳妥解决了各方当事人的合同争议。

2021年7月6日，上海仲裁委员会新一届委员会正式成立，标志着令全国瞩目的仲裁机构改革正式完成。

"金融要素市场需要的，就是我们要去服务的。"这一响亮口号彰显的市场化理念，十分鲜明。

5.2.3 良法彰显法治"软实力"

工欲善其事，必先利其器。

规范国际金融中心的发展，需要形成广泛共识。金融立法，就是推进利器。良法，可以彰显金融法治"软实力"。

长期以来，上海在地方金融立法上，打磨出两

> ◇ **仲调对接**
>
> 即仲裁与调解对接机制，指当事人经调解中心或自行协商后达成和解协议，依申请通过仲裁程序将调解协议转化为仲裁中的调解书，实现仲裁与调解的无缝对接，为调解协议赋予强制执行力。

柄利器:《上海市推进国际金融中心建设条例》《上海市地方金融监督管理条例》。

名称合计不到30字的这两份文件,背后却凝结了无数奋斗者的智慧和心血。两大条例,聚焦"促进发展"与"监管治理",成为上海国际金融中心法治建设的双翼。

今天,我们一提到上海,会感觉其紧密地与金融中心的概念相联系,似有天成之感。但在早期,不仅上海,国内还有多个城市争做金融中心。

上海肩上的担子很重。既要抓好先机,加快金融创新、先行先试,又要守好红线、不越雷区,这其中的空间如何把握,一直是上海的执行者十分困扰的事情。

从哪里找到突破口?在苦苦思索之后,上海终于从两个字上找到了破题口,那就是法治。

2009年8月1日,《上海市推进国际金融中心建设条例》正式施行。

这部结合上海市实际而制定的法规,为日后中外资金融机构争先落户上海,创造令人瞩目的建设速度,不仅一路保驾护航,也奠定起坚实的基础。

就这部法规的解读,上海市人大常委会专门举行了新闻发布会。会上,政、商、学等领域,大咖云聚,共商金融大计。

中国人民银行上海总部、中国保监会上海监管局、上海联合产权交易所、东方证券、国泰君安证券等金融机构相关负责人,以及时任华东政法大学经济法学院长吴弘等,现场解读了上述地方性法规对银行业、保险业、产权交易等的积极意义。

这部法规,不仅明确上海市政府设立推进上海国际金融中心建设议事协调机构,组织编制金融产业发展规划,安排上海金融发展资金,也筹划了今天我们耳熟能详的空间布局蓝图。

时任上海市人大法制委员会主任委员沈国明说,上海国际金融中心的空间布局将为"一城、一带、一片、一面"。

"一城"即陆家嘴金融城，"一带"是外滩金融聚集带，"一片"为一些金融信息服务产业区和洋山保税港区等专业性金融聚集区，"一面"则是分散于上海各区的金融聚集区域，如南京路聚集区域等。

这"四个一"，如今看来，依然非常具有前瞻性和远见。在流淌的时光中，镜头中的金融单位相继集聚，画面充斥着光影的灵动，上海金融实现了从0到1的伟大突破，也将国际金融中心牢牢地与城市名称相呼应，彼此相得益彰。

15年后，2024年8月22日，上海市十六届人大常委会第十五次会议修订通过了《上海市推进国际金融中心建设条例》（以下简称《条例》），于10月1日起施行。

上海市人大常委会副秘书长、法工委主任阎锐说，在当前上海国际金融中心迈向全面提升能级的重要阶段，对《条例》作全面修订，将推动在更高起点上深化金融改革开放、服务实体经济、防范化解金融风险，在"五个中心"联动发展中提升上海国际金融中心建设能级，为上海更好服务金融强国建设提供坚实有力的法治保障。

根据2017年全国金融工作会议要求，2018年，全国各地省级层面的地方金融监管局相继组建成立。

2019年7月，时任中共上海市金融工作委员会书记、上海市地方金融监督管理局局长郑杨撰文指出："随着地方金融监管工作不断深入，监管难度逐步聚焦，主要体现在'立法留白凸显、制度供给短缺、执法依据不足'，亟须地方立法赋能、赋权以及赋责。"

彼时，全国都在你追我赶。山东、河北、四川、天津等地已出台地方金融监督管理条例，北京、浙江、江苏等地也开足马力，全速推进地方立法工作。

上海作为重要金融中心城市，承载着多项国家战略，各类金融要素不断集聚，不同金融业态日益丰富，地方立法的需求更加迫切。

从2016年开始，上海积极探索地方金融立法相关工作。2019年3月，上海市人大常委会将《上海市地方金融监督管理条例》列入年度立法工作计划的预备审议项目。

这一年，颇值得注意。距离次年，也就是上海国际金融中心的基本建成之年，从时间上看，已经非常接近了，紧迫性不言而喻。

2020年4月10日，上海人大通过《上海市地方金融监督管理条例》，并自2020年7月1日起施行。

诞生于历史关键时期，也是阶段性验收成果期，这部地方性法规旨在规范地方金融组织及其活动，促进上海市金融健康发展，从金融投保、防风险等各方面来看，都具有重大的意义。这是一次综合立法，牵动着许多人的心。

时任上海市地方金融监督管理局（上海市金融工作局）局长解冬在回顾立法进程时说，从2018年9月21日列入《上海市十五届人大常委会立法规划（2018—2022年）》中第三类"条件尚不完全具备、需要继续研究论证"的立法项目开始起算，至2020年4月10日表决通过，《上海市地方金融监督管理条例》整个立法周期历时568天。

整个立法过程中，上海市成立了由时任市委常委、副市长吴清和市人大常委会副主任肖贵玉担任双组长的立法工作领导小组。

上海市地方金融监管局、市司法局、市人大财经委及常委会法工委等，组成联合起草组，赴浙江、天津、四川等地开展立法调研，发放书面征询函5次、召开专题座谈会34次，广泛听取一行两局、重点委办局、公检法、各区、行业协会、头部企业以及法律、金融等专家意见，累计修订45稿。

法律法规，每一条都得字斟句酌，审慎研判。如此广泛的触达面，精细扎实的调研，以及从上海本市的法治客观实践出发与立足，也为这部法规的高质量出台提供坚实保障。

"我们在立法过程中，更加关注上海国际金融中心发展创新、地方金融监管执法实践中的'地方性知识'，力求反映本市特色。"解冬说。这部法规填补了上海在地方金融监管综合立法上的缺失，也为国际金融中心的建设添砖加瓦。

2021年，在中央依法治国办部署开展的实地督查中，上海市高质量地方金融法治供给被作为地方典型经验进行通报。

5.3 发挥"有形之手"的作用

你到超市购买商品，就成为超市的消费者。你到金融机构购买产品和服务，就会成为金融消费者。

加强金融消费者保护，维护其合法权益，也是促进金融行业稳定健康发展的一个重要环节。

消费者权益保护的水平，直接关系到消费信用经济的社会效应。在信用与消费者保护体系建设方面，上海国际金融中心下了很大的功夫。

5.3.1 完善信用体系建设

"中国人民银行征信中心，伴您一生的信用记录者。"在央行征信中心官网首页界面，这句标语十分醒目。

时间回拨到2008年5月9日，时任中国人民银行副行长兼上海总部主任苏宁、时任上海市副市长屠光绍出席仪式，共同为征信中心揭牌。

征信中心落户上海，这是央行支持上海国际金融中心发展的一项重要举措。2002年，中国人民银行牵头成立了"建立企业和个人征信体系专题工作小组"；从2004年起，开始筹建全国集中统一的企业和个人征信系统。

中国人民银行征信中心，是经中编办批准的中国人民银行直属事业单位，统一负责企业和个人征信系统的建设、运行和管理，制定征信业务技术标准和规范，采集企业和个人信用信息，开发征信增值产品，提供征信服务。

征信中心的建设，在上海金融营商环境建设中具有里程碑式的意义。

"上海国际金融中心建设的过程，既是市场不断开放、机构不断积聚、产品不断创新的过程，更是信用体系、生态环境不断建立和完善的过程。"屠光绍说。

上海历届市委、市政府都把信用体系建设作为营造良好金融生态环境的重要工作，把金融生态环境建设作为上海国际金融中心建设的基础性工作，并且不遗余力，大力推进。

自此以后，驻沪金融机构在上海就可以享受到更多更便利的信用信息服务。服务水平一上去，就可以吸引更多的全球金融机构到上海开办业务。这样一来，上海国际金融中心就能留得住更多机构和组织，在全世界的综合影响力也就能再上一个台阶。

直至今日，落户上海的人民银行征信中心，依然在稳定地发挥自己的功能，也已建成全国集中统一的企业和个人金融信用信息基础数据库，继续为国际金融中心建设保驾护航。

目前，征信系统已经成为世界规模最大、收录信息全面、覆盖范围和使用广泛的信用信息数据库，基本上为国内每一个有信用活动的企业和个人建立了信用档案。

看你信用怎么样，先拉一下征信单子。基础核心产品信用报告，也已成为反映企业和个人信用行为的"经济身份证"。

近年来，上海不断加强公共服务体系建设，也为国际金融中心的加快建设营造了良好的发展环境。

第一件大事，要数建设上海市公共信用信息服务平台。这是一项关系上海社会信用体系建设新一轮发展全局的基础性工作，是社会信用体系建设的重要支撑和关键环节。

2013年6月3日，上海市公共信用信息服务平台面向政府部门开通试运行。上海建设与现代化国际大都市地位相匹配的公共信用信息服务平台工作，取得实质性进展。

2013年12月31日，上海市公共信用信息服务平台面向信息主体开通试运行。上海的法人、自然人可以运用这一平台查询本人公共信用信息。

上海市信用平台面向中国（上海）自由贸易试验区，提供企业自身公共信用信息查询的服务窗口也同步开通。

第二件大事，上海信用体系建设取得重要进展，出台了全国首部地方综合性信用条例。

2017年6月23日，《上海市社会信用条例》正式出台。条例规定，严重失信主体将被限制进入相关市场、进入相关行业、担任相关任职、开展相关金融业务、享受相关公共政策、获得相关荣誉称号等。

为了做好这部地方法规的立法工作，上海市相关部门此前进行了3年的调研和起草。条例实施后，在全国引起了强烈反响，这部法规也得到了高度评价。

有评论称，条例"具有很强的创新性、针对性和适用性，为地方社会信用立法探索提供重要参考，也为全国社会信用立法实践提供重要支撑，具有重要引领作用和深远意义"。

5.3.2 加强金融消费者保护

通过一系列专职机构单位的成立，上海将金融消费者权益保护这件事，不断落实落细。

从2011年开始，"一行三会"就开始相继成立金融消费者保护部门。

中国人民银行金融消费权益保护局在沪设立，时任央行研究生部党组书记焦瑾璞出任首任局长。

彼时，和传统消费者权益保护相比，金融消费者权益在许多人看来仍显"陌生"。但实际上，它并不神秘，而且距离你我的日常生活非常近。比如，民众在银行柜面处理业务的便利度和感受，就涉及金融消费者权益。

上海也在逐步拓展金融消费权益的保护手段。2013年5月2日，中国人民银行上海分行在上海市范围内开通试运行12363金融消费权益保护咨询投诉电话，负责受理中国人民银行法定职责范围内的金融消费者投诉咨询和涉及跨市场、跨行业交叉性金融产品及服务的金融消费者投诉。

2013年12月27日，《国务院办公厅关于进一步加强资本市场中小投资者合法权益保护工作的意见》正式对外发布，提出了健全投资者适当性管理和加强投资者权益保护等九条指导性意见，简称"国九条"。

2014年12月5日，中证中小投资者服务中心有限责任公司正式成立，其职能是为投资者提供持股行权、纠纷调解、诉讼与支持诉讼、投资者教育等服务。作为证券金融类公益机构，这家中心的成立，让广大中小投资者有了"代言人"。

这一年，上海金融消保领域还发生了一件大事。

2014年12月16日，我国首家专业的金融消费纠纷调解组织——上海市金融消费纠纷调解中心揭牌成立。中心自成立以来，推出了上门调解、夜间调解、电话调解和在线调解等服务，建立了诉调对接机制、小额纠纷快速解决机制和中立评估机制等多种金融消费纠纷解决机制。

上海市金融消费纠纷调解中心陆续在全市各银行机构、信用卡中心、支付机构设立了调解工作联络站，金融消费者可以直接通过工作站，向调解中心申请调解员上门调解和网上调解服务，而不必亲自前往调解中心，免去了来回奔波的辛劳。

在上海国际金融中心建设过程中，探索金融纠纷多元化解机制建设具有重要意义。

为构建多元化金融消费纠纷解决机制，切实维护金融消费者的合法权益，2015年6月18日，上海市高级人民法院和中国人民银行上海分行联合签署《关于建立金融消费纠纷诉调对接工作机制的会议纪要》，决定在上海市建立金融消费纠纷诉调对接机制。

2020年5月15日，中证资本市场法律服务中心在上海正式揭牌成立。这是中国证监会批准设立的我国唯一跨区域、跨市场的全国性证券期货纠纷专业调解组织。它的成立开启了资本市场纠纷调解新篇章。

2021年，上海证监局指导辖区调解组织挂牌设立"访调对接工作室"，制定《访调对接工作规则》，驻点开展访调对接工作的相关情况。"访调对接工作室"为上海辖区广大投资者提供了一站式的信访、调解服务平台，是上海辖区全面深入开展证券期货矛盾纠纷多元化解的重要机制创新。

成立一年期间，访调对接工作室累计受理各类经济服务纠纷投诉230件，达成协议金额超550万元，初步实现了信访总量和群访批次双降，投资者满意度上升的治理成效，进一步助力上海国际金融中心平安建设。

保护金融消费者合法权益，对提升金融消费者信心、防范化解金融风险，维护金融安全与稳定、促进社会公平正义和社会和谐具有重要意义。

2023年3月，中共中央、国务院印发《党和国家机构改革方案》，组建国家金融监督管理总局，统筹金融消费者权益保护工作，将中国人民银行有关金融消费者权益保护职责和中国证监会的投资者保护职责划入金融监管总局。

这一改革安排对金融消费者权益保护工作提出新的要求。

回溯历史来看，上海金融监管层也作出了积极的努力和探索。

2016年5月，上海银监局指导成立了"上海银行业纠纷调解中心"。2020年12月，上海银行业纠纷调解中心与上海市保险合同纠纷人民调解委员会合并，正式更名为"上海银行业保险业纠纷调解中心"。

2024年，上海银行业保险业纠纷调解中心设立了上海地区首个"老年金融消费者权益保护服务站"，首批试点建立7家上海银保调中心分站，努力打造多元纠纷化解"上海模式"。

上海监管局在2022年"消保专项治理年"和2023年"消保深化治理年"基础上，2024年实施"消保规范治理年"活动，用心用情解决人民群众急难愁盼问题。经过三年的持续治理，2024年首次实现投诉接收量、举报受理量、信访受理量"三降"，其中投诉接收量同比下降8.91%，举报受理量同比下降51.49%，信访受理量同比下降31.82%。

5.4　塑造更多的"上海"名片

人们对一座城市的认知，往往从它的标志性建筑开始。

提到巴黎，我们想到埃菲尔铁塔；提到伦敦，泰晤士河畔的大本钟在脑海中浮现；提到纽约，华尔街就如同条件反射一样，蹦了出来。

城市地标，不仅是城市物理空间的代言，也承载着城市的精神内核。

说起上海，在外滩乘坐黄浦江邮轮，观赏经典的"三件套"：东方明珠、金贸大厦、环球金融中心，别有一番惬意。

殊不知，上海金融业也逐渐有了自己的"三件套"——"一城一带一湾"。

"一城"即陆家嘴金融城，"一带"是外滩金融聚集带，"一湾"是临港新片区的滴水湖金融湾。

长期以来，它们既是上海金融空间布局主心骨，也是国际知名的金融产业集聚区，更成为一张张上海城市品牌的响亮名片。

5.4.1　陆家嘴金融城

在上海，有这么一个地方，让海内外的金融人才们心驰神往，将其视为心中的理想从业殿堂。这里同样也是无数人打卡拍照的经典场景，著名上海地标"三件套"的所在地——陆家嘴金融城。

31.78平方公里的土地上，活跃着4.5万多家企业、50多万从业人员，拥有12家国家级要素市场和金融基础设施。

业界有这么一句话，来形容陆家嘴的金融密度之高，"一栋楼，就是一条垂直的金融街"。

如今，这里的285幢商务楼宇，既是一个个"垂直社区"，也是一条条"垂直的金融街"，诞生了一个又一个金融奇迹和神话。

当你下了旅游大巴，在这些鳞次栉比的高楼中激动地拍着照时，可曾想到，这里曾经也是一片荒芜的"烂泥渡"？

上海浦东开发开放，一开始就是金融先行。

陆家嘴是我国第一个以金融贸易命名的开发区。用现在的话说，那身份还是有些尊贵的。

当时，全国无数双眼睛，都齐刷刷地盯着这里，期待出现一些新的气象。

1992年8月，上海陆家嘴集团的前身——上海市陆家嘴金融贸易区开发公司正式成立。如其名字所提示的那样，陆家嘴金融贸易区开发建设的任务，就由这家公司来承担。

30多年来，对标纽约华尔街、伦敦金融城，陆家嘴不断加快迈向国际一流金融城的步伐。

曾经的无人问津之地，现如今早已华丽"逆袭"，一举成为全球金融要素市场最丰富、金融机构最集聚、金融交易最活跃的地区之一。

而这些成就又与金融机构产生了二次催化反应，带来了最佳投资标的、最优质客户群体和最丰富的业务场景。

目前，已有来自13个国家的知名金融机构，在陆家嘴设立了120余家外资资管公司。全球排名前10的资管机构，陆家嘴已集齐了9家。3000多家国内外专业服务机构，立足金融城展业。各类总部600多家，其中经商务部门认定的跨国公司地区总部达140余家，占全区三分之一，占全市近六分之一。世界500强企业，有340多家都在陆家嘴设有机构。

5.4.2　外滩金融集聚带

追溯上海的历史，董家渡是上海城市的根，曾被誉为"一城烟火半东南"。向北老城厢，向东走两步黄浦滨江，走在路上，时不时就能望到对岸的东方明珠塔。

作为黄浦江上一个重要渡口，董家渡因码头而兴盛。在开埠前，这里商贾云集，商肆林立，在开埠后，更成了上海繁华城区之一。

改革开放以来，这里是海内外有名的轻纺市场。许多来沪旅游的外国友人，也喜欢来这里定制时装，真可谓"洋气得不得了"。

在上海国际金融中心建设中，董家渡也是"一城一带"的核心功能区。从2009年起，黄浦区就积极推进外滩金融集聚带（2.6平方公里）建设。

20多年来，在这片土地上，都发生了哪些事情呢？第一个10年，"一带"建设以外滩老大楼沿线建设为主。第二个10年，向南延伸，以董家渡金融城为发力点，提供150万立方米的办公载体空间。

经过10年发展，金融的贡献度显著。2019年，黄浦区金融业增加值翻了两番并突破千亿。2022年，黄浦区实现金融业增加值1348.57亿元，占全区生产总值的比重为44.6%，贡献度稳居全区各行业之首。

据数据统计，上海持牌金融机构总数逾1700家，其中黄浦就有超720家，吸引众多外资金融机构、国家级重点金融项目集聚。

不仅有产业集群，单体也是非常"能打"。当黄浦江游轮缓缓驶过，汇添富基金、中国人保等金融巨头的招牌，便尽收眼底。

如果说陆家嘴是上海当之无愧的"金融一哥"，董家渡便是"二哥"的有力竞争者。这里的老城厢，正在崛起现代金融城。

如今，董家渡金融城的金融业态齐全，涵盖了要素市场、银行、证券、保险、基金、融资租赁、金融科技、私募股权等传统金融与新金融领域的优质机构。

我们分几个地块来说。复兴地块的业态种类是非常丰富的，融合了金融服务、科技服务、专业服务等，新金融与传统金融交相呼应。

这一地块，有几家重要的机构和公司，比如，上海黄金交易所、汇添富基金管理股份有限公司、上海国有资本投资有限公司、北京外企德科人力资源服务上海有限公司、蚂蚁集团旗下诸多核心科技板块企业等。这些机构和公司均已入驻，同时迅速成长为区域金融贡献的主要力量。

位于中山南路西侧的绿地外滩中心，主打总部型金融机构。上银理财有限责任公司、中泰证券股份有限公司（上海总部）、国海证券有限责任公司（上海总部）、中国人民财产保险股份有限公司（上海总部）等一批银行、证券、保险系高能级金融机构，以及东浩兰生集团、上海外服等高能级总部型机构已纷纷入驻。

南浦地块也积极打造资产管理金融集聚带，汇聚一批以资产管理为代表的高能级金融机构，入驻企业包含信银理财、汇添富基金、东方证券资管等。

黄浦区是上海的中心城区，也是市政府的所在地，配套设施完备，交通发达。对于金融，老城区也有了新目标。

"十四五"时期，黄浦区积极打造"两极三高地"，即打造金融科技和资产管理两大增长极，建设人民币资产定价与支付清算服务高地、金融服务实体经济高地、金融综合生态高地，不断提升"外滩金融"品牌国际影响力，增强外滩金融集聚带全球资源配置功能，服务上海国际金融中心建设。

5.4.3　滴水湖金融湾

临港，位于上海东南角，远离上海市区，距离陆家嘴1个多小时的车程。随着 2019 年 8 月国家一声令下——在奉贤打造一个全新的经济开发区，临港瞬间迎来了巨大的政策利好，关注度和地位也直线上升。

"我在其他地方没有看到过这样快速的发展，中国就是未来，未来是非常令人激动的。"对于以"临港速度"为代表的上海服务，特斯拉首席执行官马斯克曾提出褒扬。

2019 年 8 月 20 日，中国（上海）自由贸易试验区临港新片区在滴水湖畔正式揭牌。两个月的时间里，临港大动作频频。首个重大项目开园，人工智能产业基金设立并落户，首批重大项目集中签约，首批金融业创新发展政策出台，洋山特殊综合保税区监管办法政策发布……

在临港，金融同样是不可忽视的一个关键词。如果说，陆家嘴金融城和外滩金融集聚带是中国金融的现在，临港滴水湖金融湾就是中国金融的未来。

加快实现建设金融强国的目标，我们就绕不开推动金融高质量发展。而想要发展，就要一手深化改革，一手扩大开放，两手抓，两手都要硬。

滴水湖金融湾作为统筹在岸与离岸业务、创新金融发展的重要功能承载地，将打造继外滩金融集聚带、陆家嘴金融城之后全市金融服务业"第三极"，形成功能互补、协同发展格局。

在《上海国际金融中心建设"十四五"规划》中，滴水湖金融湾被纳入"一城一带一湾"金融发展新格局，将助力上海加快建成领先亚太、辐射全球的顶级金融中心。

随着汇华理财、汇丰金融科技、交银金融科技等一批标志性的跨境金融服务机构纷纷落地新片区，滴水湖金融湾已初具未来新兴金融中心雏形。

我们说临港，其实就是在说下一个浦东。浦东花了 26 年时间完成 GDP 的万亿目标，对临港新片区，同样的目标要在 2035 年完成。

新兴金融业是临港新片区的一大特色产业。到 2025 年，将滴水湖金融湾打造成为新兴金融集聚的新高地、金融科技发展的样板间、对接国际规则的试验田、海内外金融人才的首选地。

滴水湖金融湾所在的临港现代服务业开放区，作为临港新片区向国际市场展示的"新名片"，云集了大批头部服务贸易机构，共同推进跨境金融、新型国际贸易、高端国际航运等功能形态建设。

滴水湖金融湾聚焦新兴金融八大维度，重点推动上海国际再保险交易中心、上海石油天然气交易中心、上海财经大学滴水湖高级金融学院、国际金融资产交易平台取得阶段性进展，不断完善多层次新兴金融机构体系。

上海国际再保险交易中心正式落地临港新片区，平安产险、中华联合财险等15家财险公司获批设立上海再保险运营中心。

上海石油天然气交易中心于2022年入驻滴水湖金融湾，致力于打造市场化、国际化、专业化油气交易平台，支持新片区新型国际贸易和供应链金融发展。

上海财经大学滴水湖高级金融学院位于滴水湖金融湾核心位置，于2023年5月22日揭牌，旨在培养国内外新兴金融业发展急需的复合型高端金融人才。

滴水湖还有一张亮眼的金融名片，那就是2022年开始举办的"滴水湖新兴金融大会"。它立足临港新片区深厚的产业优势和开放型制度体系，促进新兴金融生态体系的发展，是不断提升金融创新和服务实体经济能力的重要平台。

大会旨在推进金融供给侧结构性改革，加快打造现代金融机构和市场体系，将滴水湖金融湾打造成为临港新片区金融开放与创新发展的新引擎，为上海国际金融中心建设及临港新片区发展作出积极贡献。

2024年8月20日，临港新片区迎来挂牌五周年。面向未来，临港新片区将持续发挥特殊经济功能区的制度优势，当好金融改革开放创新的试验田和压力测试区，助力加快建设上海国际金融中心。

5.4.4　陆家嘴论坛

2008年7月5日，上海西郊宾馆内，上海市委、市政府向来沪考察的中央领导汇报工作。

会议室内，每个席位上放着三份材料：一份是会议议程，一份是市委、市政府的汇报——《关于调整经济结构、率先形成以服务经济为主的产业结构的工作汇报》，还有一份是替国务院起草的《关于促进上海国际金融中心建设的意见》。这三份材料中，第三份最为特别，这是上海市委、市政府最希望国务院支持的内容，而且谋划多时。

彼时的上海，处境微妙——GDP增速首次低于全国平均水平，即将在17年来首次跌入个位数。

上海GDP增速下滑的背后，是经济转型之痛。在全国很多城市的经济结构还是"二三一"的时候，上海先人一步，率先进入"三二一"的转型——"优先发展第三产业，调整改造第二产业，稳定提高第一产业"。但传统服务业的发展遇到了瓶颈。

一群"黑天鹅"正在头顶盘旋。一场全球性的金融危机正在酝酿并即将蔓延。

复杂国际经济环境和自身转型的双重压力之下，走在全国前列的上海，遇到了全国其他地方没有遇到的问题。

在此之前，上海已经开始行动。

"上海应该勇于'冲一下'。"中央领导曾对上海主要负责人说。

"冲一下"，是要在转型阵痛中尽快找到超车之路。发展"现代服务业"，成为上海的共识。

金融，是上海发展现代服务业，特别是生产性服务业的题中应有之义。

2007年底，屠光绍从中国证监会副主席之职调任上海担任副市长，分管金融，协管财政、税收。

将金融干部调任地方任职，上海开了先河，也透露出上海发力金融的意图。

"当时让我从北京调到上海，其中有一个任务，就是上海要承担的国际金融中心的任务。"屠光绍对这次调任的说法，也验证了上海的意图。

屠光绍曾在中国人民银行、中国证监会工作，还曾担任过上海证券交易所总经理，这些经历使他成为既熟悉中央金融各部委工作，又了解上海情况的官员。在当时，屠光绍调任上海被视为沟通中央与上海在推动建设"国际金融中心"问题上的不二人选。

屠光绍说："一个金融中心，一定要有它的形象，有它的标志，要有它的品牌。怎么样体现上海国际金融中心的影响力？当时我到了上海之后就考虑研究，是不是通过建设一个全国性的论坛，提升上海作为国际金融中心的影响力，营造新的形象和品牌。"

半年后，2008年5月9日，浦东香格里拉酒店，首届陆家嘴论坛开幕。

"伦敦和纽约是公认的国际金融中心。这两个地区处于不同时区。我们需要有第三个不同的金融时区，位于东亚，这样整个世界才可以实现24小时全天候交易。上海有多大机会成为第三个世界金融中心？"首届陆家嘴论坛上，时任上海市金融办主任方星海发问。

是发问，也是上海剑指全球金融"第三时区"的雄心。

"这是一个时间问题，上海肯定会成为这一区域的金融中心。"美国银行董事长兼首席执行官肯尼斯·刘易斯回答。几个月后，接连吃下全美最大按揭贷款公司全国金融公司和全美第三大投行美林证券后的他，成为新华尔街之王。

首届陆家嘴论坛之后，屠光绍根据上海市委、市政府的部署组建了研究班子，加速了上海国际金融中心建设方案的研究，逐步形成初步方案，并在中央领导到沪考察时呈送了上去。

这就有了开头西郊宾馆的一幕。

几个月之后，2009年4月14日，国务院19号文件正式发布。这是一份为上海量身定制的文件，同时也赋予上海重要使命——到2020年，把上海建设成为与中国经济实力与人民币国际地位相适应的国际金融中心。这标志着继党的十四大提出建设国际金融中心目标的1.0时代后，上海国际金融中心建设正式进入2.0时代。

2020年，上海交出第一份答卷：在上海市人民代表大会上，市长龚正宣布，上海已基本建成"四个中心"，上海国际金融中心正是其中之一。

2021年8月，上海市政府印发《上海国际金融中心建设"十四五"规划》。总体目标为：到2025年，上海国际金融中心能级显著提升，服务全国经济高质量发展作用进一步凸显，人民币金融资产配置和风险管理中心地位更加巩固，全球资源配置功能明显增强，为到2035年建成具有全球重要影响力的国际金融中心奠定坚实基础。"十四五"规划的颁布，意味着上海国际金融中心建设步入3.0时代。

可以说，陆家嘴论坛是为上海国际金融中心建设而生。

此后，上海国际金融中心建设这一主题，与每一届陆家嘴论坛紧紧绑定。而每一届陆家嘴论坛上，来自全球金融智慧的交织碰撞，也深刻影响了上海国际金融中心建设的走向。

5.5 打造人才"强磁场"

国际金融中心，必然是金融人才的集聚中心。上海国际金融中心建设取得的每一个新进展、新跨越，背后都离不开金融人才的支撑。

80余年前的上海，作为远东金融中心，曾涌现出宋汉章、张嘉璈、周作民、陈光甫等一批杰出的本土银行家。如今，锚定金融强国目标，一批又一批海内外金融人才正投身于增强上海国际金融中心的竞争力与影响力的实践中。

5.5.1　国际金融人才壮大之路

建设早期，上海急缺大量优质的金融人才，本土很难寻觅到可观的数量，那就主动出海去寻找。

2008年，由于受金融风暴影响，大批英美金融人才被裁员。为了加快上海国际金融中心建设，上海市金融工作党委、金融服务办公室、人力资源和社会保障局等部门联合组团，于2008年9月成立"上海市赴英美招聘高层次金融人才工作团"。

经过两个多月的精心筹备，工作团于12月5日到14日，先后在英国伦敦、美国芝加哥和纽约举办三场大型招聘会。

时任上海市金融办主任，是后来成为证监会副主席的方星海。据他介绍，此次招聘活动共有27家在沪金融机构参加，170多个就业机会涉及风险管理和控制、资产管理、金融衍生产品等15个类别的专业技术岗位，覆盖银行、证券、保险、基金、信托和资产管理等业态。

上海的招聘活动，在英、美两国受到了人才的热烈欢迎。当时，共有2176人应聘，现场面谈共计4432人次，初步达成意向840人。应聘人员大多为华人或华裔。上海的金融环境对他们非常有吸引力。

在招聘岗位中，薪酬最高的达到年薪150万元，高级岗位集中在风险总监、战略研究、首席经济学家、机构营销总监、IT总监等领域。

在这次海外招聘中，不少应聘者都提出了想要回国发展、回上海发展的意愿，这在过去的招聘中是罕见的。

不少应聘者提出，有回家乡工作的想法，并非一定要去上海。对于这样的人才，上海也非常欢迎，将建立后台人才库。

在当时上海招聘机构看来，这是很好的现象，体现了上海作为金融中心的辐射作用。许多金融机构，在全国都设有分支机构。这个大门应该向海外人才敞开，因为全国各地都需要金融人才。

经此一役，上海市政府意识到，必须搭建海外人才与国内金融机构信息互动的长效机制。

这是两个双向互动的层面，既要让国内金融企业在人才招聘时突破地域限制，以全球化的视野综合考虑国内国外两个市场，也要让海外的金融人才特别是海外华人有及时了解国内金融企业发展状况和人才需求的渠道。

后来，上海金融人才越聚越多，口碑知名度逐渐在全球打响。

2011年，中共上海市金融工作委员会、上海市金融服务办公室印发《上海金融领域"十二五"人才发展规划》，细化落实人才引进政策措施，组织落实"浦江人才计划"等，开展了金融创新奖、金融人才奖评审等工作；与市人社局、市教委、市卫生局等部门形成合力，为金融人才引进在办理户籍和居住证、医疗保障和子女教育等方面提供便利。

彼时，上海金融从业人员已达23万人，其中各类中、高级管理人才约2.5万人；金融系统共有外籍及港澳台人士2000多名，留学归国人员3000多名。

这些从业人员，广泛分布于各类金融市场、金融机构以及金融监管和服务部门，涵盖银行、证券、保险、基金、信托和资产管理等多元金融业态。

这些金融人才中，拥有海外学历、持有国外认证证书的数量，还远远不足。这种国际化人才缺乏的短板，也会影响上海国际金融中心竞争力。

"上海金才开发计划"应运而生。自2016年实施以来，共评选培育了近700名上海金才，有力推动了上海金融人才高地建设。

2023年起，上海领军金才、青年金才列入上海市人才培育综合性计划——东方英才计划，围绕上海国际金融中心建设对人才的需求，设立东方英才计划拔尖、青年项目（金融平台），培养选拔金融领域专业能力突出、发展潜力较大、承担核心任务的骨干人才和崭露头角、具有发展潜力的青年人才。

《上海国际金融中心建设行动计划（2018—2020年）》中，上海提出建设国际金融人才高地。主要措施包括为外籍高层次人才入境和停居留提供便利，完善配套措施，充分发挥户籍政策在国内金融人才引进集聚中的激励和导向作用，健全以居住证制度为核心的国内金融人才引进政策。

数据显示，"十三五"期末上海金融从业人员达47万人，比"十二五"期末的35万人增加约12万人，年均增幅约6.1%。

对一些年轻的从业者而言，除了好的机会和平台，生活资源和能否落户，也是他们在就业选择上考虑的主要因素。

上海也在加强高水平、国际化的金融人才"软环境"建设，优化金融人才生活环境，妥善解决金融人才住房、医疗、教育等现实问题。

2022年，中共上海市金融工作委员会、上海市地方金融监督管理局印发的《上海金融领域"十四五"人才发展规划》提出，到2025年，上海金融从业人员要达到55万人左右。

目前，浦东新区的金融从业人员已占上海全市70%以上，是国内外众多金融人才发展创业的首选地。

2023年，浦东新区推出"1+1+N"人才政策体系，形成未来三年引领区人才发展的"施工图"和"任务书"。

其中在金融人才方面，出台《浦东新区关于促进金融人才发展的实施意见》（简称"金才九条"），在金融人才引进、培养、服务三方面制定了九条举措，打造全球金融人才集聚发展的"强磁场"和"加速器"。

5.5.2　构筑人才服务体系——以陆家嘴人才金港为例

作为上海金融最响亮的名片，陆家嘴正充分依托浦东新区"1+1+N"人才政策体系，打造陆家嘴金融城国际人才集聚地。

陆家嘴人才金港（陆家嘴金融城人力资源管理联合会）是陆家嘴金融城的人才工作宣传窗口和人才综合服务平台，通过积极落实各级人才政策、举办特色创新人才活动，从职前、职中、职后为人才发展提供巨大的支撑，优化人才发展环境，服务经济高质量发展。

从"未来金融家"到"陆家嘴金融城名校直通车"，以及"首届全球高校人才金融业求职大赛"，人才金港的多个职前特色项目拉近青年人才与企业雇主之间的距离，开启职业发展的先机。

陆家嘴人才金港在招才引才的同时，也在高层次人才创业、外籍人才永居、应届生落户等方面，对人才提供全方位支持。

2011年12月，陆家嘴人才金港被中组部评为国家级"海外高层次人才创新创业基地"；2013年11月，被上海市人力资源和社会保障局评为"陆家嘴金融城博士后创新实践基地"，为区域内机构研究提供支持，助力高层次人才的开发和引进。

2017年4月，人才金港被指定为陆家嘴外籍人才工作受理点，主要受理符合条件的外籍人才在中国永久居留的申请。

通过政策咨询，工作人员协助企业提交材料，经浦东新区人社局、上海科创办（上海推进科技创新中心建设办公室）、上海市出入境管理局的严格审核，截至目前已有来自汇丰银行（中国）有限公司、保时捷（中国）汽车销售有限公司、迪卡侬（上海）体育用品有限公司、中银基金管理有限公司、威可楷（中国）投资有限公司等近百家企业的161名外籍人才获得永居推荐函。

外籍人才凭推荐函向上海市出入境管理局申请在中国永久居留身份证。陆家嘴的外籍人才工作受到了企业的热烈欢迎和好评，成为浦东打造人才高地的有效手段和优化营商环境的有力抓手。

为优化人才发展营商环境，提升陆家嘴区域内企业人才的幸福感和获得感，陆家嘴人才金港为企业提供人才政策咨询，并在安居和健康、公益服务等方面提供综合保障。

精品化运营陆家嘴金融城耀华人才公寓，累计为120家机构1200余名人才解决安居需求。

从办理准入资格到顺利入住，只需一周时间，有效地缓解了青年人才职业发展初期的安居压力。服务了中石油、中远海运、上海证券交易所、交通银行等一批重点机构，招引了国家中小企业基金、南方水泥、先正达等一批重大项目。

立足区域特色，跨前一步，主动作为，协调推进国企承建的保障性住房和市场化主导的非居改造两大类租赁住房项目，促进职住平衡发展。妥善落实租房补贴政策，覆盖580家重点企业超2800人，居各开发区前列；精准落实特殊人才购房举措，保障高层次人才近悦远来。

"陆家嘴人才健康平台"已延续逾9年，累计为逾270家企业超2080名高管及家属对接就医绿色通道，为区域内青年人才提升了获得感和幸福感，营造了全球卓著的人才生态，彰显了"温暖金融城"人文魅力。

人才金港通过"金融菁英人才伦敦实训项目"组织金融机构高管赴伦敦金融城深度互动交流，推动两大国际金融中心共赢发展，同时也开展了一系列专业化的人才培训。

这些专业化的人才培训诸如"HR沙龙"项目，发挥HR总监的领航作用，个性化对接职业机会和生涯点拨。

人才金港关注女性职业发展。通过与浦东新区妇联合作的"她骐骥"工作坊，点对点辅导近千名女大学生和职业女性展现"她"精彩，助力其拓宽成长成才路径。

陆家嘴金融城欢迎全球高层次、高水平、高质量的人才来到浦东，天下英才集聚引领区，为上海建成具有世界影响力的社会主义现代化国际大都市持续助力。

后/记

2023年秋天，我刚结束在清华五道口两年期的学习，还未来得及思考如何将重建后的知识结构运用于实际工作，突然就接到了人民日报出版社的写作任务。

如果没有这两年的系统学习，即便已经在一线做了20多年的财经报道，也很难下定决心接过这项任务。所以有一瞬间，我竟庆幸自己提前吃了些读书的苦，可以在未被预知的后来的路途中发发力。

但很快，我陷入了一个实际面临的困境，不是可能被这个工作的复杂性击退，而是压根就不知如何开始。叙述上海国际金融中心的著作论文和报道已经非常多了，怎么去讲好这段历史，我还没找到合适的方式和切口。

彼时，《控制的幻觉》中译本刚出版，我请教了译者关于出版的一些问题。事后，重新思考了一下，虽然做不到举重若轻，但似乎也不必想得太过复杂。该书译者和作者之间有个对话，令我至今印象深刻。作者说，他84岁的母亲是一名老师，他写书的时候想着让妈妈理解他在说什么，而不是像和专家交谈一样。

想到这里，我突然就明白要做成一本怎样的书。

生于斯，长于斯，又在大学里研究过城市文学，能做一本关于家乡的书，始终是心之所向。在成书过程中，正逢《繁花》热映，我的家乡也再度引发热议。我和《繁花》编剧曾在同一所中学求学，我们踏过很多遍的上学路，也是剧中宝总曾经走过的。我们聊起这座城，总有着道不尽的爱。

感谢上海国际金融中心的开拓者，他们为接受采访做了大量准备，挖出一个又一个尘封已久的故事，在采访完成后再三关照不要署他们的名字。有学者把积累多年的材料拿出来供我们参考，有些研究是首次公开。感谢我的同行好友们，从书名到目录设置再到内容，给了我们很多建议。感谢上海金融业的各位高管和兄弟姐妹，陪伴我们一起打捞历史，并为我们整理了宝贵的背景资料。

感谢廖岷先生、王新奎先生、周汉民先生、金鹏辉先生、綦相先生、周小全先生、郑杨先生在本书成稿过程中给予的大力支持和指导；感谢我的领导刘士安先生、徐冲先生一直以来的鼓励和督促；感谢屠光绍先生、黄益平先生、连平先生的信任和倾力推荐；感谢我的老师田轩先生和所有为我传过道解过惑的恩师；感谢本书责编菊平和芷葳的精心编辑，并包容我的拖延症。

感谢我的家人们。以及早已像家人一样，彼此关心，互相勉励的圈内外好友们，江湖夜雨十年灯。

感谢我的团队小伙伴们，和我一起为这座城做了有意义的记录。世界无穷愿无尽，海天寥廓立多时，共勉。

金融强国，需要一个强大的金融中心。谨以此书献给上海国际金融中心的开拓者、推进者和见证者。

卫容之

2024 年 10 月 31 日

于上海陆家嘴